新时代公共管理前沿问题研究丛书

本书为广州市人文社会科学重点研究基地——广州农村治理现代化研究基地研究成果

社会治理中的政府与社会组织合作绩效研究

史传林　著

SPM
南方传媒

广东人民出版社

·广州·

图书在版编目（CIP）数据

社会治理中的政府与社会组织合作绩效研究 / 史传林著. —广州：广东人民出版社，2024.8

（新时代公共管理前沿问题研究丛书）

ISBN 978-7-218-15598-2

Ⅰ.①社…　Ⅱ.①史…　Ⅲ.①社会组织管理—研究—中国　Ⅳ.①C916.1

中国版本图书馆CIP数据核字（2021）第262713号

SHEHUI ZHILI ZHONG DE ZHENGFU YU SHEHUI ZUZHI HEZUO JIXIAO YANJIU

社会治理中的政府与社会组织合作绩效研究

史传林　著

出 版 人：肖风华

责任编辑：梁　茵　梅璧君
装帧设计：奔流文化
责任技编：吴彦斌

出版发行：广东人民出版社
地　　址：广州市越秀区大沙头四马路10号（邮政编码：510199）
电　　话：（020）85716809（总编室）
传　　真：（020）83289585
网　　址：http://www.gdpph.com
印　　刷：广州小明数码印刷有限公司
开　　本：787mm×1092mm　1/16
印　　张：17.125　　字　　数：270千
版　　次：2024年8月第1版
印　　次：2024年8月第1次印刷
定　　价：59.00元

如发现印装质量问题，影响阅读，请与出版社（020-85716849）联系调换。
售书热线：（020）87716172

总　序

　　党的十八大以来，中国特色社会主义进入了新时代。随着科技的进步、全球化的推进以及社会结构的变迁，公共管理的理论、方法和实践都在经历着深刻的变革。在这个新时代背景下，我们迫切需要深入探讨公共管理领域的前沿问题，以推动理论与实践的双向发展，更好地服务于国家治理体系和治理能力现代化的总体目标。"新时代公共管理前沿问题研究丛书"的出版，正是基于这样的历史使命和时代要求。

　　华南农业大学是国家"双一流"建设高校，是一所以农业农村研究见长的综合性大学。华南农业大学公共管理学院拥有公共管理和社会学两个一级学科，公共管理学科是广东省优势重点学科。学院学科建设的原则是入主流、强特色、聚焦乡村、聚焦基层。现阶段学院正在扎实推进公共管理新文科建设，推进公共管理学科与学校新农科、新工科融合发展，力求形成以农村公共管理为鲜明学科特色，以城乡基层治理为特色方向的完备的学科体系，将学院建成华南地区研究农村公共管理的高地。近年来，学院教师深入乡村、基层开展调查研究，把论著写在祖国的大地上，产生了一批优秀的学术研究成果。学院将部分优秀成果结集出版，并命名为"新时代公共管理前沿问题研究丛书"。这套丛书的出版是我们在学科建设上的一次有益尝试，未来我们将继续选编出版学院教师撰写的优秀学术成果。

　　本套丛书由六部专著组成，包括史传林教授撰写的《社会治理中的政府与社会组织合作绩效研究》、陈玉生副教授撰写的《过渡社会的治理逻辑研究》、徐强副教授等撰写的《城乡居民基本养老保险制度的现状调查与路径优化研究》、郑浩生副教授撰写的《数字赋能政府建设与治理实践》、马华教授撰写的《岭南乡村振兴与治理探索》、潘军教授撰写的《数字治理视角下的农民在线教育》。本套丛书的内容广泛而深入，一方面，深入挖掘和分析了公共管理领域的前沿理论问题，提出了一些具有创新性和前瞻性的观点；另一方面，又紧密结合国内外公共管理的实践案例，对理论进行了生动的诠释和验证。这套丛书的出版，不仅为公共管理学科的发展注入了新的活力，也为广大读者提供了一份宝贵的学习资料。

本套丛书的出版离不开华南农业大学公共管理学院领导班子的重视和支持，离不开学院各学科团队的强力组织和参与。正是他们的努力，让这套丛书顺利完成。在此，我首先要对学院领导和各学科负责人表示衷心的感谢！其次，还要感谢所有参与撰写本套丛书的作者，他们的专业知识和丰富经验为本套丛书的质量提供了有力保障。最后，我要感谢为本套丛书的出版付出辛勤劳动的广东人民出版社的编辑们，他们专业负责的工作使本套丛书得以顺利出版。

作为丛书主编，我希望广大读者能够关注和支持这套丛书，共同推动公共管理学科的发展，为新时代的国家治理体系和治理能力现代化贡献智慧和力量。

史传林

2021年10月5日于广州五山

内容简介

社会管理是政府的基本职能，但随着现代社会的发展，政府仅仅依靠自身力量实施社会管理已经力不从心，政府与社会组织合作治理是现代社会发展的必然要求。随着中国经济体制改革和行政体制改革的不断推进和社会政策创新，社会组织在社会治理中正在扮演越来越重要的角色，政府与社会组织合作治理正日益成为中国社会治理的重要形式。合作治理已经超出了政府管理的范畴，属于多元主体之间的"跨界管理"。在合作治理兴起的背景下，合作治理的绩效问题开始引起学术界的关注。

本研究主要探讨社会治理中的政府与社会组织合作治理绩效问题。研究内容包括四个方面：（1）通过对人类社会管理模式进行理论建构，揭示合作治理在现代社会治理中的地位和作用。（2）对社会组织在提升社会治理绩效中的作用及其内在机理进行分析和验证，为社会组织参与合作治理提供理论和实践依据。（3）对政府与社会组织合作治理绩效的内涵、结构维度和生成机理进行分析，在此基础上，探讨政府与社会组织合作治理的绩效评价体系、评价目标和评价的组织实施。（4）对政府与社会组织合作治理的绩效影响因素进行分析和验证，为改善和提升政府与社会组织合作治理绩效提供建议。本研究采用的研究方法主要包括文献研究、规范研究、实证研究和案例研究等。本研究的主要结论如下：

第一，从国家与社会的关系视角看，人类社会管理模式可以划分为统治型社会管理模式、管理型社会管理模式、治理型社会管理模式和自治型社会管理模式，它们构成了社会管理模式连续体。现代社会是多元化社会、信息化社会、全球化社会、风险社会和复杂性社会，合作治理是现代社会治理的必然选择。从创造和实现公共价值的视角看，合作治理是政府与社会的持续互动，它有助于社会公众直接表达公共价值需求，减少公共价值流失。合作治理所蕴含的多元、参与、平等、信任、分享等价值也是公众所需要的公共价值。基于信任的合作治理网络能够降低管理成本，提高公共价值的生产效率。因此，合作治理是一种能够充分实现公共价值的社会治理模式。

第二，社会组织在提升社会治理绩效中的作用主要体现在四个方面，即提供公共服务、促进社会公正、实现社会整合、化解社会冲突。为了验证社会组织的作用，本研究模仿罗伯特·帕特南（Robert D. Putnam）等学者对意大利和美国的不同地区的公民团体发展状况与制度绩效（包括犯罪治理绩效）的关系进行研究的方法，对我国三个经济发展水平不同的省份的社会组织发展状况与犯罪治理之间的关系进行实证研究。研究表明，在控制了经济发展水平之后，社会组织发展数量与犯罪率之间存在显著负相关关系，社会组织发展数量是犯罪率发生变化的有效预测变量，说明社会组织在犯罪治理方面具有独特的功能。因此，政府与社会组织合作能够提升社会治理绩效。通过对广东省Y市自然村乡贤理事会个案研究，发现乡贤理事会等社会组织在提升社会治理绩效中能够发挥独特的作用，它完善了农村社会治理体制，完善了农村公共服务供给机制，完善了城乡融合发展机制。通过比较分析乡贤理事会三种发展路径，发现政府与社会组织合作的共建共治共享路径是最优选择。

第三，政府与社会组织合作治理的绩效既不属于政府绩效，也不属于社会组织绩效，而是属于合作绩效。它是政府与社会组织共同从事社会管理和公共服务的业绩、效率和效果的统称，通常可以看做是合作双方各自目标的实现程度和共同目标的实现程度。根据组织间合作行为的逻辑顺序，政府与社会组织合作治理的绩效可以分为合作投入、合作管理、合作产出和合作结果四个绩效维度。与政府绩效评价不同，政府与社会组织合作绩效评价在评价内容、指标体系和评价组织与实施等方面都具有自身的特点，不能用政府绩效评价代替政府与社会组织合作绩效评价。据此，本研究构建了一套包含38个指标要素的政府与社会组织合作治理的绩效评价指标体系。在案例分析中，本研究证明了政府与社会组织合作治理能够提升合作绩效，但现有的绩效评价并不是真正意义上的合作绩效评价。只有把政府的表现和政府与社会组织合作过程纳入评价范围，设计科学的评价指标体系，由独立于政府之外的第三方机构实施评价，才符合合作绩效评价的要求。

第四，通过对政府与社会组织合作模式、合作关系和合作行为等合作因素及其子维度对合作绩效的影响的理论分析和实证研究，发现政府与社会组织合作模式、合作关系、合作行为均对合作绩效构成显著影响。合作模式的子维度——互补性和替代性、合作关系的子维度——信任程度和公平程度、合作行为的子维度——策略水平和沟通程度对合作绩效也存在显著影响，其中替代性和策略水平的影响作用更为突出，说明在我国现阶段政府与社会组织实行替代模式进行合作并重视合作策略的选择和运用将会产生更高的合作绩效。

本研究还存在许多不足之处。后续研究将对政府与社会组织合作治理绩效的特点进行深入分析；对政府与社会组织合作治理绩效评价指标体系进行实证筛选和信度、效度检验，并将其运用于评价合作治理实践；加强对我国政府与社会组织合作治理实践的调查研究，以获取更多的样本和数据信息，提升实证研究水平。

CONTENTS 目录

第一章 绪论

第二章 文献综述

第三章 合作治理与社会管理模式创新

第一章 >>>>

绪论

一、研究背景

社会管理是政府的基本职能，但随着现代社会的发展，政府仅仅依靠自身力量实施社会管理已经力不从心，社会组织在社会管理中正在发挥越来越重要的作用，政府与社会组织合作治理是现代社会发展的必然要求。在合作治理兴起的背景下，合作治理的绩效问题应该成为重要研究课题。

（一）社会管理的挑战

社会管理是人类社会的重要实践活动，它贯穿于人类社会的整个历史过程。每个历史时代都有社会管理活动，但不同的历史时代，公共管理的主体、内容、对象和方式各不相同。在没有国家和阶级的原始社会，生产力水平很低，原始公社制度下的氏族社会组织需要组织人们集体制作工具，集体劳动，从自然界获取物质资料，由此就会产生大量的社会公共事务，进而就会产生对社会公共事务进行管理的社会管理活动。在阶级和国家产生以后，国家除了要履行维护统治阶级的统治职能之外，还有一个基本职能，就是对超阶级的全社会的公共事务进行管理，以维护正常的社会生产和生活秩序，实现全社会的公共利益。在封建社会时期，受自然经济的影响，社会分工不发达，社会发展缓慢，所以，作为社会管理主体的政府组织规模较小、结构简单、社会管理的任务和目标比较单一。

随着近代工业革命的爆发和资本主义生产方式的确立，社会生产力迅速发展，社会分工越来越复杂，社会规模日益膨胀，社会问题日益严重，需要解决的社会公共事务大量增加，社会管理的任务也就越来越繁重。在此情况下，传统的政府体制已经很难应对社会发展的挑战。第二次世界大战以后，在主要资本主义国家的立法、行政、司法三权分立的权力体系中，政府的行政权力和行政活动出现了大幅扩张的趋势，行政机构和行政人员大量增加，行政权力不仅仅在执法领域膨胀，而且大举侵入到立法和司法领域，甚至渗透社会生活的各个方面，由此形成了所谓的"行政国家"。行政国家的兴起在一定程度上缓解了社会矛盾，促进了社会发展，但是也出现了许多问题：庞大的经济性财政支出削弱了政府的社会管理职能；政府机构的膨胀导致行政成本剧烈增长和行政效率下降；政府遭受到来自社会的越来越多的抨击。与此同时，经济社会发展和科技革命引发的人口膨胀问题、都市化问题、社会治安问题、环境问题、失业问题、交通问题、犯罪问题等诸多社会问题日益严峻和复杂。面对这些棘手的问题，政府的不可治理性（ungovernability）显著增强。正是在这样的背景下，20世纪70—80年代，西方国家掀起了一股政府改革浪潮。改革的主要内容包括两个方面：一是在内部削减政府职能、精简政府机构、放松政府管制；二是在外部向社会"借力"，与社会组织、私人部门展开合作，实施合作治理。

在中国，由于历史和国情不同，政府对经济社会的管理和调节并没有经历西方国家那样的历程，也就是说，并没有经历一个从"守夜人"到"超级保姆"的角色转变。从历史视角来看，中国的政治体制始终具有鲜明的集权主义的特点，在经济上也没有经历过发达的市场经济阶段，因此在社会发展方面也没有形成一个相对独立和成熟的第三部门。新中国成立以后，中国在政治、经济和社会管理体制上全面照搬苏联模式，社会的国家化程度很高，政治权力对经济社会生活的干预和控制达到了前所未有的程度，政府垄断了几乎所有的社会资源，承担了几乎所有的社会管理与服务的任务，最终形成了"大政府、小社会"的社会管理格局。这种管理格局对于中国这样一个后发国家来说，在调动一切社会资源、集中力量进行现代化建设方面曾经起到过十分重要的作用。但改革开放以来，随着中国市场经济体制的逐步确立，中国的社会结构不断分化，社会异质性不断增强，社会管理的难度越来越大。面对日益复杂的社会公共事务和棘手的社会问题，政府越来越力不从心。在此情况下，中国政府在经济体制改革的同时开启了行政体制改革。行政体制改革的主要内容就是在内部优化组织结构和流程，以提高行政效率，在外部调整政府行为边界，转变和优化政府职能，推进政府与社会合作治理和社会自我管理。因此，无论是在西方国家还是在中国，合作治理都是在社会管理遭遇挑战以后政府所做出的必然选择。

（二）社会组织的发展

社会组织的发展是政府与社会组织合作治理的前提。20世纪80年代以来，随着世界范围内出现的市场化、民主化、民营化和全球化的浪潮，无论是在民族国家内部还是在国际社会，社会组织都以惊人的速度蓬勃发展，形成了一个遍及全球的第三部门。据美国约翰·霍普金斯非营利组织比较研究中心统计，在世界上几乎所有的国家里，都存在一个由社会组织组成的庞大的第三部门。这个部门的平均规模：约占各国GDP的4.6%，占非农就业人口的5%，占服务业就业人口的10%，相当于政府公共部门就业人口的27%。在第三部门的就业人口中，包含大量的志愿者，其规模大约占到该部门总就业人口的1/3。在全球22个国家中，第三部门已经成长为一个1.1万亿美元的产业，相当于世界第八经济大国，领先于巴西、俄罗斯、加拿大和西班牙等国；雇用了近1900万名全职工作人员，相当于各国最大私营企业就业总和的6倍多，高于这些国家的公用事业、纺织制造业、造纸和印刷业或化学制造业的就业人数，与运输业和通信业的就业人数持平；22个国家中平均占总人口28%的人向第三部门贡献了他们的时间，相当于1060万名全日制职员的贡献，这个数字使得第三部门的全日制职员达到2960万名；如果包括志愿者，这些国家第三部门的就业人口平均占全部非农就业总数的7%，占服务业就业总数的14%，占公共部门就业总数的41%。[1]这说明，第三部门已经成长为一支主要的经济和社会力量。莱斯特·M.萨拉蒙（Lester M.Salamon）对此评价："我们正置身于一场全球性的'社团革命'之中，历史将证明这场革命对20世纪后期世界的重要性丝毫不亚于民族国家的兴起对19世纪后期的世界的重要性。"他还指出，"如果说代议制政府是18世纪的伟大社会发明，而官僚政治是19世纪的伟大发明，那么，可以说那个有组织的私人自愿性活动也即大量的第三部门组织代表了20世纪最伟大的社会创新。"[2]

---

① ［美］莱斯特·M.萨拉蒙：《全球公民社会——非营利部门视界》，贾西津、魏玉等译，社会科学文献出版社2002年版。

② ［美］莱斯特·M.萨拉蒙、［美］赫尔穆特·安海尔：《公民社会》，载何增科主编《公民社会与第三部门》，社会科学文献出版社2000年版。

在中国，由于新中国成立以后长期实行高度集中的政治体制和计划经济体制，社会组织发挥作用的空间十分狭小，导致社会组织发展缓慢。进入20世纪90年代，中国政府确立了市场经济体制的改革目标，为社会组织快速发展提供了广阔的社会空间。1988年国务院颁布了《基金会管理办法》，1989年又颁布了《外国商会管理暂行规定》和《社会团体登记管理条例》。1998年10月，国务院在对原有条例进行大幅修订的基础上颁布了新的《社会团体登记管理条例》，同时颁布《民办非企业单位登记管理暂行条例》；1999年6月，全国人大常委会制定通过了《公益事业捐赠法》，这是中国历史上第一个有关社会组织的专门法律。一系列政策创新促进和规范了社会组织发展。但是，由于《社会团体登记管理条例》等行政法规和部门规章规定了政府对社会组织实行"双重管理体制"，即社会组织要获得合法身份，既要达到民政部门规定的注册标准，又要有一个政府部门作为本组织的业务主管单位，才能在民政部门登记注册，同时确立了"分级管理"和"限制竞争"两大管理原则，所以社会组织发展受到一定程度的限制。

进入2000年以后，中国政府顺应社会发展规律，开启了社会体制改革进程，在基本理顺政府与企业的关系之后，开始理顺政府与社会的关系。2004年9月，中共十六届四中全会《中共中央关于加强党的执政能力建设的决定》首次明确提出要推进社会管理体制创新。2005年2月，中央政治局第二十次集体学习着重研讨了社会管理问题并强调指出："要适应社会主义市场经济发展和社会结构深刻变化的新情况，深入研究社会管理规律，更新社会管理观念，推进社会建设和管理的改革创新，尽快形成适应我国社会发展要求和人民群众愿望、更加有效的社会管理体制。"2006年10月，中共十六届六中全会通过的《中共中央关于构建社会主义和谐社会若干重大问题的决定》指出："健全社会组织，增强服务社会功能。坚持培育发展和管理监督并重，完善培育扶持和依法管理社会组织的政策，发挥各类社会组织提供服务、反映诉求、规范行为的作用。"2008年2月，中共十七届二中全会《关于深化行政管理体制改革的意见》从政社分开的角度，提出要发挥社会组织在社会公共事务管理中的作用。2012年初，广州、深圳等地率先在全国实行社会组织直接登记制，由此推动全国19个省份开始试行社会组织登记管理制度改革。2013年，十二届全国人大一次会议通过的《国务院机构改革和职能转变方案》指出，要加快形成政社分开、权责明确、依法自治的现代社会组织体制。成立行业协会商会类、科技类、公益慈善类、城乡社区服务类社会组织，直接向民政部门依法申请登记，不再需要业务主管部门审查同意。2016年，十二届全国人大四次会议通过了《中华人民共和国慈善法》，该法对慈善组织的设立和发展进行了规范。2016年，中共中央、国务院印发了《关于改革社会组织管理制度促进社会组织健康有序发展的意见》，该意见明确提出要大力培育发展社区社会组织，包括降低准入门槛、积极扶持发展、增强服务功能。要完善扶持社会组织发展政策措施，包括支持社会组织提供公共服务、完善财政税收支持政策、完善人才政策、发挥社会组织积极作用。要依法做好社会组织登记审查，包括稳妥推进直接登记、重点培育和优先发展行业协会商会类、科技类、公益慈善类、城乡社区服务类社会组织。2018年，民政部出台了《关于进一步加强和改进社会服务机构登记管理工作的实施意见》。正是在这一系列政策的推动下，进入21世纪以来，中国社会组织得到了快速发展，社会组织正逐步成为重要的社会管理主体。（见表1-1）

表1-1 2000—2020年中国社会组织发展数量

—— 社会组织数量（万个）

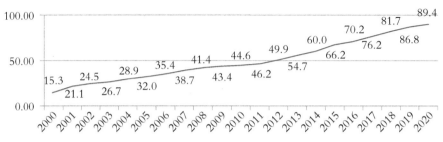

注：本表由作者根据中华人民共和国民政部发布的数据制作。

（三）合作治理的兴起

政府面临社会管理的挑战而转型和社会组织的发展不仅在时间上是相关

的，而且有着因果联系，也就是说，政府转型是社会组织发展的功能性前提。随着社会组织的不断发展，政府与社会组织对社会公共事务的合作治理就成为一种必然。合作治理是在政府管理和社会自主治理两种治理机制之外的一种新的治理机制，它通过政府与多元社会主体的合作，最大限度地发挥各自优势，提升社会公共事务治理绩效，最终实现公共目标。由于合作治理是一种有效的治理模式，所以被许多国家的政府当做优先选择的政策工具，由此促进了合作治理的发展。20世纪70年代以来，美国政府逐渐开始大规模地运用合同、拨款和补贴等方式将社会组织吸引到公共服务的递送中。1971—1979年，各州和地方的社会服务中由社会组织递送的比例从25%迅速上升到55%。根据美国民营化理论大师E. S. 萨瓦斯（E.S.Savas）统计，截至1992年，美国地方政府在日托设施运营、戒毒与戒酒、流浪者收容所三个服务项目上面，分别有35%、34%和54%的政府与社会组织签订了服务合作提供的合同，而在这三项服务上完全依靠政府生产的比例，分别下降到6%、7%和0%。从政府对社会组织的资金资助来看，据统计，2005年，美国社会组织大约有140万个，总收入达到1.1万亿美元，其中，来源于政府的收入占社会组织收入的29.4%，这说明，政府与社会组织的合作治理正在成为社会公共事务管理的一个潮流。[①]除美国之外，英国、澳大利亚和新西兰等国家从20世纪80年代初开展的以公共服务民营化为主要内容的政府改革运动都在很大程度上促进了政府与社会组织的合作治理。萨瓦斯在对西方主要发达国家民营化实践进行总结的基础上提出了公共服务民营化的十种具体形式，即政府服务、政府出售、政府间协议、合同承包、特许经营、政府补助、凭单制、自由市场、志愿服务和自我服务。这些形式中的大部分都属于政府与社会组织或私人部门的合作治理。

（四）从社会管理到社会治理

新中国成立以后的较长时间内，我国并没有使用社会治理的概念，而更多地使用社会管理（具体来说是"管理社会"）的概念。[②]与西方发达国家相

---

① 敬乂嘉：《合作治理：再造公共服务的逻辑》，天津人民出版社2009年版。

② 王思斌：《新中国70年国家治理格局下的社会治理和基层社会治理》，《青海社会科学》2019年第6期，第1—8页。

比，作为后发国家的中国，其政府、市场和社会之间并没有十分清晰的边界，三元结构中的政府仍然占据绝对主导地位，同时，受意识形态和社会制度的影响，中国也没有出现像西方国家那样的公共服务民营化浪潮，但随着市场经济的发展和社会多元化进程加速，中国政府越来越重视通过与社会组织合作来解决社会管理和公共服务过程中遇到的问题。2006年，中国共产党首次提出"健全党委领导、政府负责、社会协同、公众参与的社会管理格局"的重要政策论述，这其中就蕴含着合作治理的理念。2012年，党的十八大报告指出："加强社会建设，必须加快推进社会体制改革。要围绕构建中国特色社会主义社会管理体系，加快形成党委领导、政府负责、社会协同、公众参与、法治保障的社会管理体制，加快形成政府主导、覆盖城乡、可持续的基本公共服务体系，加快形成政社分开、权责明确、依法自治的现代社会组织体制，加快形成源头治理、动态管理、应急处置相结合的社会管理机制。"中共十八届三中全会通过的《中共中央关于全面深化改革若干重大问题的决定》首次提出要实现国家治理体系和治理能力现代化，认为只有把党和国家机关、企事业单位、人民团体、社会组织等的工作能力都提高起来，国家治理体系才能更加有效运转。要改进社会治理方式，激发社会组织活力，正确处理政府和社会关系，加快实施政社分开，推进社会组织明确权责、依法自治、发挥作用。适合由社会组织提供的公共服务和解决的事项，交由社会组织承担。"国家治理"和"社会治理"概念的首次提出，表明中国共产党已经转变执政理念，开始重视与各种社会主体合作治理国家和社会公共事务。

2017年召开的党的十九大首次提出要打造共建共治共享的社会治理格局。要加强社会治理制度建设，完善党委领导、政府负责、社会协同、公众参与、法治保障的社会治理体制，提高社会治理社会化、法治化、智能化、专业化水平。加强社区治理体系建设，推动社会治理重心向基层下移，发挥社会组织作用，实现政府治理和社会调节、居民自治良性互动。2019年10月召开的党的十九届四中全会通过的《中共中央关于坚持和完善中国特色社会主义制度推进国家治理体系和治理能力现代化若干重大问题的决定》指出："坚持和完善共建共治共享的社会治理制度，保持社会稳定，维护国家安全。社会治理是国家治理的重要方面。必须加强和创新社会治理，完善党委领导、政府负责、民主协商、社会协同、公众参与、法治保障、科技支撑的社会治理体系，建设人人有责、人人尽责、人人享有的社会治理共同体，确保人民安居乐业、社会安定有序，建设更高水平的平安中国。"

2021年4月印发的《中共中央、国务院关于加强基层治理体系和治理能力现代化建设的意见》指出："要推动政府治理同社会调节、居民自治良性互动，提高基层治理社会化、法治化、智能化、专业化水平。""建立起党组织统一领导、政府依法履责、各类组织积极协同、群众广泛参与，自治、法治、德治相结合的基层治理体系，健全常态化管理和应急管理动态衔接的基层治理机制，构建网格化管理、精细化服务、信息化支撑、开放共享的基层管理服务平台。"要构建基层社会治理新格局。完善群众参与基层社会治理的制度化渠道。健全党组织领导的自治、法治、德治相结合的城乡基层治理体系，健全社区管理和服务机制，推行网格化管理和服务，发挥群团组织、社会组织作用，发挥行业协会商会自律功能，实现政府治理和社会调节、居民自治良性互动，夯实基层社会治理基础。加快推进市域社会治理现代化。推动社会治理和服务重心向基层下移，把更多资源下沉到基层，更好提供精准化、精细化服务。

在实践层面，进入21世纪以来，中国政府在社会治理和公共服务供给中也越来越重视与社会组织的合作。2006年，国家扶贫办通过招标方式首次与六家社会组织合作实施村级扶贫规划。社会组织与政府合作实施村级扶贫规划项目是由国务院扶贫办发起的开展扶贫模式创新的试点之一。这是中国首次将政府扶贫资金委托社会组织进行管理，并以招标的方式选择更多的社会组织来具体实施政府扶贫项目。这对中国财政扶贫资金的现有管理体制是一个全新的尝试，也是对创新扶贫模式的重要探索。2008年，300多家社会组织参与了汶川地震救援，其中70%以上的组织选择了与政府或其他组织合作。300万志愿者的参与，760亿元社会慈善捐赠的涌现，民众的公民意识、参与意识在地震灾难中萌芽。作为不同于政府、市场的第三种力量，社会组织与志愿者在紧急救援阶段的反应、过渡安置阶段的服务，都得到了社会的普遍认可。2011年，面对城市化进程中的拆迁难题，江苏省部分地方政府在全国首次委托社会组织介入调停拆迁纠纷，开拓了政府与社会组织合作治理的新领域。2008年，深圳、广州、上海等沿海开放地区政府开始实施政府购买社工服务，截至2021年，仅广州市政府用于购买社工服务的资金已经达到30多亿元。2013年，国务院出台《关于政府向社会力量购买服务的指导意见》，政府购买社会组织服务这种新的服务供给模式正式向全国铺开。如今，政府购买服务已经成为全国各地各级政府提供公共服务的基本模式。自2020年初新冠肺炎疫情暴发以来，全国人民在党中央和政府的领导下积极参与到疫情防控中，社会组织也不例外。它们以自己独有的专业性、服务性发挥着作用，成为疫情防控中不可或缺的辅助和支撑力量。在"公益性、非营利性"等使命价值影响下，社会组织内部协调工作，社会组织之间的合作，社会组织与政府、企业等组织之间的联动是保证防疫有序推进的重要基础，中国特色的社会组织参与疫情防控机制初步形成。①

党的十九大决定实施乡村振兴战略，如何发挥社会组织专业力量推动乡村治理创新、助力乡村振兴，是个值得探索和研究的重要时代议题。2019年，广州市从化区民政局、从化区社会组织联合会与华南农业大学公共管理学院合作共建从化区江埔镇凤二村、鳌头镇帝田村两个乡村社工站，2021年3月在吕田镇三村村新建第三个乡村社工站，共同探索社会组织参与乡村治理、助力乡村振兴的实践路径。社工站以"幸福+"为服务载体，以大多数村民关心的需求作为切入点，将乡村生活、服务与自治融为一体，动员和增能乡村多个主体来共同参与对村民的服务和对乡村公共事务的管理，撬动多方力量解决民生问题，对上协助"村两委"建立健全社会服务体系，提升乡村服务的专业化、精准化水平，对下综合运用"爱心到家、如愿行动、社区基金"三平台的作用，着力解决基础民生问题，为村民带来实实在在的获得感，通过整合"村民自治基地、志愿服务基地、社会组织培育基地、乡村文化传承基地"四基地的作用，促进各方力量协同合作，在资源共享、互利共赢的前提下，形成联动合力，形成乡村治理人人有责、人人尽责的局面，多方助力乡村社会服务发展。可以说，现

---

① 范斌：《社会组织参与疫情防控的经验及反思》，《中国社区报》2020年4月3日。

阶段在社会管理与公共服务等领域，政府与社会组织和公众共建、共治、共享的合作治理局面正在逐步形成。

二、问题的提出与研究意义

（一）问题的提出

在政府与社会组织合作治理的背景下，合作治理的绩效问题开始引起学术界的关注。2011年10月，在美国波特兰市召开的由波特兰州立大学马克·汉菲尔德政府学院、中国兰州大学中国地方政府绩效评价中心、日本早稻田大学Okuma公共管理学院、越南胡志明国家政治与行政学院和美国罗格斯大学公共事务与管理学院共同举办的"第二届政府绩效管理与绩效领导国际学术研讨会"对合作治理的绩效问题进行了专门的讨论。会后发表的会议综述指出，在政府职能不断弱化、第三部门蓬勃兴起的今天，高效的政府绩效管理已不再仅仅是政府机构的核心诉求，它已经成为多元治理主体的共同诉求。从传统的以政府为核心的一元化治理格局演变至今天的以社会为中心的多元化治理格局，无疑对政府绩效管理的核心内容和基本要求提出了更多的挑战。政府与社会的关系重构使政府绩效超越了传统政府的行动边界，政府绩效正快速地延伸到公民、私域和社会之中。政府绩效管理愈加地反映出特定社会中这种多元合作治理的成果与绩效，这促使学术界开始萌发对于合作治理绩效的研究兴趣。①

现代社会管理是政府与社会组织合作治理的重要场域。那么，为什么现代社会管理需要实施合作治理？传统的社会管理模式有哪些弊端？为什么政府在社会管理中要与社会组织进行合作？社会组织在提升社会治理绩效方面能够发挥什么作用？为什么政府与社会组织合作治理能够提升社会治理绩效？怎样认识和理解这种合作治理绩效？怎样对这种合作治理绩效进行测量和评价？

---

① 何文盛、王焱、尚虎平：《政府绩效管理：通向可持续性发展的创新路径——"第二届政府绩效管理与绩效领导国际学术研讨会"综述》，《中国行政管理》2012年第4期，第126—128页。

有哪些因素在影响这种合作治理绩效？如何改善和提升合作治理绩效？这些问题都迫切需要进行理论解释和实证检验。本书试图对这些问题进行一个初步的探索。

（二）研究意义

1. 理论意义

第一，深化了合作治理理论研究。合作治理已经超出了政府管理的范畴，传统的官僚制理论和其他公共行政理论已经难以解释合作治理问题，虽然合作治理与政府管理密切相关，但两者存在巨大差异。政府管理的形态是科层结构，合作治理的形态是网络结构。政府管理是基于政府组织边界的管理，合作治理属于"跨界管理"，是两个或几个不同性质、不同形态、不同运行机制的组织之间合作关系的控制与协调。罗伯特·阿格拉诺夫（Robert Agranoff）和迈克尔·麦奎尔（Micheal McGuire）指出："尽管协作性管理明显凸起，但仍然不存在一个相当于——或者甚至接近于——官僚体制管理范式的知识基础。"[①]因此，有关合作治理的理论亟待创新和深化。对于政府与社会组织合作治理，一些西方学者进行了理论解释，建构了理论模型，这可以为本研究提供重要参考。国内学者的相关研究还处在对国外的理论进行吸收和消化的阶段，研究还不够深入。从社会政治文化背景来看，所有的组织间合作都存在"嵌入性"（embeddedness）问题，但政府与社会组织合作由于其组织性质的特殊性似乎存在更强的"嵌入性"。如何在中国的语境下，解释和分析中国政府与社会组织合作治理问题，是一个新的理论课题。本研究试图通过对中国的数据和案例进行分析，探讨政府与社会组织合作治理问题，以深化合作治理理论研究。

第二，拓展了合作治理理论的研究视野。随着中国经济体制改革和行政体制改革的不断推进和社会政策创新，第三部门得到迅速发展，社会组织在社

---

① ［美］罗伯特·阿格拉诺夫、［美］迈克尔·麦奎尔：《协作性公共管理：地方政府新战略》，北京大学出版社2007年版。

会治理中正在扮演越来越重要的角色。政府与社会组织的合作治理正日益成为中国社会治理的重要形式。在这样的背景下，政府与社会组织合作治理的相关理论问题开始引起学术界的关注。许多学者对社会治理中的政府与社会组织合作关系、合作模式、合作策略和合作路径等进行了较为深入的研究，但对两者之间合作绩效的研究的关注还不够。而在工商管理研究领域，经济组织间合作绩效是学术界研究的热点话题，相关研究比较充分，与此相比，学术界对政治和社会领域的组织间合作绩效的研究明显不足。虽然政府和社会组织与工商组织在组织性质和组织形态等方面存在很大差异，但政府与社会组织合作总体上也属于组织间合作的类型，因此，对这种组织间合作绩效进行研究也是十分必要的。本研究在对政府与社会组织合作治理进行研究的基础上，重点研究合作治理的绩效及其评价以及绩效影响因素等问题，由此拓宽了合作治理理论的研究视野。

第三，丰富了合作治理理论的研究方法。从现有文献来看，学术界对政府与社会组织合作治理的研究，在研究方法上主要采用的是规范研究，少数西方学者也使用了实证研究方法，在工商管理学界对经济组织间合作问题进行的研究中，实证研究是最主要的研究方法。本研究在对政府与社会组织合作治理进行理论分析的基础上，采用实证研究、案例研究等管理学研究方法，对社会组织在提升社会治理绩效中的作用、政府与社会组织合作治理绩效的影响因素和合作治理绩效评价等问题进行研究。在实证研究中，本研究首先根据国内外相关文献和理论分析提出理论研究假设，再运用调查问卷和量表收集数据对理论假设进行检验，最后得出研究结论。在案例研究中，本研究主要是通过调查研究和实地访谈获取案例，然后再运用案例验证已经构建的理论模型。由此，本研究丰富了合作治理理论的研究方法。

2. 实践意义

第一，有利于促进和深化政府与社会组织合作治理实践。目前，中国政府与社会组织合作治理的实践已经展开，但据调查，在一些地方，政府对于社会组织合作还存在一些顾虑，甚至对社会组织抱有猜疑与防范心理，一些社会组织对政府也还不够信任，甚至刻意保持与政府的距离，这两种情形都阻碍了政府与社会组织合作。本研究详细阐述了为什么政府要与社会组织合作进行社会管理，传统的社会管理模式有哪些弊端，特别是运用实证检验的方法证明了社会组织在提升社会治理绩效中的作用，这些研究对于促进政府与社会组织相互信任，促进政府和社会对社会组织角色和功能形成正确认识，进而促进和深化政府与社会组织合作治理实践具有一定的指导意义。

第二，有利于提升政府与社会组织合作治理绩效。面对日益增强的政府与社会组织合作治理局面，学术界和实践部门需要思考的问题是，这些合作是否具有绩效？怎样合作才有绩效？怎样测量和评价这种绩效？有哪些因素在影响合作绩效？这些都是合作治理需要研究解决的核心问题。纯粹从组织绩效的视角看，如果合作治理绩效低于非合作的单个组织绩效，那么合作是没有意义的。本研究对上述问题的初步回答能够在一定程度上促进参与合作的政府和社会组织关注和思考合作治理绩效问题，帮助他们运用科学的方法和工具测量和评价合作治理绩效，以改善和提升合作治理绩效。

三、研究内容、框架与方法

（一）研究内容

本研究主要包括四个方面的内容：

第一，通过对人类社会管理模式进行理论建构，揭示合作治理在现代社会治理中的地位和作用。第二，对社会组织在提升社会治理绩效中的作用及其机理进行分析和验证，为社会组织参与社会治理提供理论和实践依据。第三，对政府与社会组织合作治理的绩效内涵、生成机理和结构维度进行分析，在此基础上，探讨政府与社会组织合作治理的绩效评价体系、评价目标和评价的组织实施。第四，对政府与社会组织合作治理的绩效影响因素进行分析和验证，为改善和提升政府与社会组织合作治理绩效提供理论依据。上述四个问题层层递进，在逻辑上相互关联，构成一个整体。

为回答上述问题，本书设计十章内容，具体内容安排如下：

第一章：绪论。从宏观上阐述研究背景，从中提炼出所要研究的问题，然后，阐述研究的理论意义与实践意义，进而介绍主要研究内容、研究框架和研究方法，对核心概念进行界定。

第二章：文献综述。对社会管理、合作治理、政府与社会组织合作、合作治理绩效、公共服务合作生产及其绩效等方面的国内外相关研究进行文献综述，发现已有研究的特点，寻找进一步研究的空间，为后续研究奠定理论基础。

第三章：合作治理理论分析。首先对人类社会管理模式进行类型学研究，构建社会管理模式连续体，其次重点分析合作治理在现代社会管理中的必然性和必要性，以及合作治理创造和实现公共价值的内在机理。

第四章：社会组织在提升社会治理绩效中的作用机理研究。首先对社会组织参与社会治理的理论依据进行阐释，其次运用社会学功能分析方法对社会组织在提升社会治理绩效中的正功能和负功能进行理论分析。

第五章：社会组织在提升社会治理绩效中的作用实证研究。模仿运用帕特南等学者对意大利和美国的不同地区的公民团体发展状况与制度绩效的关系进行研究的方法，对我国三个经济发展水平不同的省份的社会组织发展状况与犯罪治理之间的关系进行研究，对社会组织作用进行验证。

第六章：社会组织在提升社会治理绩效中的作用案例研究。通过对广东省Y市自然村乡贤理事会的案例研究，探讨农村社会组织在完善农村社会管理体制、提供公共服务、参与社会治理方面发挥的作用以及实现路径。

第七章：合作治理的绩效分析。首先对政府与社会组织合作治理的绩效内涵、生成机理、结构维度进行分析，其次阐述合作治理的绩效测量与评价，最后通过实践案例研究对合作治理的绩效生成与绩效评价进行分析。

第八章：合作治理的绩效影响因素分析。主要分析政府与社会组织合作模式、合作关系和合作行为等合作因素对合作绩效的影响，具体分析合作模式中的互补性与替代性、合作关系中的信任程度与公平程度、合作行为中的策略水平与沟通程度等3对（6个）变量对合作绩效的影响，在此基础上提出研究假设，为下一步实证研究做准备。

第九章：合作治理的绩效影响因素实证研究。首先是通过设计量表并进行实地调研获取数据，其次利用SPSS11.5和AMOS5.0等软件进行相关分析、回归分析和结构方程模型检验，对上一章提出的研究假设进行验证，为改善和提升政府与社会组织合作治理的绩效提供理论依据和相关对策建议。

第十章：研究结论与展望。首先对论文的研究结论进行归纳提炼，其次对研究的不足之处和局限性进行总结，最后对未来需要进一步深化研究的问题进行分析和展望。

（二）研究框架

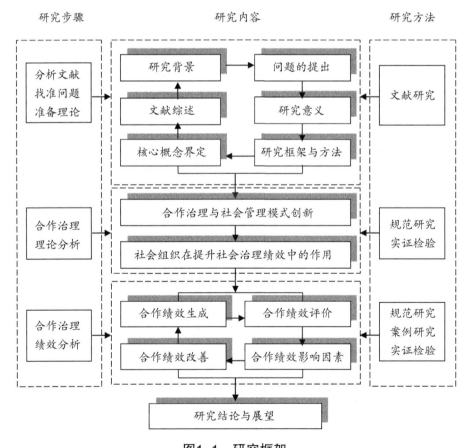

图1-1　研究框架

（三）研究方法

1. 文献研究

文献研究是一种通过对各种文献资料进行分析，来探讨各种社会现象之间的联系以揭示事物发展规律的研究方式。目前学术界对于政府与社会组织合作治理的研究产生了大量的文献，要展开新的研究，必须要认真梳理和分析现有文献，筛选归纳与本研究相关的研究文献和主要观点，在此基础上进行逻辑推理，构建新的研究思路和框架。本书关于社会管理模式的类型、社会组织的作用、合作治理的价值、政府与社会组织合作关系、合作治理绩效及影响因素、公共服务的合作生产及其绩效等内容的分析都较多采用了东西方学术界的现有研究文献，还包括党和政府的文件、领导讲话、现存统计资料以及大众传媒信息等。

2. 规范研究

规范研究是通过运用演绎、归纳和推理等方法，对事物之间的本质联系进行分析和探讨，进而得出研究结论的一种研究方式。规范研究是一种基于逻辑推导的主观建构，相关研究结论还需要进行实证检验。本书中，有关社会管理模式类型的划分、社会组织在提升社会治理绩效中的作用分析、合作治理创造和实现公共价值的内在机理分析、政府与社会组织合作治理的绩效影响因素分析等都采用了规范研究的方法，在对社会组织在提升社会治理绩效中的作用、政府与社会组织合作治理的绩效影响因素进行规范分析的基础上，还提出了研究假设，为实证检验做准备。

3. 实证研究

实证研究是通过对研究对象的观察、调查、访谈或实验等方式取得客观材料和数据，对提出的理论假设进行检验，从而发现事物内部的本质联系，揭示事物发展规律的一种研究方法。本书的实证研究包括两个部分：一是对社会组织在提升社会治理绩效中的作用进行实证研究。相关数据主要来自于统计年鉴和政府有关部门文件等。二是对政府与社会组织合作治理的绩效影响因素进行实证研究。相关数据主要来自于调研访谈。本书主要运用SPSS11.5和AMOS5.0两个统计分析软件对数据进行统计分析，通过统计结果对研究假设进行验证。

4. 案例研究

案例研究总体上属于实证研究的范畴，但它具有鲜明的特点，所以这里进行单独说明。案例研究是针对现实场景下的一个事件，运用观察、访谈等方法收集资料，并以此进行系统分析、推理和解释，从而得出带有普遍性结论的研究方法。案例研究侧重于形成理论，而不是验证理论。本研究包括两个部分：一是运用广东省Y市自然村乡贤理事会案例，探讨了农村社会组织在提升农村社会治理绩效中的作用及其机理；二是在探讨政府与社会组织合作治理的绩效生成与评价时运用了案例研究方法，该案例是笔者对广州市基层政府与社会组织合作提供公共服务及其绩效评价情况进行调研的基础上编写而成的。在本案例研究中，笔者首先从理论上对合作治理的绩效生成与评价进行了分析，构建理论框架，其次，对该案例进行介绍，再次，运用构建的理论框架对案例进行分析，最后得出研究结论。

四、核心概念界定

（一）社会管理

"社会管理"是一个中国特色的概念，国外类似的概念有"社会行政"（social administration）、"社会政策"（social policy）等。关于社会管理的含义，中国学界有多种解释，至今没有形成一致的看法。一般来说，广义的社会可以分为政治、经济和社会三个既相互关联又彼此独立的领域。因此，广义的社会管理可以简单地理解为包括政治、经济和社会领域在内的整个社会的管理。狭义的社会管理可以理解为是对除政治、经济以外的社会的管理。它与第一部门的行政管理、第二部门的工商管理相对应。实际上，这两种解释并不冲突，因为社会的三大领域相互作用，相互影响，构成了一个社会系统。只有社会的子系统良性运行，整个社会系统才能良性运行。因此，本书对社会管理作出如下定义：为了促进和保持整个社会良性运行和协调发展，政府和社会组织以及其他社会主体对政治、经济以外的社会系统的运行和发展进行组织、协调、监督和控制的活动。从各种文献对社会管理的论述来看，社会管理的内容极其广泛，包括社会安全、社会稳定、社会服务、社会自治、社区治理以及社会组织发展与管理，等等。本研究把公共服务也纳入到社会管理范畴之中，这主要是因为公共服务是社会管理的基础，许多社会管理行为本身也就是公共服务行为，两者很难区分开来。大量社会矛盾和社会问题的产生都是由于公共服务缺失所造成的，所以要搞好社会管理，必须要提高以保障和改善民生为重点的公共服务水平。

（二）社会组织

社会组织是一个内涵和外延都很复杂的概念。在英语文献中，与社会组织相似的概念主要有以下几个：非营利组织（NPO: non-profit organization）、非政府组织（NGO: non-government organization）、独立部门（independent sector）、志愿者组织（voluntary organization）、慈善组织（charitable organization）、免税组织（tax-exempt organization）、第三部门（civil society）和第三部门（Third Sector）。这些概念的产生都有各自特定的背景和参照模式，研究者研究的出发点和侧重点都不尽相同，但这些概念都大同小异，没有根本区别。在中国内地，政府和学界的说法也不相同。政府一般对其使用民间组织、公益组织等称呼，2005年以后开始使用社会组织概念代替以往的说法，而学术界一般使用非政府组织、非营利组织、第三部门等概念，也有学者跟政府的说法保持一致。本书使用社会组织这一概念。

从国家与社会的关系模式来看，中国的社会组织实际上有两种类型：第一种是政府创办的社会组织。这种组织具有鲜明的"官民二重性"，与国家体制存在紧密的制度化联结，并由此取得行业垄断地位。以政府创办的行业协会商会为例，2015年7月，中共中央办公厅、国务院办公厅印发的《协会商会与行政机关脱钩总体方案》指出，改革开放以来，随着社会主义市场经济体制的建立和完善，行业协会商会发展迅速，在为政府提供咨询、服务企业发展、优化资源配置、加强行业自律、创新社会治理、履行社会责任等方面发挥了积极作用。但是，一些行业协会商会还存在政会不分、管办一体、治理结构不健全、监督管理不到位、创新发展不足、作用发挥不够等问题。要加快形成政社分开、权责明确、依法自治的现代社会组织体制，厘清政府、市场、社会关系，积极稳妥推进行业协会商会与行政机关脱钩，厘清行政机关与行业协会商会的职能边界。第二种是社会创办的社会组织。由于不具备官方背景，与国家权力几乎不存在明显的制度化关系，又来自于基层社会，所以这类组织又被称为草根社会组织。这类组织既不是西方第三部门理论所主张的与国家相分离的社会自治组织，也不具备对抗国家、制衡国家权力的欲望、条件和能力。从现状来看，中国的草根社会组织又可以分为两类：一种是正式社会组织。它们按照国家正式的制度安排，到政府部门进行注册登记，接受业务主管部门和民政部门的双重管理。另一种是非正式社会组织。由于无法跨越国家设置的双重管理的制度门槛，绝大多数的草根组织因未能得到合法的身份和地位而游离于正式制度之外。有一部分社会组织被迫选择了工商注册。由于没有合法的身份，这些未登记的草根组织受到很大的发展制约，但因为它们具有积极的社会功能，在行动上时常采取踩线而不越线的策略，所以政府对它们的态度是宽容的、默许的。[①]在实践中，一些地方对于部分达不到登记条件的社区社会组织实行乡镇（街道）备案制度。

新中国成立以后，中国政府不仅建立了高度集中的经济体制和政治体制，而且同时也建立了高度集中的社会管理体制。这种体制使中国的非政府、非企业的第三部门呈现出复杂的结构性特征。现阶段，中国的第三部门包括的组织主要有由政府创办的庞大的事业单位和行业协会、具有政治功能和色彩的人民团体（如工会、共青团和妇联等）、法律规定的免登记社团（如文联、作协、记协、对外友协、残联、贸促会等）、城乡基层自治组织（村委会、居委会）、在民政部门注册的社会团体、民办非企业和基金会、在其他政府部门登记注册的社会组织（如业主委员会、宗教活动场所等）。这些组织大多不是真正意义上的社会组织，不完全具备社会组织的特征。

本书所指的社会组织并不包括第三部门之内的所有社会组织，仅指在我

---

① 史传林：《草根NGO的伦理困境与改善策略》，《学术交流》2009年第8期，第24—27页。

国民政部门登记注册或者备案的社会团体、民办非企业单位和基金会等社会组织，它们在总体上具有组织性、民间性、非营利性、自治性和志愿性的特点，在社会管理中能够发挥独特的社会功能。需要说明的是，为了更准确地反映社会服务机构的定位和属性、与《中华人民共和国慈善法》的表述相衔接，2016年，国家民政部将"民办非企业单位"改名为"社会服务机构"。

（三）合作治理

合作是学术研究中经常被使用的概念，但学者们对合作的定义却不尽相同。在英文文献中，学者们表达合作概念时一般使用"collaboration""cooperation"这两个词汇，也有学者在讨论合作时使用"partnership""alliance""network"等词汇。在中文文献中，也有一些学者使用协作、协同、联盟、伙伴关系、互动等概念表示合作的含义。这些概念虽然存在差异，但都在某种程度上表示两个或两个以上的主体之间的合作关系。本书不对合作概念的内在差异做进一步区分，本书认为，凡是政府与社会组织之间为实现各自的目标或者共同的目标而相互沟通协调的行为都是合作，也就是说，只要双方有资源交换、信息共享、行为互动，都是属于合作。从时间上来看，它既包括双方制度化的长期合作，也包括临时合作；从合作的范围来看，既包括全局性的合作，也包括区域性合作以及具体的项目合作。

事实上，在中国现有的政府与社会的关系格局下，绝大部分的社会组织在从事社会管理过程中都与政府有各种各样的关联性，但这种关联性并不一定构成合作关系。比如，政府对社会组织的监管行为也体现了两者之间的关联性，但这并不属于组织间合作。组织间合作必须同时具备两个要件：一是在主观上要具有合作的愿望和需求；二是在客观上要有合作的行为发生。组织间合作可以通过协议的形式来反映，也可以通过口头的形式来表达。比如在公共物品和公共服务供给中，政府通过公开招标等方式，选择专业的社会服务机构或者私人部门进行合作，并签订合同，这就属于政府与社会的组织间合作。如果不具备这两个主客观要件，就不属于组织间合作。比如在社区公共服务供给中，政府提供了主要的公共服务，社区组织在剩余的服务中发挥了拾遗补阙的作用，虽然两者都在做共同的事情，也实现了同一个目标，但两者之间事先并没有就服务安排进行沟通和协调，服务过程中也没有进行资源和信息交换，那么，这就不属于组织间合作。类似的例子还可以通过地震救援来说明，在2008年汶川地震救援中，有300多个社会组织参与了救援行动，但事实上只有一部分社会组织与当地政府进行了合作，其他组织与政府并没有多少往来，但在客观上它们和政府共同实施了救援行动。

合作治理是20世纪90年代治理理论兴起之后在公共事务治理实践中发展起来的一种新的治理形态，其基本特征如下：第一，合作治理主体是多元化的，它们形成了一个治理网络。这些主体包括政府、企业和社会组织以及其他社会主体。第二，合作治理并不必然要求实现行动者在目标上的一致，反之，它面对的是多目标共存甚至目标存在冲突的情况。[1]第三，合作治理主体之间的地位是相对平等的。合作治理依赖于非同质的多元主体的作用的发挥，因此，旧的协调理念所期待的拥有某种集中资源或权威的上位协调者是不存在或者需要避开的。[2]这也是合作治理与参与式治理的根本区别。[3]第四，合作治理的对象大多是公共事务。合作治理是在公共事务管理遭遇困境之后所产生的一种新的应对机制，其目的在于通过多元主体的合作提高公共事务治理绩效，最大限度实现公共利益。

本研究认为，合作治理是指政府与社会组织、企业以及其他社会主体为了实现各自目标或共同目标而相互协调配合对公共事务进行有效治理的活动。在实践中，合作治理存在多样化的形式，政府与企业、政府与社会组织、社会组织与企业既可以组成单独的治理网络，也可以组成由政府、企业和社会组织以及其他社会主体参与的治理网络。本研究专门探讨政府与社会组织的合作治理。

---

① 敬乂嘉：《合作治理：再造公共服务的逻辑》，天津人民出版社2009年版。
② 敬乂嘉：《合作治理：再造公共服务的逻辑》，天津人民出版社2009年版。
③ 张康之：《论参与治理、社会自治与合作治理》，《行政论坛》2008年版第6期，第1—6页。

（四）绩效、合作治理绩效

对绩效内涵的界定是研究合作治理绩效的逻辑起点。关于绩效的内涵，学者们有两种不同观点：第一种观点认为绩效就是工作的结果。伯纳丁（Bernadin）等人认为："绩效应该被界定为工作的结果，因为这些结果与组织的战略目标、顾客满意度以及所投资金的关系最为密切。"[1]第二种观点认为绩效就是工作的行为。坎贝尔（Campbell）认为："绩效是行为的同义词，它是人们能够观察得到的实际行为表现。就绩效定义来说，它仅仅是指与组织目标有关的行动或行为，可以用个人的熟练程度来测量。"[2]上述两种观点各有可取之处，但也存在一些缺陷。首先，把注意力集中在结果上会忽视一些对组织非常重要的过程因素和情景因素，而这些因素却可以催化任务活动，提高工作效率。同时，结果往往会受到许多非个人所能控制的因素的影响，结果并不一定是由行为导致的，会有许多其他因素起作用。[3]其次，把绩效等同于工作的行为，而不关心工作的价值和结果，可能导致工作过程与组织目标脱节。同时，与结果无关的工作过程还会消耗大量的组织资源和管理成本，降低组织绩效。因此，应该把结果导向的绩效观和过程导向的绩效观有机结合起来，形成一种新的整体绩效观。

一般来说，绩效包括个人绩效和组织绩效。作为组织使命、核心价值观、愿景和战略的重要表现形式，绩效是所有组织所追逐的目标。从管理学的角度看，组织绩效应该包括两个方面的含义：一是指组织在完成任务、实现目标方面所取得的结果，也就是所谓的业绩；二是指组织为了取得这样的业绩所付出的成本以及业绩所产生的后果和影响，也就是所谓的效果、效率和效益。衡量一个组织的绩效，不仅要看该组织取得了什么样的业绩，还要看为取得这

---

① H.J. Bernadin, J.S. Kane. Performance Appraisal: A Contingency Approach to System Development and Evaluation. Amazon. co. uk:Books, 1993.

② Campbell J. P. McCloy R. A. Oppler S. H. and Sager C. E. *A Theory of Performance*.in Schmitt & W. C. Borman(ed.). *Personnel Selection in Organizations*. San Francisco: Jossey Bass Publisher, 1993.

③ 范柏乃：《政府绩效评估理论与实务》，人民出版社2005年版。

样的业绩付出了多少成本（投入）以及这样的业绩对社会的影响。因此，绩效是过程与结果的统一。[①]正如Kast所说，组织绩效是组织从事活动的业绩和效率、效益的统称，通常可以看做是组织目标的实现程度。[②]根据绩效的一般定义，本书认为，合作治理绩效也是合作治理过程与结果的统一，它是参与合作的多元治理主体共同从事治理活动所取得的业绩、效率和效果的统称，通常可以看做是合作各方各自目标的实现程度和共同目标的实现程度。

五、本研究的学术创新与不足

（一）本研究的学术创新

第一，按照主体结构标准和管理过程标准，从国家与社会的关系视角出发，构建社会管理模式连续体，把社会管理模式划分为统治型社会管理模式、管理型社会管理模式、治理型社会管理模式和自治型社会管理模式。通过比较分析方法，系统阐述各个模式的内涵与特征，并据此提出政府与社会组织合作治理是现代社会管理的必然选择。进而，又从公共价值的高度论述了合作治理实现公共价值的内在机理，提出合作治理是一种能够充分实现公共价值的社会管理模式。

第二，社会管理是政府的基本职能，那么，社会组织在提升社会治理绩效中是否能够发挥作用，这是社会组织是否能够参与合作治理的依据。美国学者帕特南等人对意大利和美国的研究，证明了一个国家或地区的公民团体发展状况与制度绩效（包括犯罪治理绩效）呈显著正相关关系，即社会组织对提升制度绩效具有重要作用。那么，中国的情况如何？本研究模仿帕特南等学者的研究方法，对中国三个经济发展水平不同的省份的社会组织发展状况与犯罪治

---

① 史传林：《社会治理中的政府与社会组织合作绩效研究》，《广东社会科学》2014年版第5期，第81—88页。

② Kast, F.E., Rosenzweig, J.E. *Organization and Management:A Systems and Contingency Approach*[M]. New York: McGraw-Hill, 1985.

理之间的关系进行实证研究，证明中国社会组织在提升犯罪治理绩效方面也能够发挥重要作用。本研究结论与帕特南等学者的研究结论具有一致性。犯罪问题是各种社会问题的综合表征，社会组织在犯罪治理方面具有独特的功能，这说明社会组织在消除犯罪产生的社会根源方面能够发挥重要作用。由此进一步说明，政府不仅要在犯罪治理中与社会组织加强合作，而且在整个社会管理中都应该重视社会组织作用，加强与社会组织合作，以提升社会治理绩效。

第三，政府与社会组织合作治理的绩效属于政府绩效还是社会组织绩效？本研究认为应该属于合作绩效。据此，本研究对政府与社会组织合作治理的绩效内涵、生成机理和结构维度进行了理论分析，构建了政府与社会组织合作治理的绩效评价指标体系，对评价目标和评价的组织实施进行了探讨。通过案例分析，阐释了政府与社会组织合作治理的绩效的生成机理，验证了政府与社会组织合作治理能够提升合作绩效，但现有的绩效评价并不是真正意义上的合作绩效评价。只有把政府的表现和政府与社会组织合作过程纳入评价范围，设计科学的评价指标体系，由独立于政府之外的第三方机构实施评价，才符合合作绩效评价的要求。

第四，要提高政府与社会组织合作绩效就要对影响政府与社会组织合作绩效的因素进行分析。本研究从理论上分析了政府与社会组织合作模式、合作关系和合作行为等合作因素及其子维度对合作绩效的影响，并运用结构方程模型和回归分析方法对上述理论分析进行了实证研究。研究表明，合作模式、合作关系、合作行为均对合作绩效构成显著的积极影响。合作模式的子维度——互补性和替代性、合作关系的子维度——信任程度和公平程度、合作行为的子维度——策略水平和沟通程度均对合作绩效有显著的积极影响，其中替代性和策略水平的影响更为突出，说明在中国现阶段，政府与社会组织实行替代模式进行合作并重视合作策略的选择和运用将会产生更高的合作绩效。

（二）本研究的不足

第一，在对社会组织的作用进行实证分析时收集的数据仅来自于中国三个经济发展水平不同的省份，虽然样本具有一定的代表性，但总体数据偏少。

在研究社会组织在提升社会治理绩效中的作用时，只研究了社会组织发展状况与犯罪治理之间的关系，选择的变量偏少。帕特南等学者在研究意大利和美国的公民团体与制度绩效的关系时，其调查的范围涵盖了意大利的南北方全部地区和美国的50个州，设置的测量指标也不仅仅只有犯罪治理指标。

第二，对政府与社会组织合作治理绩效的内涵、特征及其生成机理的分析不够深入。合作治理是组织之间的协作与互动，不是单个组织的独立行为，所以不能用包括政府绩效在内的组织绩效来描述合作治理绩效。作为一种新的绩效形态，与政府绩效相比，合作治理绩效的内涵和特征是什么？它是怎样生成的？这些基本问题还需要进行系统深入的解释和分析。

第三，在设计政府与社会组织合作绩效评价指标体系时只进行了理论建构，没有对评价指标进行实证筛选，包括隶属度分析、相关分析和鉴别力分析，也没有对指标进行信度和效度检验。同时，也没有将评价指标体系应用于评价中国政府与社会组织合作治理实践。因此，本研究所构建的合作绩效评价指标体系的科学性和应用性还有待进一步验证。

第四，在分析政府与社会组织合作绩效的影响因素时只研究了合作因素的影响，没有分析非合作因素的影响，这些非合作因素包括政治体制、行政体制和社会体制等体制因素和社会环境、经济环境、制度环境等环境因素以及组织结构、组织管理、组织运行等组织因素等。事实上，这些非合作因素对合作绩效的影响也是客观存在的，也需要进行深入研究。

第二章 >>>>

文献综述

围绕本研究所研究的主要问题，本章将对社会管理主体与管理模式、合作治理、政府与社会组织关系以及合作治理绩效、公共服务合作生产及其绩效等领域的相关理论的研究文献进行梳理和评价，以阐明与本研究密切相关的现有研究结论，发现现有研究的可借鉴之处以及需要进一步深入研究的问题。本章的内容将为后续章节中有关社会管理模式的类型学研究、合作治理在现代社会治理中的价值研究、政府与社会组织合作治理的绩效研究奠定理论基础。

一、关于社会管理主体和模式的研究

如前所述，"社会管理"是一个中国特色的概念。中国学术界对社会管理的研究是从1991年开始的，当时只有向维稻①、王思斌②等少数学者对社会管理的含义、原则和职能等进行了探讨。1993年，中共十四届三中全会《中共中央关于建立社会主义市场经济体制若干问题的决定》首次使用"社会管理"一词。2005年以后，中共中央开始重视和谐社会建设，推进社会管理体制改革，加强和创新社会管理，学术界也开始对社会管理问题进行全面系统的深入研究。研究内容涉及社会管理的内涵与特征、社会管理的主体和客体、社会管理的机制和模式、社会管理创新的路径和国外社会管理的经验等。我国学术界从2005年至2014年大多使用"社会管理"概念，从2014—2021年主要使用"社会治理"概念，在高水平期刊分别发表论文2000多篇。由于本书研究的是社会治理中的政府与社会组织合作绩效问题，所以这里只对与本书有关的社会治理主体和社会治理模式等研究内容进行综述。

（一）社会治理主体研究

学术界关于社会治理主体的研究存在四种观点：第一种观点认为社会管理主体是政府等公共权力部门，社会组织则是社会自治的主体。中国行政管理

---

① 向维稻：《论社会管理及其职能与性质》，《北京社会科学》1991年第1期，第137—142页。

② 王思斌：《社会管理初论》，《社会科学研究》1992年第6期，第54—64页。

学会课题组把社会管理分为两类：第一类是政府对有关社会事务进行规范和制约，即政府社会管理。第二类是社会（即自治组织、非营利组织和公民）依据一定的规章制度和道德约束，规范和制约自身的行为，即社会自我管理和社会自治管理。据此，课题组认为，现代社会治理是政府干预与协调、非营利组织为中介、基层自治为基础、公众广泛参与的互动过程。①俞可平在谈到社会管理与社会自治的关系时指出，社会管理是政府依法对社会事务、社会组织和社会生活的规范和管理。社会管理的主体是公共权力部门，它实际上体现的是一种政府行为，是政府的重要职能。社会自治是人民群众对基层公共事务的自我管理，其管理主体是社会组织，它体现的是一种非政府行为。社会管理与社会自治是社会治理的两种基本形式，是一体之两翼。②林尚立从国家角度出发把社会管理界定为基于国家权力建构社会秩序的努力。③

第二种观点认为社会治理主体是政府和社会组织。丁元竹研究了社会管理的内涵、主体和对象，他认为社会管理是政府、社会组织为了实现特定社会发展目标而采取的政策和行为，社会管理的主体是政府和社会组织，对象是地方政府、企业、社会组织和个人。④岳经纶和邓智平在强调了社会管理是政府的基本职能的同时，指出社会管理是政府及社会组织对社会事务的规范和调节。⑤李程伟认为，社会管理是政府与社会组织对各类社会公共事务所实施的管理活动。⑥王思斌区分了社会治理和基层社会治理两个概念，认为基层社会治理主体包括县区、乡镇政府及政府的派出机构和政法部门，还包括城乡基层

① 高小平等：《加快我国社会管理和公共服务改革的研究报告》，《中国行政管理》2005年第2期，第10—15页。

② 俞可平：《更加重视社会自治》，《人民论坛》2011年第6期，第8—9页。

③ 林尚立：《社会协商与社会建设：以区分社会管理与社会治理为分析视角》，《中国高校社会科学》2013年第7期，第135—146页。

④ 丁元竹：《社会管理若干理论问题探讨》，《中国社会保障》2007年第9期，第21—23页。

⑤ 岳经纶、邓智平：《社会管理创新的理论与行动框架——以社会政策学为视角》，《探索与争鸣》2011年第10期，第48—52页。

⑥ 李程伟：《社会管理体制创新：公共管理学视角的解读》，《中国行政管理》2005年第5期，第39—41页。

自治组织、社会组织和居民等社会力量。①

　　第三种观点认为社会治理主体是多元主体。杨雪冬强调了多元主体在社会管理中的作用，认为社会管理就是以实现和维护社会权利为目标，发挥多元治理主体的作用，提供、调整和增进社会福利，推动个人发展和社会有序和谐的过程。②郎友兴等学者认为，社会管理的主体是多元的，包括政府、社会组织和公民个人，其中政府发挥着主导作用。③郑杭生和高霖宇对中国情景下的社会管理主体进行了分析，把社会管理界定为执政党和政府与其他社会主体，运用法律、法规、政策、道德、价值等社会规范体系，直接地或间接地对社会不同领域和各个环节进行服务、协调、组织、监控的过程和活动。④史传林认为，社会管理创新是在新的社会发展阶段，多元主体运用新的理念和方法，对社会运行进行组织、规范、调控，以促进和保持社会良性运行与协调发展的活动。⑤

　　第四种观点认为社会管理主体是社会组织和公民个人。施雪华区分了社会管理与国家管理两个概念，认为社会管理是社会组织和公民个人对各种社会事务实施领导、规划、决策、管理、协商、沟通、控制、监督的行为及其过程。社会管理（Social Management）不等于"对社会事务的管理"（Management of Social Affairs）。社会管理仅仅是社会组织与公民个人对自身事务的自我管理。而"对社会事务的管理"既包括社会组织与公民个人对自身事务的自我管理，也包括国家和政府对社会事务的国家管理或曰政治管理，即

　　① 王思斌：《新中国70年国家治理格局下的社会治理和基层社会治理》，《青海社会科学》2019年第6期，第1—8页。
　　② 杨雪冬：《走向社会权利导向的社会管理体制》，《高等学校文科学术文献》2010年第2期，第1—10页。
　　③ 郎友兴、汪锦军、徐东涛：《社会管理体制创新研究论纲》，《浙江社会科学》2011年第4期，第66—70页。
　　④ 郑杭生、高霖宇：《提高社会管理科学化水平的社会学解读》，《思想战线》2011年第4期，第1—5页。
　　⑤ 史传林：《社会管理创新需要厘清的四个基本问题》，《领导之友》2012年第1期，第23—25页。

包括微观的市民社会自我管理、中观的第三部门自我管理和宏观的国家、政府的国家管理或曰政治管理。前者是严格意义上的"社会管理"，而后者是严格意义上的"国家管理"。①

（二）社会管理模式研究

在社会管理研究中，社会管理模式研究是一个热点问题。学者们根据不同的标准，从历史和现实的角度把社会管理模式划分为各种类型，并通过对各种类型的模式进行比较，寻找社会管理的最佳模式。张康之根据人类社会发展的技术形态，对人类社会管理模式进行了划分。他认为，与农业社会相对应的是统治型社会治理模式，与工业社会相对应的是管理型社会治理模式，而后工业社会的治理模式则是社会自治，它是作为服务型社会治理体系的一个重要组成部分而存在的。②在另一个研究中，张康之把农业社会的社会治理称为权治模式，把工业社会的社会治理称为法治模式，把后工业化社会的社会治理称为合作治理模式。③关于统治型、管理型和服务型三种社会管理模式的划分在学术界具有较大影响，包括张康之在内的一些学者都对这三种社会管理模式进行了深入分析和比较。④⑤⑥现对学者们的观点进行归纳。（见表2-1）

---

① 施雪华：《当前中国社会管理的成就、问题与改革》，《学习与探索》2013年第3期，第27—36页。

② 张康之：《论新型社会治理模式中的社会自治》，《南京社会科学》2003年第9期，第39—44页。

③ 张康之：《合作治理是社会治理变革的归宿》，《社会科学研究》2012年第3期，第35—42页。

④ 张康之：《作为一种新型社会治理模式的服务行政——现实诉求、理论定位及研究取向》，《学习论坛》2006年第5期，第44—47页。

⑤ 刘祖云：《剖析社会治理研究中的一个分析框架——从〈公共管理伦理学〉看坚持马克思主义的学术创新方向》，《教学与研究》2005年第4期，第19—25页。

⑥ 张晓红、宁小花：《服务型社会治理模式下的公共决策价值取向》，《中国行政管理》2011年第2期，第31—34页。

表2-1　三种社会管理模式的比较

	农业社会	工业社会	后工业化社会
社会管理模式	统治型管理	管理型管理	服务型管理
社会关系特点	身份关系	契约关系	合作关系
社会管理主体	政府全能	政府主导	主体多元
社会管理组织	等级制组织	官僚制组织	合作制组织
社会管理手段	权治	法治	合作治理模式
社会管理价值	秩序与稳定	效率	社会公平正义

陈振明通过对西方国家发展历史的考察，认为自20世纪70年代以来西方国家社会管理格局和管理体系发生了较大变化。他把当代西方国家社会管理格局和管理体系划分为四种模式：一是市场式模式。这种模式的特点是，原有的政府职能向社会转移，社会组织在社会管理中的作用占了重要部分；政府对社会、市场的管制放松；实行公共服务市场化。二是多元式模式。这种模式强调在社会管理中民众的参与。三是应对式模式。这种模式强调弹性治理。政府采用临时性组织，解决短期或密集性的社会问题。四是自由式模式。这种模式强调在社会管理中取消政府内部的层级限制，使政府机构更高效地工作。[①]

敬义嘉根据治理权威和资源的来源，把社会治理的基本模式划分为三种类型。第一种类型：当治理资源来自政府或其他具有国家权威的公共主体时，属于政府治理；第二种类型：当该治理资源来自非国家的治理主体例如企业、非营利组织或社区时，属于自治理；第三种类型：而当治理资源是上述两种资源的结合，并存在资源在合作者之间的分享时，即构成合作治理。[②]黄显中等学者把社会治理结构按发展顺序划分为四类：统治型结构、授权型结构、管理型结构、公共治理型结构。[③]燕继荣通过对中国历史的演变分析，提出中国的

①　陈振明：《社会管理——理论、实践与案例》，中国人民大学出版社2012年版。

②　敬义嘉：《合作治理：再造公共服务的逻辑》，天津人民出版社2009年版。

③　黄显中、何音：《公共治理结构：变迁方向与动力——社会治理结构的历史路向探析》，《太平洋学报》2010年第9期，第10—18页。

社会治理模式变迁的一般规律是由宗教治理（统治型治理）到道德治理再到法律治理，道德治理模式最终会被法律治理模式所取代。[①]章勇把新中国成立后的社会管理模式划分为三种，即在计划经济时期形成的高度一元化的政府全能管制型模式、改革开放后出现的市场服务型社会管理模式以及社会自治型社会管理模式。[②]

王思斌提出四种类型的社会治理模式，即管控型社会治理、博弈式社会治理、协商式社会治理和服务型社会治理。管控型社会治理是运用强制力量，对危害社会秩序行为的治理。博弈式社会治理是相关利益各方通过博弈，达成一定共识，形成某种秩序的活动。协商式社会治理是参与者通过协商达成某种一致意见并一起行动的过程。服务型社会治理是通过实施公共服务或社会服务，对利益受损者和困难群体进行帮助和救济，预防和减少社会问题的治理方式。在基层社会治理中，依法行使的管控型社会治理对于维持基本的社会秩序是必要的，博弈式社会治理是有益的，协商式社会治理和服务型社会治理具有很大的发挥作用的空间，因为在基层有许多民事纠纷、社区建设和基本社会服务方面的问题要解决，应该更多地采用协商参与、救助和服务的方式来解决。这不但能预防、解决矛盾和问题，而且能够改善官民关系、促进居民发展与社会和谐。以上四种社会治理方式既有区分，也相互融通。[③]

现对学者们的观点进行归纳。（见表2-2）

表2-2 社会管理模式类型划分

作者	年份	划分类型	划分依据
张康之	2003	统治型、管理型、社会自治型（服务型）	社会发展形态
	2012	权治型、法治型、合作治理型	

① 燕继荣：《社会管理创新与服务型政府建设》，《行政论坛》2012年第1期，第17—20页。

② 章勇：《新型社会管理模式的形成及内涵》，《重庆大学学报（社会科学版）》2013年第2期，第129—135页。

③ 王思斌：《新中国70年国家治理格局下的社会治理和基层社会治理》，《青海社会科学》2019年第6期，第1—8页。

（续上表）

作者	年份	划分类型	划分依据
陈振明	2012	市场式、多元式、应对式、自由式	西方国家实践
敬义嘉	2009	政府治理、合作治理、自治理	治理资源
黄显中	2010	统治型、授权型、管理型、公共治理型	政治、行政与公民关系
燕继荣	2012	宗教治理、道德治理、法律治理	中国历史演变
章　勇	2013	政府管制型、市场服务型、社会自治型	新中国成立以后的中国实践
王思斌	2019	管控型、博弈型、协商型、服务型	中国社会治理实践

二、关于合作治理的研究

（一）合作治理研究概况

总体上说，合作治理属于公共治理的范畴，因此，合作治理与公共治理在本质上没有什么区别。从英语文献来看，西方学者一般是在研究公共行政范式转型时使用公共治理的概念，在研究政府和非政府（营利）组织的合作关系以及公民参与时使用合作治理概念。公共治理是治理理论引入公共行政学研究之后出现的概念和理论。西方学者认为，公共治理是继传统公共行政、新公共管理之后出现的新的行政范式。①合作治理则是公共治理范式下的一种具体模式。

自1989年世界银行首次提出"治理"概念后，在西方学术界特别是政治学、行政学、管理学领域，治理理论成为探讨的热点。联合国全球治理委员会认为："治理是各种公共的或私人的机构管理其共同事务的诸多方式的总和。它是使相互冲突的或不同的利益得以调和并且采取联合行动的持续的过程。这既包括有权迫使人们服从的正式制度和规则，也包括各种人们同意或认为符合

---

① Lest M.Salamon, Odus V.Elliott. *The Tools of Government: A Guide to the New Governance*[M]. New York: Oxford UniversityPress, 2002.

其利益的非正式的制度安排。"①随着治理理论研究的兴起，合作治理也成为西方学术界研究的重要主题。在Cambridge Tournals、Wiley-Blackwell、DOAJ等常用的国外文献数据库中检索发现，1990年治理理论兴起以来，西方学者发表了大量的有关公共治理和合作治理的论文。相关文献检索结果见表2-3。

表2-3　国外关于公共治理与合作治理研究的相关文献检索

数据库	收录年份	检索词	检索方式（篇数）		
			Title	Keyword	abstract
Cambridge Tournals	1990—2021	public governance	210	2236	5270
		collaborative governance	109	84	406
Wiley-Blackwell	1990—2021	public governance	288	227	2333
		collaborative governance	74	32	229
DOAJ	1990—2021	public governance	1012	1878	12521
		collaborative governance	548	528	1885

进入21世纪以后，中国学界也开始对治理理论进行研究，发表了大量有关研究成果。随着研究的不断深入，合作治理（collaborative governance）以及与之相近的协同治理（govern coordinately）、网络治理（governing by network）逐渐成为中国学术界研究的热点问题。相关文献检索结果见表2-4。

表2-4　国内关于公共治理与合作治理研究的相关文献检索

数据库	收录年份	检索词	检索方式（篇数）		
			篇名	关键词	摘要
CNKI（核心期刊和CSSCI）	1999—2021	公共治理	626	860	2037
	2006—2021	合作治理	442	629	1593
	2006—2021	协同治理	1027	1547	3097
	2002—2021	网络治理	384	756	1120

---

① *Our Global Neighbourhood: The Report of Commission on Global Governance*[M]. Oxford: Oxford University Press, 1995.

（续上表）

数据库	收录年份	检索词	检索方式（篇数）		
			篇名	关键词	摘要
中国硕博士论文库	2003—2021	公共治理	839	1066	18961
	2002—2021	合作治理	672	911	5421
	2006—2021	协同治理	1391	4571	5791
	2006—2021	网络治理	237	568	1452
CNKI中国重要会议论文库	2002—2021	公共治理	149	275	146
	2006—2021	合作治理	51	42	173
	2007—2021	协同治理	176	197	432
	2007—2021	网络治理	24	46	75
CNKI中国重要报纸全文库	2003—2021	公共治理	88	——	——
	2004—2021	合作治理	41	——	——
	2004—2021	协同治理	258	——	——
	2005—2021	网络治理	66	——	——

（二）合作治理理论解释

对合作治理的解释最具代表性的国外学者是安塞尔（Ansellh）和卡什（Gash）。他们认为，合作治理是政府与社会组织及其他利益相关者在互动中产生的一种非正式关系。它使社会组织及其他利益相关者与政府部门结合起来，通过集体协商共同确定公共议程。为系统分析合作治理问题，他们构建了合作治理模型。在模型中，他们把冲突或合作、利益相关者的参与、资源和权力的不平衡、领导者以及制度的设计等作为影响政府与社会组织以及其他利益相关者合作的重要前置因素，把对话、信任关系、承诺、理解和共识等作为影响合作过程的因素。他们认为，当合作者能够相互信任、承诺和达成共识的时候，往往更容易达成合作。①

关于与合作治理相近的网络治理，戈德史密斯和埃格斯进行了系统的研究。他们认为，网络治理是一种新的治理模式。在这种模式下，政府更多地依赖各种伙伴关系、协议和同盟所组成的网络来从事并完成公共事业。网络治理改变了公共部门的形态，使政策目标更多地依靠政府雇佣和管理外部合作伙伴关系来实现，在新形态下如何实施有效的政府管理是政府面临的新挑战。②中国学者关于网络治理的定义更接近合作治理。陈振明指出，网络治理是指为了实现与增进公共利益，政府部门和非政府部门（私营部门、第三部门或公民个人）等众多公共行动主体彼此合作、在相互依存的环境中分享公共权力、共同管理公共事务的过程。网络治理的目标是实现和增进公共利益。③

张康之对合作治理的内涵与特征进行了分析，他指出，合作治理是指在治理目的具有多元价值因素考虑中，多种治理主体在平等、主动、自愿的原则下以某一方为侧重参与社会公共事务的治理方式。政府与社会组织之间的合作，可以达到取长补短与优势互补的效果，以实现社会治理体系的优化。他还区分了合作治理与参与式治理，认为以政府为中心的参与式治理，不属于对多元因素平等条件下的合作治理的构想，倾向于强化"中心—边缘"结构的参与是不可能有利于合作关系的生成的。在合作治理中，参与到治理过程中的每一个治理主体都能够平等地发挥作用，都能够平等地发表意见和积极地采取合作行动。④⑤

---

① Chris Ansell, Alision Gash. Collaborative Governance in Theory and Practice[J], *Journal of Public Administration Research and Theory Advance Access*. 2007, 11(3): 2–3.

② ［美］斯蒂芬·戈德史密斯、［美］威廉·D. 埃格斯：《网络化治理——公共部门的新形态》，孙迎春译，北京大学出版社2008年版。

③ 陈振明：《公共管理学——一种不同于传统行政学的研究途径》第二版，中国人民大学出版社2003年版。

④ 张康之：《论参与治理、社会自治与合作治理》，《行政论坛》2008年第6期，第1—6页。

⑤ 张康之：《合作治理是社会治理变革的归宿》，《社会科学研究》2012年第3期，第35—42页。

从全球化、后工业化进程中去看，合作治理是指这样一种社会治理形式：首先，是政府与各种各样的社会治理力量合作开展社会治理；其次，是政府各层级之间不再受到官僚制模式限制，而是努力去建构起一种合作关系并开展社会治理的行动；再次，区域政府之间就经济、社会、环境等各个方面的问题开展合作行动。在扩大的意义上，或者说，在民族国家尚存的条件下，国家之间就全球问题也通过合作行动的方式去加以应对和解决。就此而言，合作治理实际上也就表现为全球治理。合作治理是全方位的，它意味着一个社会是一个广泛的合作体系，也意味着全球被建构为一个合作体系，在人类所面对的一切非传统的问题上，都以合作的方式去加以解决。①

敬乂嘉认为，合作治理是当前公共管理理论的发展前沿。合作治理的根本特征是复合性。一是主体的复合性。合作治理中的政府包括直接的合同签订机构、上级机构、监管机构、关联机构以及对其合作者具有监管作用的机构。合作者包括企业、非营利组织等。此外，还存在各种利益相关者等。二是合作治理的管理的复合性。对合作治理的管理是传统政府管理的延伸，对跨界行为实施管理的母体并不是新生的。如何与原体制内的管理制度、资源、技术和人才相衔接，形成新的扩展的能力，是复合管理的第一步。三是合作治理的工具复合性。包括分析工具的复合性和政府工具的复合性。②

三、关于政府与社会组织关系的研究

合作治理是多元主体之间的互动，但由于本研究仅研究政府与社会组织之间的合作治理问题，所以需要专门对政府与社会组织的关系进行考察。这里先对西方学者的研究进行综述，然后再考察中国学者对中国政府与社会组织关系的研究。

---

① 张康之：《论全球社会中的道德、文化与合作治理》，《社会科学研究》2019年第4期，第1—8页。

② 敬乂嘉：《合作治理：再造公共服务的逻辑》，天津人民出版社2009年版。

（一）政府与社会组织关系模型

由于西方第三部门比较发达，各种类型的非营利组织众多，而西方各国的政治体制和历史文化传统又存在较大差异，所以政府与非营利组织的关系比较复杂，许多西方学者试图对这种复杂的关系进行理论解释，从而构建了一些解释模型，最具有代表性是科斯顿（Coston）、纳吉姆（Najam）、丹尼斯·扬（Dennis R. Young）、布林克霍夫（Brinkerhoff）以及库恩（Kuhnle）与塞利（Selle）等学者建构的模型。从这些模型中可发现学者们对政府与非营利组织关系的理论解释。

1. 科斯顿模型

科斯顿认为，政府与非营利组织之间存在八种关系模式，即随着政府由反对制度多元化向接受制度多元化的转变，政府与非营利组织的关系依次呈现压制（repression）、敌对（rivalry）、竞争（competition）、签约（contracting）、第三方政府（third-party government）、合作（cooperation）、互补（complementarity）以及协作（collaboration）模式。前三种属于抵制制度多元化模式，后五种属于接受制度多元化模式。（见图2-1）

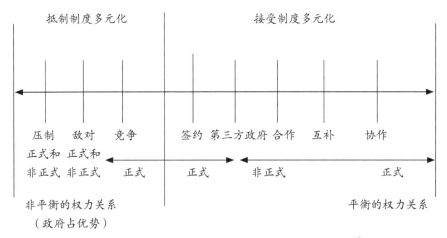

图2-1　科斯顿的政府—非营利组织关系模型[①]

①　Coston J M. A Model and Typology of Government-NGO Relationships[J]. *Nonprofit and Voluntary Sector Quarterly*, 1998, 27(3):358–382.

2. 纳吉姆模型

纳吉姆根据目标和手段或策略两个维度构建了政府与非营利组织之间的关系模式。具体内容是，政府与非营利组织都有自己追求的目标和实现目标的策略，当两者用相似策略追求相似的目标时，两者就会形成"合作"关系；当两者用相似的策略追求不同的目标时，它们之间就会形成"吸纳"关系；当两者追求的是相似的目标但策略不同时，由此就会形成"互补"关系；当两者用不同的策略追求不同的目标时，就会形成"对抗"关系。（见图2-2）

目标

		相似	不相似
偏好的策略	相似	合作	吸纳
	不相似	互补	冲突

图2-2　纳吉姆的政府与非营利组织关系模型[①]

3. 丹尼斯·扬模型

丹尼斯·扬通过对日本、以色列、英国和美国的历史考察，发现政府与非营利组织之间存在"增补性"（supplementarity）、"互补性"（complementarity）、"对抗性"（adversarial）三种关系模式。"增补性"模式是指当政府对社会问题被动消极或解决相对迟缓而无法满足公众对公共物品的需求时，非营利组织可以满足那些由政府所无法满足的公共物品需求。"互补性"模式是指非营利组织可以与政府形成合作伙伴关系，通过取得政府的资助，为社会提供公共物品。"对抗性"模式是指非营利组织积极督促政府采取对公众负责任的行动和政策变革，当非营利组织影响过大时，政府也会规制非营利组织的行为。（见图2-3）

---

① Najam A. The Four-C's of Third Sector-Government Relations: Cooperation, Confrontation, Complementary, and Co-Optation[J], *Nonprofit Management and Leadership*, 2000, 10(4): 375-396.

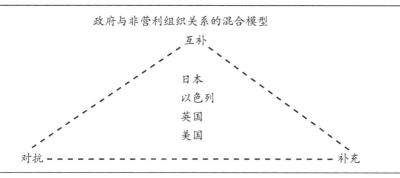

图2-3 丹尼斯·扬的政府与非营利组织关系模型①

4. 布林克霍夫模型

布林克霍夫根据组织身份和相互依赖性两个维度划分了政府与非营利组织的四种关系模式。所谓组织身份是指一个组织对自身的任务、核心价值和支持者的认同，也就是组织的自主性，是区别于其他组织的特征。相互依赖性是指组织之间资源的依赖程度。布林克霍夫认为，当政府与非营利组织的自主性高，资源依赖性低时，两者构成合同关系模式；而资源依赖性高时，两者构成合作伙伴关系模式；当政府与非营利组织的自主性低，资源依赖性低时，两者构成延伸性关系模式；而资源依赖性高时，两者构成操作性和逐步吞并性关系模式。所谓延伸性关系是指在一个组织大权独揽，而其他组织几乎没有自身独立身份的情况下，可以将后者视为是占据主导地位的那个组织的延伸。（见图2-4）

相互依赖性

组织身份		低	高
	高	合同关系	合作伙伴关系
	低	延伸性关系	操作性和逐步吞并性关系

图2-4 布林克霍夫的政府与非营利组织关系模型②

① Young D R. Alternative Models of Government-Nonprofit Sector Relations: Theoretical and International Perspective[J]. *Nonprofit and Voluntary Sector Quarterly*, 2000, 29(1):149-172.

② Brinkerhoff Jennifer M. Government-nonprofit Partnership: A Defining Framework[J]. *Public Administration*, 2002, 22(1):19-30.

5. 库恩与塞利模型

库恩与塞利根据"财务与控制"和"沟通与交往"两个维度构建了政府与非营利组织的关系模型。"财务和控制"主要是指非营利组织对于政府的财务依赖与受控制的程度，由此判断非营利组织是"依赖"还是"独立"于政府。"沟通和交往"主要是指非营利组织与政府之间联系的规模、频率与顺畅程度，由此判断非营利组织与政府的关系是"亲密"还是"疏离"。依赖与独立、亲密与疏离的不同组合构成了四种关系模式，即整合依附型（Integrated Dependence）、分离依附型（Separate Dependence）、整合自主型（Integrated Autonomy）和分离自主型（Separate Autonomy）。如果非营利组织与政府关系亲密，在财务上对政府有相当程度的依赖并且被政府控制，两者的关系就属于整合依附型；如果非营利组织与政府的沟通交往并不频繁，在财务上对政府有相当程度的依赖并且被政府控制，两者的关系就属于分离依附型；如果非营利组织与政府关系亲密，但在财务上并不依赖政府，在法规上也不受到政府的控制，两者的关系就属于整合自主型；如果非营利组织与政府很少互动，在财务资源和法规上也不受政府控制，两者的关系就属于分离自主型。（见图2-5）

图2-5　库恩与塞利的政府与非营利组织关系模型[1]

（二）中国政府与社会组织关系研究

随着中国社会组织的不断发展，受西方学者研究的影响，中国国内的一些学者也开始关注政府与社会组织的关系。2000年左右，相关研究逐渐展开。

---

① Stein Kuhnle, Per Selle. *Government and Voluntary Organizations: A Relational Perspctive*[M]. Aldershot Hans, England, Brookfield, Vt:Ashgate, 1992.

邓正来[①]、赵黎青[②]、康晓光[③]、吴忠泽[④]、谢蕾[⑤]、任慧颖[⑥]、张钟汝和范明林[⑦]、汪锦军[⑧]等学者在对西方关于政府与非营利组织的关系模式的研究成果进行系统深入的分析和介绍基础上，结合中国实际对中国政府与社会组织的关系进行了思考和探讨。中国学者普遍认同西方学者的观点，并认为中国政府与社会组织应该建立一种良性互动的合作关系。但正如王名所说，中国的社会组织在总体上是一个极为庞杂和多样化的组织体系。各种类型的社会组织的活动领域、功能、作用都不同，与政府的关系也有很大差别。[⑨]康晓光通过对中国内地的国家与社会关系的实证研究发现，中国政府为了自身利益，根据社会组织的挑战能力和提供的公共物品，对不同的社会组织采取不同的控制策略，建立了对社会组织的"分类控制体系"，这是一种不同于西方的新的国家与社会关系的"理想类型"。[⑩]这说明，中国政府与社会组织的关系建构面临更加复杂和特殊的环境，西方学者的理论并不能有效地解释中国政府与社会组织的关系现状，比如，在西方国家，非政府组织与政府的对抗和冲突关系可能是一种

---

① 邓正来：《国家与社会：中国市民社会研究》，四川人民出版社1997年版。

② 赵黎青：《非政府组织与可持续发展》，经济科学出版社1998年版。

③ 康晓光：《权力的转移——转型时期中国权力格局的变迁》，浙江人民出版社1999年版。

④ 吴忠泽、李勇、邢军：《发达国家非政府组织管理制度》，时事出版社2001年版。

⑤ 谢蕾：《西方非营利组织理论研究的新进展》，《国家行政学院学报》2002年第1期，第89—92页。

⑥ 任慧颖：《对中国非营利组织与政府关系的研究探讨——以中国青基会为个案》，《山东社会科学》2005年第10期，第129—131页。

⑦ 张钟汝、范明林：《政府与非政府组织合作机制建设——对两个非政府组织的个案研究》，上海大学出版社2010年版。

⑧ 汪锦军：《走向合作治理：政府与非营利组织合作的条件、模式和路径》，浙江大学出版社2012年版。

⑨ 王名：《构建分类监管、资源引导和行为控制的民间组织管理模式》，《中国社会报》2007年4月23日。

⑩ 康晓光、韩恒：《分类控制：当前中国大陆国家与社会关系研究》，《社会学研究》2005年第6期，第73—89页。

正常的关系类型，但在中国的环境下，由于政府的分类控制，这种关系类型可能就不是一种常态。因此，中国学者需要在借鉴西方理论的同时，构建能够解释中国实际的理论体系。

苏曦凌系统分析了中国政府与社会组织关系演变的历史逻辑，他认为，从已有的相关研究成果来看，学界往往是运用法团主义或多元主义两种视角来把握中国的政府与社会组织关系（简称"政会关系"）。这两种视角隐含的假设是政府与社会组织二元对立、非此即彼，将政府整合与社会自主、政府能力提升与社会组织增殖，以及社会组织发展中的他组织建构与自组织进化之间的紧张关系予以绝对化。相对于法团主义、多元主义而言，结构功能主义对于认识中国的政会关系及其演进具有更强的适用性。从新中国成立至改革开放前（1949—1978），中国政会关系是总体性二元合一关系，即政府将社会组织纳入整个国家体系之中，社会组织成为政府整合、动员社会的实际行动力量。改革开放以来，中国的政会关系从总体性二元合一向分化性二元合一演进，历经了让渡与承接、规范与依附、激活与协同三个阶段。在不同阶段，政会结构功能分化与整合的重心，存在着明显差别。展望未来，分化性二元合一政会关系的发展和完善，必须按照现代国家治理的要求，进一步革除引致政会结构模糊、功能紊乱的负面因素，在政府与社会组织之间打造共建、共治与共享的结构功能系统。坚持和完善共建共治共享的社会治理制度，是推进国家治理体系与治理能力现代化的重要内容。政府与社会组织在社会治理中的共建、共治、共享，不仅取决于双方的理性选择，而且需要通过刚性的制度约束，明晰双方的责任、权力、利益关系，在进一步结构整合的基础上，推进政会功能分化与耦合。①

---

① 苏曦凌：《政府与社会组织关系演变的历史逻辑》，《政治学研究》2020年第2期，第76—89页。

四、关于合作治理绩效的研究

（一）社会组织对政府绩效的影响研究

从政府的角度看，政府与社会组织合作治理绩效就是政府通过与社会组织合作所产出的政府绩效，也就是说，政府与社会组织合作会对政府绩效产生影响，这种影响应该属于合作治理绩效的范畴。因此，要研究合作治理绩效问题，就有必要对学术界关于社会组织发展与政府绩效的关系的研究进行综述。需要说明的是，西方学者在研究这一问题时并没有明确使用"社会组织"一词，而是使用了"公民共同体""公民社团""公民文化""社会资本"等概念。

早在19世纪三四十年代，托克维尔在《论美国的民主》一书中就开始使用"公民共同体"概念解释美国民主制度运行绩效。[①]20世纪70年代，阿尔蒙德（A. Almond）等学者在对世界上一些国家的政治发展进行研究时发现，一个有效的民主政府不仅取决于政治结构，而且取决于公民文化。[②]帕特南（D.Putnam）也试图从公民文化方面解释决定制度绩效的因素。为此，他从1970年开始，用了20多年的时间对意大利的公民传统和制度绩效的关系进行了研究。他借用了托克维尔在解释美国民主以及其他公民美德时所使用的"公民共同体"概念。即公民共同体的特征是积极的、有公共精神的市民，是平等的政治关系，是信任和合作的社会网络。据此，他设计了4项测量指标，分别是社团生活的活跃程度（各类社团数量）、公民读报率、公民政治参与程度、特别支持票的投票率，由此构成一个公民共同体指数。研究发现，公民共同体发展状况与政府绩效高度相关（r=0.92）。也就是说，一个地区的公民共同体越发达，地区政府绩效就会越高。在有许多公民社团的地区，可以培育出更有效率的政府。帕特南用社会资本理论解释了公民共同体促进政府

---

① ［法］托克维尔：《论美国的民主》，商务印书馆1989年版。

② ［美］加布里埃尔·A. 阿尔蒙德、［美］西德尼·维巴：《公民文化——五个国家的政治态度和民主制》，徐湘林等译，东方出版社2008年版。

绩效提升的作用机理。他认为，社会资本是指社会组织的特征，诸如信任、规范以及网络，它们能够通过促进合作行为来提高社会的效率。在一个继承了大量社会资本的共同体内，自愿的合作更容易出现。他研究发现，意大利一些地区有幸拥有富有生机的公民关系的网络和规范，而另一些地区却不幸地受到垂直结构的政治的统治，那里的社会生活是分裂和孤立的，是一种不信任的文化。公民生活的这些差异在解释制度绩效方面起着关键的作用。[①]帕特南在《独自打保龄球：美国社区的衰落与复兴》一书中提出了社区社会资本的五个关键维度，即社区组织化生活、公共事务参与、社会信任、社区志愿服务与非正式交往。每一个维度的社会资本都与政府公共服务绩效有着独特的关系，而且两者关系的强度与方向会随着社会资本的维度不同而发生变化。[②]

自阿尔蒙德和帕特南之后，有关公民文化、社会资本与政府绩效的关系一直是西方学术界的研究热点。汤姆·W·赖斯（Tom. W. Rice）和亚历山大·F·桑伯格（Alexander F. Sumberg）运用帕特南的研究模式从公民参与度、政治平等性、团结、信任与宽容度以及合作的社会架构四个维度对美国50个州的公民文化和政府绩效的关系进行了研究，结果证明基于合作的公民文化对政府绩效有显著影响。[③]汤姆·W·赖斯对美国艾奥瓦州的社区公民文化和政府绩效的关系进行了研究，得出了相同的结论。[④]H. 科菲和B. 盖斯用制度绩效与社会资本的关系分析了地方政府的能力。[⑤]克纳克（Knack）基于

---

① ［美］罗伯特·D. 帕特南：《使民主运转起来——现代意大利的公民传统》，王列、赖海榕译，江西人民出版社2001年版。

② ［美］罗伯特·D. 帕特南：《独自打保龄：美国社区的衰落与复兴》，刘波等译，北京大学出版社2011年版。

③ Tom W. Rice, Alexander F. Sumberg. *Civic Culture and Government Performance in the American States*. Publius/Winter, 1997.

④ Tom W. Rice. Social Capital and Government Performance in Iowa Communities[J]. *Journal of Urban Affairs*, 2001, 23(3-4): 375-389.

⑤ H. Coffe,B.Geys. Institutional Performance and Social Capital: An Application to The Local Government Level[J]. *Journal of Urban Affairs*, 2005, 27(5):485-501.

美国各州的数据分析了社会资本与政府质量的关系。[①]牛顿（Newton）解释了信任、社会资本、第三部门和民主制度绩效的关系。[②]沃利斯（Wallis）和多莱里（Dollery）研究了社会资本与地方政府能力。[③]基尔（Keele）解释了社会资本、信任政府与政府绩效的内在机理。[④]库萨克（Cusack）通过对德国地方政府的比较研究了社会资本、制度结构与民主绩效的关系。[⑤]学者们的研究证明，一个国家或是一个地区，公民文化和社会资本越发达，政府的治理绩效就会越高。社会组织是公民文化和社会资本的重要载体。社会组织的发展状况是公民文化和社会资本是否发达的重要测量指标。因此，社会组织发展对政府绩效会产生积极影响。一方面，社会组织可以提高社会自治水平，实现社会自我管理；另一方面，政府可以向社会组织"借力"，实现对社会的合作管理。这两方面都可以减轻政府社会管理的压力，降低政府社会管理的成本，提高政府绩效。

西方国家在社会资本与政府绩效关系的研究中一直存在着两种研究视角，即社区社会资本和政府组织社会资本。卡尔斯博伊克斯等人提出社会资本与政府绩效之间的五种关系模式，即理性投票者和竞争性精英（rational voters and competitive elites）、规则服从（rule compliance）、公民美德（civic virtue）、科层制效率（bureaucratic efficiency）、精英协作（elite accommodation）。其中前三种模式分析的是社区社会资本与政府绩效的关系，而后两种模式则是关于

① Knack S. Social Capital and the Quality of Government: Evidence from the States[J]. *American Journal of Political Science*, 2002, 46(4):772–785.

② Newton K. Trust, Social Capital, Civil Society and Democracyp[J]. *International Political Science Review*, 2001, 22(2):201–214.

③ J.Wallis,B.Dollery. Social Capital and Local Government Capacity[J]. *Australian Journal of Public Administration*, 2002, 61(3):76–85.

④ L. Keele. Social Capital and the Dynamics of Trustin Government[J]. *American Journal of PoliticalScience*, 2007, 51(2): 241–254.

⑤ Cusack T. R. Social Capital, Institutional Structures and Democratic Performance: A Comparative Study of German Local Governments[J]. *European Journal of Political Research*, 1999, 35(1):1–34.

政府组织社会资本对于政府绩效的影响。美国学者马吉特塔维茨也认为，社会资本与政府绩效的关系可以从两种视角去理解：一是政策能动主义（policy activism），即政府对各种形式的政府公共物品和服务进行资源分配的可选择范围；二是科层制效率（bureaucratic efficiency），即政府组织提升其内部运行效率与速度的方法及范围。这两种思路实际上也是分析社区社会资本和政府组织社会资本各自对政府绩效的作用。[①]

在西方研究的影响下，中国一些学者也探讨了社会组织、社会资本对政府绩效的影响问题，并用社会资本理论解释了影响机理。相关研究取得了与西方研究相同的结论，这里不再赘述。与此相关联，一些学者从政府绩效视角研究了合作治理对政府绩效的影响。研究发现，多元主体的竞争与合作是地方政府绩效改善的有效路径。他认为，推动多元主体的竞争与合作，有助于解决地方经济区域与行政区域矛盾，提高地方政府公共物品供给效率，帮助地方政府摆脱财政上的困境。通过多元竞合来改善地方政府绩效，应当凸显多元主体的优势整合，清楚其界定产权，并保障信息在多元主体之间的有效融通。[②]姚引良在国内外地方政府合作治理及合作效果相关研究的基础上，构建了中国地方政府治理多主体合作效果影响因素的理论模型，并提出理论假设，运用结构方程模型对假设进行了验证。研究发现，政府的合作态度、合作能力和资源的投入对合作治理效果都会产生显著影响；参与合作的主体间信任和协同程度越好，效果也会越好；另外，环境因素中的上级支持和公众参与状况也会对治理效果产生积极的促进作用。[③]

周晨虹从社区社会资本与政府组织社会资本两个视角分析社会资本与政府公共服务绩效的关系及其相互影响；探讨在合作治理的语境下，通过创新

① 周晨虹：《合作生产、社会资本与政府公共服务绩效》，《公共管理与政策评论》2016年第5期，第5—12页。

② 张玉亮等：《多元竞合是地方政府绩效改善的有效路径》，《广东社会科学》2006年第2期，第79—84页。

③ 姚引良等：《地方政府网络治理多主体合作效果影响因素研究》，《中国软科学》2010年第1期，第138—149页。

政府组织结构、政府管理能力建设和实施积极的政府管理策略等，发挥社会资本积极作用的实践路径。在合作生产的背景下，政府公共服务绩效依赖于政府所服务的社区社会资本，同时政府内部组织社会资本也影响着政府公共服务绩效。因此，有必要处理好社区社会资本与政府组织社会资本的关系，从政府自身建设入手，发挥政府在社会资本建设中的主导作用。[1]

（二）合作治理绩效的内涵与测量研究

进入21世纪以来，随着合作治理成为社会治理的新常态，越来越多的学者开始关注合作治理的绩效问题。拉丁（Radin）[2]、克利金（Klijn）和科彭杨（Koppenjan）[3]、托马斯（Thomas）[4]、林登（Linden）[5]、麦奎尔（McGuire）[6]等学者都对此进行过研究。但比较有代表性的是罗伯特·阿格拉诺夫（Robert Agranoff）和迈克尔·麦奎尔（Michael McGuire）以及斯蒂芬·戈德史密斯（Stephen Goldsmith）等人的研究。从2001年起，阿格拉诺夫和麦奎尔开始关注政府与其他组织之间的合作性公共管理（collaborative public management）问题，并于2003年出版了《协作性公共管理：地方政府新战略》一书。2005年9月，阿格拉诺夫在《公共绩效与管理评论》上发表了《管理合作绩效：改变国家的边界？》的论文。阿格拉诺夫和麦奎尔指出，组织网络时代的来临，给公共管理者带来了跨界相互依赖的挑战。合作性公共管理就是通

① 周晨虹：《合作生产、社会资本与政府公共服务绩效》，《公共管理与政策评论》2016年第5期，第5—12页。

② Beryl A. Radin, Intergovernmental Relationships and the Federal Performance Movement[J]. *Publius*, 2000, 30(1/2): 143–158.

③ Klijn, E., & Koppenjan, J. Public Management And Policy Networks: Foundations of a Network Approach to Governance[J]. *Public Management* 2(2): 135–158.

④ Thomas, C. Bureaucratic Landscapes: Interagency Cooperation and The Preservation of Biodiversity[M]. Cambridge, MA: MIT Press, 2003.

⑤ Linden, R. *Working Across Boundaries: Making Collaboration Work in Government and Nonprofit Organizations*[M]. San Francisco: Jossey–Bass, 2002.

⑥ McGuire, M. Managing Networks: Propositions on What Managers Do and Why They Do It[J]. *Public Administration Review*, 2002, 62(5): 426–433.

过伙伴关系、网络、契约关系、结盟、委员会、联盟、公会和理事会，公共机构和非政府部门、私人机构的管理者代表其组织共同制定战略、提供物品和服务。合作性管理是一个独特的制度形式，它意味着跨越组织的边界在政府与多个组织之间促进并维持联系和沟通、提议行动、进行融合与调整、交换资源、执行项目。①

在阐述合作治理绩效时，阿格拉诺夫和麦奎尔肯定了帕特南对意大利的研究所揭示的公民参与网络能够提高制度绩效的结论。他们认为，多个参与者在政府行动的许多领域进行合作，建立长期的联盟关系而且努力促成制度，以从事政府不能独自完成的工作，形成了合作治理局面。由于公共事务管理的复杂性与日俱增，非政府的参与者成为地方公共物品与服务提供系统的必要组成部分。政府与非政府部门合作有利于提高治理的有效性。他们还分析了影响合作绩效的变量，包括合作的环境、战略、结构、链条、合作者和管理者的行为等。关于合作治理绩效的测量，他们认为，必须测量合作网络的产出和绩效，评估一个特定网络如何对其利害关系人负责，如何达成既定目标。但由于存在多个参与者，网络管理是一个难以精确测量的目标。②在《管理合作绩效：改变国家的边界？》一文中，阿格拉诺夫指出，合作绩效是一个需要专门进行研究的问题。当多元利益主体为了执行政策和项目进行合作时，其合作绩效就不能简单地使用奥斯本和盖布勒所主张的投入、产出和结果指标进行测量。通过研究，他提出了提升合作绩效的八个策略，即动员领导者、提升网络、促进合作沟通、提升合作能力、发展合作策略、提供新的技术、评价公共价值和自动地反馈与学习。③

戈德史密斯专门研究了网络治理条件下的绩效测量和监控问题。他认

---

① ［美］罗伯特·阿格拉诺夫、［美］迈克尔·麦奎尔：《协作性公共管理：地方政府新战略》，北京大学出版社2007年版。

② ［美］罗伯特·阿格拉诺夫、［美］迈克尔·麦奎尔：《协作性公共管理：地方政府新战略》，北京大学出版社2007年版。

③ Robert Agranoff. Managing Collaborative Performance: Changing The Boundaries of The State? [J]. *Public Performance & Management Review*, 2005, 29(1): 18–45.

为，在一个复杂网络内测量与监控绩效是公共管理者面临的一个主要挑战。网络可能需要很长一段时间才能实现它的成果，或者说一个特殊机构或实体对合作绩效的贡献相对很少，影响合作绩效的因果关系也相当复杂。面对这种挑战，公共管理者可以借助先进的网络信息技术跟踪收集合作过程中出现的各种绩效信息，以实现合作绩效的测量与监控。他建议把合作网络所服务的顾客满意度数据作为绩效检测工具。他还认为，政府的合作伙伴来自不同的机构，合作网络经常要依赖市场机制来管理各种资源的流动，因此，合作网络的规则应该平等适用于所有合作伙伴。在合作过程中，政府内部的服务成本应该是透明的，还应该使用各种质量和绩效标准，同时，合作网络中的参与行为应该是合作伙伴的形式而不是官僚形式，只有这样才能提高合作网络的绩效。①

敬义嘉也对合作治理绩效问题进行了论述。他指出，在一个合作治理过程中可能卷入各种不同性质的具备各类资源的组织。虽然治理主体数量的增加有利于实现对于各治理主体行为的立体调整机制，但是也带来制约过多、秩序混乱、行动迟缓和有效性低的问题。如何在一个复杂的治理过程中，将具备不同资源、知识、信息、价值和规则的多个主客体进行有效连接，坚守对抗性或非合作性的博弈，降低整体的交易成本，需要能够超越具体治理主体和关系的复合治理机制。合作治理是介于政府治理和自治理之间的一种治理形态。合作治理可以弥补基层治理的政治有效性和管理有效性的不足，但合作治理的复合性可能造成治理失败，从而使治理过程偏离了基本的公共价值。比如，合作治理可能仅仅降低了政府的经济成本，但却偏离了政府的服务目标和公共责任。导致治理失败的具体因素包括治理主体可能缺乏对于具体治理问题的知识，也无法预测或控制治理活动的后果，并缺乏协调行动所必需的稳定的相互预期。在合作治理活动中常常卷入多个主体，形成复杂博弈关系。合作治理的多重复合性增加了协调的难度。②

① ［美］斯蒂芬·戈德史密斯、［美］威廉·D.埃格斯：《网络化治理：公共部门的新形态》，孙迎春译，北京大学出版社2008年版。

② 敬义嘉：《合作治理：再造公共服务的逻辑》，天津人民出版社2009年版。

（三）合作生产及其绩效研究

合作生产是一种新的公共服务生产模式。20世纪70年代，Ostrom等人最早提出了合作生产的概念，用以描述在投入转化为某项产品或服务的生产过程中，组织外部的公众如何作出贡献的现象。[①]李华芳认为，公共政策的执行效果、公共产品的数量和质量往往要依赖公众的合供（coproduction）。不管是教育、健康，还是环保等领域的公共政策，离开了公众合供，就难以达到预期政策效果。合供是指公众以个人或集体形式与公共组织及其代理人一起提供公共产品或服务。通过梳理文献，李华芳将合供研究分成三个主要的阶段：20世纪80年代的研究萌芽时期、1990—2010年这20年间的缓慢进展期、进入2010年以后的全面爆发时期。并且注意到在萌芽阶段的研究侧重定义合供；在缓慢进展时期则注重研究合供在不同国家和不同公共服务领域的应用和表现；而进入2010年之后，合供研究理论上进一步综合、方法上不断创新、应用上进一步拓宽国别和领域，进入全面爆发时期。未来进一步深入研究合供首先需要探究个体为什么会参与合供的不同动机，以便有针对性地制订激励兼容的助推策略，促成公众合供。其次是要进一步弄清楚什么是合供的绩效以及如何衡量合供的绩效，以便能进一步提高合供的绩效。未来的研究需要注意非营利组织在合供中的角色以及合供中的有效信息沟通的问题。[②]

王学军从合作生产的概念演变出发，聚焦政府与公众间的合作生产，构建了新的分析框架，从合作生产绩效的内涵以及影响合作生产绩效的因素两个方面探讨了政府与公众合作生产的绩效问题。他认为，近年来，合作生产引起了各国研究者和实践者的广泛兴趣。一方面，合作生产被视为后新公共管理时期公共服务供给的重要模式，学界对其概念和类型展开了广泛的论述；另一方面，各国的政府部门已经力图在实践中引入合作生产理念，将合作生产作为推

---

① Ostrom E, Parks R, Whitaker G, & Percy S. The Public Service Production Process: A Framework for Analyzing Police Services[J]. *Policy Studies Journal*, 1978(1): 381–389.

② 李华芳：《合供：过去、现在与未来》，《公共管理与政策评论》2020年第1期，第10—22页。

动公共服务创新和公共服务绩效提升的科学工具。未来的合作生产绩效研究需关注的问题主要包括：一是合作生产绩效的测量。借鉴公共部门价值链，构建公共服务合作生产绩效评价模型，将为测量不同价值分析模块的价值分布和基于此整合结果和过程两个维度测量合作生产绩效提供可行路径。二是合作生产影响绩效的机理。未来研究亟须打开合作生产"过程黑箱"，扎根于我国政府与公众合作生产的实践，设计合适的实证研究方法检验合作生产绩效不同影响因素间的相互关系及其对绩效的影响。三是合作生产绩效的持续改进机制。未来研究不仅需要重视从合作生产到价值共创的转变趋势，以公共价值为根本导向，培育积极的公众主体，同时还要考虑如何通过制度化路径实现合作生产绩效的可持续性，积极探索合作生产的组织架构、运行机制、技术方法和管理模式，辅之以情景化的互动秩序，协同推进合作生产绩效持续改进。[①]

五、文献述评

关于社会管理主体的研究。学者们普遍认为社会管理是政府的基本职能，同时，社会组织和公民也是社会管理的重要主体。也就是说，社会管理既包括政府社会管理，也包括社会自我管理。在社会管理中，政府与社会组织既要相互分工，又要进行合作。可以说，对社会管理实行政府与社会组织合作治理已经成为学术界的共识。与此同时，合作治理的理念也开始推动政策创新。2006年召开的党的十六届六中全会提出构建"党委领导、政府负责、社会协同、公众参与的社会管理格局"，这一论断揭示了中国社会管理主体多元化的构成，以及各个主体在社会管理中的地位和职能分工，其最大的创新之处就在于明确了社会和公众也是社会管理的主体。[②]中共十八届三中全会将治理理念引入到社会管理论述之中，在正式文件中首次使用"社会治理"概念。社会治

---

① 王学军：《合作生产绩效及其影响因素：以政府与公众合作为视角》，《行政论坛》2021年第2期，第116—125页。

② 史传林：《社会管理创新需要厘清的四个基本问题》，《领导之友》2012年第1期，第23—25页。

理意味着治理主体的多元化、过程的互动化和方式的协调化。从"社会管理"到"社会治理"，是社会管理理念的一次质的飞跃。当政府与社会组织等其他社会主体合作实施社会管理时，社会管理就变成了社会治理。

关于社会管理模式的研究。学者们依据的标准不同，对社会管理模式进行分类的结果就不同，但总体上并没有根本的区别。社会管理模式演变的过程也就是政府的社会管理权力向社会转移的过程。当政府垄断社会管理权力的时候，社会管理模式就是统治型和管制型，当政府借用企业管理工具和市场机制对社会进行管理时，社会管理模式就表现为管理型、授权型或市场型，当政府与社会组织对社会进行合作管理时，社会管理模式就属于治理型，当社会进行自我管理时，社会管理模式就是自治型。学者们普遍认为，统治型或管制型社会管理模式已经不适应现代社会发展趋势，管理型社会管理模式也存在不少弊端，因此应该大力推行治理型和自治型社会管理模式，也就是说，政府在社会管理中应该与社会组织等其他社会管理主体进行合作治理，在社会能够自我管理的领域，政府应该把权力归还给社会，实行社会自治。

关于合作治理的研究。合作治理正成为国内外学术界研究的热点问题。现有研究表明，学者们对合作治理研究已经形成许多共识。尽管治理理论的创始人罗西瑙（J.N.Rosenau）主张治理活动的主体未必是政府，治理也无须依靠国家的强制力量来实现，[①]但大多数学者认为，政府还是最重要的治理主体。戈德史密斯和埃格斯在研究网络治理时主要还是在讨论网络治理对政府管理的影响以及政府如何提高网络管理能力。除政府之外，社会组织和企业等也都是重要的治理主体，治理还会涉及诸如中介机构、评价机构、媒体和服务管理对象等众多利益相关者。各种主体和利益相关者组合在一起，构成了复杂的治理生态。在这种复杂的生态中，多元主体可以通过合作网络进行资源交换和优势互补，创造和实现合作治理绩效，但要达到整体大于部分之和的绩效目标，还面临诸多风险。因为合作治理网络的运行既要受到资源、权力、领导者、制度

---

① ［美］詹姆斯N. 罗西瑙：《没有政府的治理》，张胜军等译，江西人民出版社2001年版。

设计等因素的影响，还要受到治理主体之间的合作模式、合作关系和合作行为等因素的影响，因此，这就需要建立一个良好的合作治理机制，提高合作治理网络的运行绩效。

关于政府与社会组织关系的研究。已有研究表明，合作关系只是政府与非营利组织的关系类型之一。在西方学者建构的五个模型中，合作关系分别表现为合作与互补关系，增补与互补关系，签约、第三方政府、合作、互补和协作关系，合作伙伴关系和合同关系。这说明，政府与非营利组织合作关系的内容和形式也呈现多样化和差异化的特点。政府与非营利组织之间还存在非合作关系类型，这主要表现为吸纳和冲突关系，对抗关系，压制、敌对和竞争关系，延伸性关系，操作性关系和逐步吞并关系等。学者们的研究还发现，政府与非营利组织合作需要具备诸多条件。从几个模型来看，这些因素主要包括：第一，共同目标和策略。纳吉姆模型揭示了政府与非营利组织只有拥有相似的目标和共同偏好的策略，两者才能形成合作关系。第二，组织优势。丹尼斯·扬模型揭示了只有当非营利组织能够满足那些由政府所无法满足的公共物品需求或者协助政府为社会提供公共物品时，两者才能进行合作。事实上，许多非营利组织具有这样的组织优势。第三，制度多元化。科斯顿模型分析认为，只有当社会接受制度多元化时，政府与非营利组织才有可能进行合作。如果非营利组织因遭到政府的打压和控制而没有生长的社会空间，它与政府就只能形成对抗关系。第四，组织自主性。按照布林克霍夫模型分析，组织自主性是政府与非营利组织合作的先决条件。如果自主性低，即使资源依赖性高，也不会形成合作关系。第五，沟通与交往。库恩与塞利模型揭示了只有在非营利组织与政府的沟通和交往顺畅并关系密切，在财务上不依赖政府，在法规上也不受到政府的控制，两者才有可能形成合作关系。学者们的研究为本研究关于政府与社会组织合作绩效影响因素分析提供了重要的理论参考。

关于合作治理绩效的研究。从托克维尔到阿尔蒙德再到帕特南，西方学者一直比较重视从第三部门发展的角度去解释一个国家或地区的制度绩效。学者们的研究说明，一个国家或地区的公民团体及参与网络发展状况对提高政府绩效具有积极影响，也就是说，公民团体及参与网络发展状况越好，政府绩效就会越高。由此证明公民团体在提升政府绩效中能够发挥重要作用，政府与公民团体合作能够提高社会治理水平。这就为本研究提供了重要的理论依据。但需要说明的是，学者们所研究的政府绩效并不完全等于合作治理绩效。政府与社会组织合作所产出的政府绩效是合作绩效的组成部分，但并不是合作绩效的全部，因为合作产出的还有社会组织绩效，这两种绩效可以看做是政府与社会组织通过合作所要实现的各自的目标。比如，政府要通过合作提高行政效率，减小组织规模，降低行政成本。社会组织要通过合作壮大自身实力。其实，政府与社会组织合作还要实现共同的目标：改善社会管理和公共服务绩效，最终实现公共利益最大化。从绩效的内涵来看，政府与社会组织合作绩效不仅要看合作的结果，而且还要看合作的过程。只有对合作过程进行绩效分析，才能真正全面把握合作绩效的内涵。

阿格拉诺夫和麦奎尔所称合作性公共管理，实际上也就是合作治理，他们从理论上论证了政府与非政府部门合作能够提高治理绩效的内在逻辑，分析了影响合作绩效的各种可能的因素，并对合作绩效测量和管理以及提升合作绩效的策略进行了研究。戈德史密斯还专门探讨了网络治理绩效测量和监控问题。敬义嘉则主要探讨了合作治理的复杂性对合作治理绩效的影响。学者们对合作治理绩效的研究具有开创性。这些研究说明，合作治理绩效已经超出了政府绩效的范畴，它是一种比政府绩效更为复杂和多元的绩效形态，需要进行专门的研究。已有研究是对合作治理绩效的总体性探讨，并没有专门研究政府与社会组织合作治理绩效问题，也没有对合作治理绩效的测量和评价体系进行更为深入的探讨，对影响合作治理绩效的相关因素也还处于理论分析阶段，本研究将在已有研究基础上对政府与社会组织合作治理绩效相关问题进行深入研究。

关于合作生产及其绩效研究。公共服务的合作生产总体上也属于合作治理的范畴。从国内外已有研究来看，国外研究起步较早，相对比较充分，国内研究非常薄弱，还处在界定概念阶段。尽管我国各地已经有比较丰富的合作生产实践，但学界从合作生产绩效视角出发的研究不够，目前未见合作生产绩效评价和测量体系。

　　总体来看，中国学术界对于社会管理要实行政府与社会组织合作治理已经达成高度共识，相关成果已在政策层面体现出来，并正在推动合作治理实践的展开。中外学者对合作治理理论的研究比较深入，西方学者对政府与社会组织关系类型和模式的研究已经比较成熟，所构建的经典模型具有较强的解释力。中外学者对合作治理绩效的关注拓展了政府绩效研究的视野，开辟了新的绩效研究领域。已有研究表明，部分学者已经开始关注合作治理绩效问题，但对政府与社会组织合作治理绩效问题还研究不多，上述相关研究为本研究提供了重要的理论支撑和方法论指导。

第三章 ›››››

合作治理与社会管理模式创新

社会历史发展过程既是一个合规律性的自然历史过程，又是合目的性的主体能动创造的过程。社会的良性运行和协调发展是建立在人类有目的的制度安排基础之上的，也就是说，是人类主观调控的结果。①随着人类社会的不断发展，社会管理模式也在不断地创新。那么，合作治理在社会管理模式演变中处于何种地位？为什么现代社会管理需要进行合作治理？合作治理的价值体现在哪些方面？本章主要对这些问题进行理论分析，为后续研究奠定理论基础。

一、社会管理模式的类型学分析

社会管理模式是关于社会管理的主体构成、主体角色地位，以及它们之间的职能分工和资源分配的制度安排。②社会管理是人类社会的重要实践活动，它贯穿于人类社会的整个历史过程。每个历史时期都有社会管理活动，但不同的历史时期，社会管理的主体、内容、对象和方式各不相同，由此就会形成不同的社会管理模式。从纵向来看，人类社会在不同的历史阶段会出现不同的社会管理模式；从横向来看，受经济社会发展程度、社会制度和传统文化等因素的影响，不同的国家和地区的社会管理模式也不相同。即使在一个国家内部，发达地区与欠发达地区、城市与乡村，其社会管理模式也存在差异性。

中国学者对社会管理模式的类型进行了划分，但总体上并没有形成一致的观点。本研究认为，社会管理模式的类型划分可以根据两个标准来进行：一是主体结构标准。这是分析"由谁来管理"的问题，它表明社会管理的主体是一个还是多个，多个管理主体之间的地位和关系。二是管理过程标准。这是分析"怎么管理"的问题，它表明在社会管理过程中管理者使用什么方式方法、什么手段对社会进行管理。这两个维度具有内在关联性，也就是说，管理主体结构状况影响和决定着管理过程。根据以上两个维度，借鉴已有研究成果，本

---

① 史传林：《社会管理创新需要厘清的四个基本问题》，《领导之友》2012年第1期，第23—25页。

② 史传林：《社会管理创新需要厘清的四个基本问题》，《领导之友》2012年第1期，第23—25页。

研究把社会管理模式划分为统治型社会管理模式、管理型社会管理模式、治理型社会管理模式和自治型社会管理模式。下面分别对这四种模式的内涵与特点进行阐述。

（一）统治型社会管理模式

按照现代汉语词典的解释，统治是指依靠权势控制、支配和管理。从社会学的角度看，统治是建立在外在的强制力量基础上的控制方式，当社会秩序的维护者运用强制性的手段迫使他人去遵守既定规范时就表现为统治。[①]在统治型社会管理模式下，国家凌驾于社会之上，社会成员被静态地分为统治者和被统治者，而且角色不能互换。代表国家的统治阶级具有绝对的支配地位，他们通过政府，依靠暴力机器和强制手段自上而下单向度运用权力来实现和维持政治秩序、维护统治阶级的统治地位。为了实现其所追求的目标，国家也会进行一定的管理活动，但它对社会的管理只是其获得统治合法性的一个手段，管理的目的也只是为统治服务。[②]具体来说，统治型社会管理模式具有如下几个特点：

第一，政府是社会管理的支配性力量。由于生产力发展水平低，社会分化程度不高，社会结构简单，其他社会管理主体生长缓慢、力量薄弱，不足以分享政府的社会管理权力。如果某种社会力量发展壮大，对政府的权力构成挑战和威胁，将会受到政府的压制。因此，政府权力得以覆盖整个社会并对社会进行管控。政府与社会的关系是一种"统治—服从"关系模式，而不是一种"互动—合作"关系模式。

第二，社会管理的权力向度是自上而下的单向度运行。政府通过制定政策和实施政策、发号施令，对社会公共事务进行单向度的管理，以实现有利于统治者的社会秩序。统治的手段主要是强制性的方式，依靠政府的权威采取行政手段、法律手段或是军事手段进行管理。为此，政府权力不断强化，政府机

---

① 王思斌：《社会学教程》第二版，北京大学出版社2005年版。

② 史传林：《公共管理学》，中国农业出版社2010年版。

构不断扩张。为达到对社会的有效控制，政府在组织规模和财政投入方面往往会"不惜一切代价"，由此导致国家与社会的关系处于二元对立状态。

第三，在社会管理的结果上，统治型社会管理模式主要追求政治目标的实现，这就是政权的巩固和持续，对政权安全造成威胁的一切因素都会消除。在强力统治下，社会能够达到表面和暂时的稳定，许多社会矛盾得以掩盖，为了维护社会秩序，人们会失去很多自由，社会也因此缺乏创新和活力，社会发展比较缓慢，社会危机随时可能爆发。

需要指出的是，新中国成立以后，受执政党的指导思想和执政理念的影响，国家选择了社会主义制度，建立了高度集权的政治体制和与之相匹配的计划经济体制，在社会管理上建立了高度集中的社会管理体制，通过户籍制度进行城乡二元分治，以行政权力强制进行社会分层，并进行阶层固化，限制社会流动，把全体公民纳入国有或集体单位体制，由单位对公民的工作和生活进行集中管理和保障，不允许非政府的社会组织和其他社会管理机构存在。这种社会管理模式虽然与传统农业社会的统治型社会管理模式存在较大差异，但也具有鲜明的管制特点，可以称之为管制型社会管理模式。改革开放以来，这种管制型社会管理模式逐渐瓦解，执政党和政府正在探寻具有中国特色的新型社会管理模式。

（二）管理型社会管理模式

管理型社会管理模式是在现代社会发展中所兴起的一种社会管理模式。在民主化、市场化和工业化的推动下，社会结构日益复杂，社会异质性不断增强，社会公共事务日益增多，社会问题层出不穷，经济和社会发展要求政府承担越来越多的社会公共事务管理职能，由此导致政府的行政权力不断扩张，规模不断扩大，行政成本不断提高。在民主制度的环境里，政府由公众选举产生，政府管理社会公共事务的权力由公众授权，管理社会的经费来自于公众的税收，因此，政府管理社会必须要进行成本收益核算。一方面，在内部，政府需要对自身进行改革，包括组织结构变革和流程再造，以缩减规模、降低成本、提高效率。政府开始关注运行绩效、外部环境、组织战略，开始运用法规理性规范组织行为，关注组织决策、计划、监督等管理要素。另一方面，在外部，政府需要学习和借鉴企业管理模式和管理工具，把全面质量管理、标杆管理、绩效管理等管理工具以及客户至上理念和市场竞争机制引入政府系统，对政府进行再造，政府具有典型的管理主义价值倾向。当政府在社会管理中引入更多的现代管理理念、管理模式和管理工具时，政府社会管理就有更多的管理色彩，可以称之为管理型社会管理模式。具体来说，管理型社会管理模式具有如下几个特点：

第一，政府是主要的社会管理主体。为了实现社会管理目标，政府需要借助社会组织和私人部门等其他社会主体的力量，但社会力量只是参与者，处于配角的地位，是政府实现其目标的工具。如果说这种多元化的局面具有民主治理特点，也只能算作是一种参与式治理，属于民主行政的范畴，不属于真正意义上的合作治理。但相对于统治型社会管理模式来说，管理型社会管理模式是一种进步，因为这种模式具有社会性、开放性和多元性的特点，更符合现代社会发展的要求。

第二，社会管理的权力向度仍然是自上而下的单向度运行，但由于这种权力是来自于公众的委托和授权，所以权力运行会受到社会的制约和监督，由此会变得更加富有柔性和弹性，社会管理逐渐向社会服务转变。政府在社会管理中依然会主要依靠行政手段，但面对棘手和复杂的社会问题，为追求更好的管理绩效，政府也会经常使用法律手段和经济手段。为实现政策目标，政府会选择使用更多的政策工具。

第三，社会管理的价值是追求效率和效益。由于政府从事社会管理所需要的投入来自于社会公众，所以政府必须要"花最少的钱，办最多的事"。为此，所有的社会管理活动的投入与产出、效果都要进行核算，以接受社会监督。现代社会的民主化和市场化给社会带来了更多的活力，多元利益主体之间的冲突与博弈成为社会的新常态，政府不再不惜代价地维持社会稳定，为节约社会管理成本，政府会更多地依靠建立科学的利益协调机制来解决社会矛盾和冲突，使社会保持良性运行和协调发展。

（三）治理型社会管理模式

治理型社会管理模式是治理理念融入社会管理过程之后所形成的一种管理模式。总体上讲，这种管理模式是在社会发展的多元化、网络化、信息化和全球化的背景下兴起的，是一种与现代社会发展相适应的社会管理模式。治理型社会管理模式具有如下几个特点：

第一，社会管理的主体是多元的。政府依然是社会管理的重要主体，但除政府之外，还有许多社会组织甚至私人部门也可以成为社会管理主体，它们分别致力于解决各种社会问题。这些非政府社会主体来自民间，更了解民众的需求，在社会管理中能够发挥独特的作用，社会管理的效果可能更好。面对日益复杂并不断增加的社会公共事务，政府已经不可能包揽社会管理，政府向社会组织转移社会管理职能正在成为一种趋势和潮流，社会组织正在承担越来越多的原先由政府承担的社会管理职能。由此，政府与社会组织之间的界限和责任日益模糊。在社会管理主体多元化的情况下，社会管理的对象可以是在特定范围内的涉及少数人的集体事务，如社区事务，也可以是在领土界限内的民族国家的社会事务，甚至可以延伸和扩展到国际层面的社会事务上。许多国家的政府、国际非政府组织正在全球社会管理中扮演越来越重要的角色。

第二，社会管理的权力运行是双向的。由于社会发展已经高度多元化，各种利益主体并存，社会关系日益复杂，政府在社会管理中实行简单的行政命令式管理方式已经很难取得预期效果，单向度权力运行还可能引起更多的社会矛盾（如群体事件），使政府成为矛盾的焦点。这就需要政府尊重利益主体的权利，更多地运用协商、谈判的方式化解社会矛盾，梳理社会关系，更多地运用经济手段和法律手段，通过建立科学的利益协调机制进行社会管理。在网络化和信息化时代，各种利益主体的主体意识（包括法律意识、权利意识、对政府的监督意识等）不断增强，政府社会管理的环境发生了很大变化，社会管理的权力受到来自社会的制约而不再"任性"。社会管理过程成为政府与社会的双向互动、相互影响的过程。包括政府在内的不同管理主体之间没有哪一个能够长期拥有超出其他主体的权威影响而居于统治地位。

第三，社会管理的价值追求是社会公平和合作。由于多元社会主体参与社会管理，各个社会主体都代表了社会的一部分利益和价值诉求，在社会管理中，多元主体的利益和价值需要进行协调和整合，以达到社会均衡。政府不能再仅仅追求社会管理的效率，而是要以是否能够满足公众的集体偏好为标准，协调和整合各方利益和价值诉求，以实现社会公平。同时，作为社会管理主体的社会组织由于具有非营利性和利他主义价值观，它们从事的社会管理和服务对象大多是社会弱势群体和边缘群体，管理和服务的领域大多是政府管理和服务难以覆盖的社会领域，弥补了政府管理和服务的不足，从而促进了社会公平。由于政府与社会组织从事社会管理的价值目标都是追求社会公平，实现社会良性运行和协调发展，所以，两者能够在社会管理中进行合作，构建社会管理的合作治理网络。在合作治理网络中，政府与社会组织既独立运作而又相互依存，共同分享社会管理的责任、资源和权力，形成"伙伴关系"。合作治理既不依靠单一等级制自上而下进行控制，也不依靠"看不见的手"进行操纵。它的运作逻辑是在相互信任的基础上进行对话和沟通，减少机会主义可能性，通过资源交换实现优势互补，最终提升社会治理绩效。

（四）自治型社会管理模式

自治（self-govemance）是指"某个人或集体管理其自身事务，并且单独对其行为和命运负责的一种状态"①。燕继荣认为，在国家状态之下，自治具有两重意义：就个人而言，它意味着自决（self-determination）和免受干预的自由状态（freedom fromin tervention）；就一个共同体而言，它意味着一个地方、一个社区、一个村落和一个组织通过其代表决定共同体的经济、社会和政治事务，控制共同体的资源和社会政策的状态。②本研究认为，可以从两个维度来理解自治的内涵：从纵向的中央与地方的权力关系来看，中央政府根据本国内部某些区域的特殊性，在宪法和法律规定的范围内，并在国家监督之下，

---

① ［英］戴维·米勒、［英］韦农·波格丹诺：《布莱克维尔政治学百科全书》，邓正来译，中国政法大学出版社2002年版。

② 燕继荣：《中国的社会自治》，《中国治理评论》2012年第1期，第80页。

允许这些特殊区域的全体居民按照自己的意志组织政权机关、行政机关和司法机关，使用地区的财政，处理本区域内公共事务，这种自治属于地方自治，它是一种政治上的制度安排。从古罗马的城邦自治，到我国的民族区域自治和特别行政区的高度自治都属于地方自治的范畴。从横向的国家与社会的关系来看，自治也被认为是国家政治的相对物，在国家最高公共权力涉足不到或者不去涉足的地方，自治的概念便产生了。这种自治属于社会自治。传统中国，王权止于县政，县以上的公共事务由自上而下的官僚系统来处理，县以下的乡村社会由族长、乡绅或地方精英所掌控，由此形成了"上下分治"的国家治理结构。①费孝通先生将这种格局称为"双轨政治"。②改革开放以后，我国所建立的村民自治和社区自治制度总体上都属于社会自治的范畴，尽管这种制度的运行现阶段还具有浓厚的行政化和官僚化色彩，但从发展的方向和趋势来看，它应该回归社会自治本性。在西方，社会自治也具有悠久的历史，在社会发展的各个历史形态都存在不同程度的社会自治，特别是近代资本主义制度确立以来，市场经济的发展催生了一个相对独立的第三部门，社会自治逐渐成为西方社会主流的政治文化和社会管理模式。上述分析表明，地方自治与社会自治是两个完全不同的概念。社会自治是一种社会管理模式，即自治型社会管理模式。这种模式具有如下特征：

第一，在社会管理主体上，自治型社会管理模式的管理主体主要是社会组织和公民个体，而不是政府。人类社会的生活在本质上是一种共同生活，在广阔的社会生活领域存在着大量的公共事务，政府在社会公共事务管理中具有不可替代的作用，但是，并不是所有的公共事务都必须要由政府来管理。许多民间公共事务由公民组织来进行自我管理和自我服务可能更有绩效，更能满足社会自身的价值需要。

第二，在社会管理机制上，政府权力不再直接干预社会自治过程，也就是说，社会自治不是一种基于政府权力强制的管理模式，而是在价值认同、相

---

① 秦晖：《传统十论：本土社会的制度文化与其变革》，复旦大学出版社2003年版。

② 费孝通：《中国绅士》，中国社会科学出版社2006年版。

互尊重和自愿参与的基础上通过平等协商、对话沟通和持续互动达成共识，在共识的基础上协调行动。管理者与被管理者之间没有严格的等级划分和权力界定，他们之间可以实现角色互换，被管理者也是管理活动的积极参与者。

第三，在社会管理价值上，社会自治遵循平等、自愿、合作的价值原则，可以最大限度地消解社会矛盾，减少社会冲突，促进社会和谐，激发社会参与和社会创新的热情和动力，释放社会活力，使社会保持良性运行和协调发展，最终实现社会善治。社会自治能够为人的自由和全面发展创造适宜的社会环境，而这正是社会管理所追求的终极价值目标。

上述研究表明，人类社会管理模式演变的过程也是社会管理权力、资源和价值从国家逐步向社会转移和回归的过程。因此，从国家与社会的关系视角看，这四种社会管理模式就构成了一个社会管理模式连续体。在这个连续体中，最左端是完全由国家控制的社会管理模式，最右端是完全由社会主导的社会管理模式，处于中间位置的两种社会管理模式则是由国家向社会逐步过渡的模式。（见图3-1）

图3-1　社会管理模式类型连续体

为直观了解四种模式的区别，本研究从社会管理主体、管理方式和管理价值三个维度对四种模式的特征进行了归纳。（见表3-1）

表3-1　社会管理的四种模式

	统治型模式	管理型模式	治理型模式	自治型模式
管理主体	政府	政府主导　社会参与	政社合作	社会组织和公民
管理方式	命令　管制	行政、经济、法律手段	协商　谈判	对话　协商　共识
管理价值	权威　秩序	效率　效益	公平　合作	公平　自愿　合作

二、合作治理：社会管理模式的比较与选择

在对人类社会管理模式进行理论梳理和建构的基础上，本研究认为，现代社会管理应该选择治理型社会管理模式。由于治理型社会管理是多元主体的合作治理，所以这种模式也可以称为合作治理模式。现代社会管理为什么要实行合作治理？合作治理是相对于政府作为单一主体对社会进行管理而言的，可以说，正是由于政府单一管理出现了诸多弊端，才需要进行合作治理，所以，要阐述合作治理的必然性，就需要对政府进行社会管理的弊端进行比较分析。

（一）政府社会管理的弊端[①]

从社会管理的主体来看，社会管理可以分为政府社会管理、社会自我管理和政府与社会的合作管理。由于政府与社会的合作管理存在多个管理主体，根据治理理论，合作管理又可以称为合作治理，它属于治理型社会管理模式的类型。而统治型社会管理模式、管制型社会管理模式以及管理型社会管理模式有一个共同的特点：政府是单一的社会管理主体。所以这几种模式都属于政府社会管理的范畴。应该说，政府在社会管理中具有不可替代的作用，政府拥有的公共权力、公共资源和制度规范是社会良性运行和协调发展的基础和保证。即使是饱受诟病的官僚制在当今社会管理中仍然具有强大的组织优势和制度力量，是不可缺少的制度资源。在马克斯·韦伯看来，正是官僚制、市场机制和新教伦理促进了近代资本主义的大发展。如今，当西方学者在探讨摒弃官僚制的时候，中国的官僚制在许多方面其实还很不成熟，还存在待进一步完善的问题。同时，我们也要看到，无论从历史还是现实的角度看，政府在社会管理方面还是存在许多问题，有些问题可以通过政府自身改革来解决，但有些问题必须要通过社会管理模式的变革即政府与社会的合作才能解决。总体来说，政府作为单一主体进行社会管理存在以下几个问题：

---

① 史传林：《社会管理创新需要厘清的四个基本问题》，《领导之友》2012年版，第1期，第23—25页。

第一，政府社会管理的权力过于集中。在传统的"整体性社会"中，社会同质性高，传统文化、宗教和道德压抑了人的主体性和结社冲动，所以社会组织发展缓慢，社会自我管理水平不高，政府对社会的全面管理具有一定的合理性和必然性。由于社会不发达，对政府的管理挑战也不大，所以政府的行政管理和社会管理职能也没有从政治职能中分离出来，这时的社会管理基本上等同于政治统治。尽管这样，政府的社会管理也没有覆盖到社会的每一个角落。如前所述，即使在严格的政治统治下，东西方许多国家仍然存在一定范围和一定程度的社会自治。在现代社会，社会异质性增强，社会流动频繁，不同阶层和群体的利益冲突加剧，社会组织快速发展，导致了社会公共事务总量呈爆炸式增长，政府社会管理的任务日益繁重。面对挑战，政府首先改革自身管理体制，把政府的行政管理和社会管理职能从政治系统中分离出来，建立了独立的科层管理体系，并不断完善这个体系的权责结构和人事结构，使之成为一个超级稳定的具有超强功能的社会管理系统。为了提高社会管理效率，政府又大胆借鉴工商企业的成功管理模式和经验，引入市场机制，购买社会服务，打造"企业家政府"，但结果却并没有把社会管好，反而引起了社会的广泛不满。造成这种状况的根本原因在于，政府自身改革都是围绕强化社会管理权力进行的，这其中虽然也有"民主行政"的成分，也存在与社会的互动，但社会主体的参与是为政府服务的，它们的参与对政府来说是工具性的，其结果是进一步强化了政府的社会管理权力。

可以说，无论是在什么社会，政府对社会管理权力的独占必然导致社会治理绩效降低。政府社会管理的权力越大，就意味着管理的社会事务越来越多，管理的范围越来越宽，由此带来的结果是，政府的规模会越来越大，管理成本支出会越来越高，管理绩效就会随之下降。问题的关键是社会管理成本来自于社会公众缴纳的税收，当高额的成本与公众的期望出现反差时，政府社会管理的合法性就会受到质疑。政府对社会管理的包揽意味着社会管理的权力和资源都集中在政府手中，由政府主导社会资源分配和利益关系调整，社会自我管理能力受到限制，许多社会事务只有找政府才能解决，由此导致政府成为社会矛盾的焦点。当政府在社会管理中不能公平公正地行使权力，或者管理的方式方法出现问题，将会引发新的更大的社会矛盾。

第二，政府社会管理的手段比较单一。政府对社会进行管理的主要手段就是行政手段。这是一种依靠行政权力进行强迫命令的管理方式。用行政手段管理社会的最大好处就是管理效率较高，能够高效整合行政资源，集中力量解决社会面临的突出问题，特别是在处理社会突发事件时很有优势。因此，必要的行政手段仍然是现代社会管理的重要选择。但行政手段的弊端也很明显，主要表现在过多动用行政资源导致管理成本过高、行政权力的单向度运行导致管理过程缺乏互动、社会对行政权力的过分依赖导致公众降低对司法权力解决问题的信心、行政权力的强制性运行时常导致管理对象的权利受到侵犯。所以，现代社会管理必须进行手段创新。政府在运用必要的行政手段的同时，要更多地运用法律手段和经济手段去管理社会。行政手段具有刚性特点，若使用不好，容易引发社会对抗。法律手段和经济手段具有柔性特点，比较容易被社会所接受。现代社会是法治社会。法律不仅规范了政府在行使职权过程中与行政相对人之间的权利义务关系，而且对社会生活中能够用法律调节的社会关系都进行了规范。凡是能够用法律解决的社会纠纷和矛盾，政府都要尽量避免使用行政手段去干预。同时，政府要在社会管理中依法行政，尊重和维护管理对象的合法权益，培养公众通过法律解决纠纷和矛盾的良好习惯。现代社会是市场经济社会。现代社会的矛盾大多是由利益冲突引起的，调整利益关系的最有效手段就是经济手段。政府可以在社会管理中适当借鉴市场经济的一些做法，以有效实现管理的目标。

一般来说，任何一个社会在发展过程中都会不可避免地出现一些社会矛盾和冲突，这是社会发展规律作用的必然结果，是社会发展必须付出的社会代价。比如市场机制运行所带来的贫富不均和两极分化，社会利益群体多元化导致的利益冲突，社会流动所产生的文化冲突和族群对立，等等，这些问题需要政府制定相关的政策加以调处。但值得注意的是，当前中国社会出现的部分问题和矛盾是由于政府在社会管理中采取的手段和措施不当所引发的。有的地方政府部门在治安管理、城市管理过程中，侵犯管理对象的合法的人身权利和财产权利，引发了大量的群体性事件。有的地方政府在处理民众利益诉求过程中采取布控、压制、堵截的方法，导致了强烈的社会反弹。有的地方政府在征地、拆迁过程中动用警力，撕裂了政府与民众的关系，动摇了政府的合法性统治基础。因此，在当前的社会管理中，政府在依法合理使用行政手段的同时，还应该更加重视法律手段和经济手段在社会管理的作用。

第三，政府社会管理的价值存在偏差。社会管理的价值选择直接决定着社会管理的制度安排和实践走向。现代社会管理追求的价值取向应该是规范社会秩序，促进社会和谐，激发社会活力，实现社会良性运行和协调发展，为人的发展创造优良的社会环境。在这种价值结构中，前三者属于工具性价值，后两者属于目的性价值，也可以称为终极价值。从我国当前的社会管理实践来看，社会管理价值创新，最重要的就是要处理好社会秩序和社会活力的关系，同时把人的发展作为社会管理的根本价值标准。在统治型社会管理模式下，统治者利用等级制度和意识形态把社会管制得秩序井然，最终使社会形成了延续数百年甚至上千年的超稳定结构，但这样的社会以牺牲人的自由权利和主体性为代价，社会缺乏创新而失去活力，从而导致社会发展缓慢。新中国成立以后，我们建立了高度集中的社会管理体制，这种体制对维护社会秩序起到了决定性作用，但在秩序的背后却隐含着由一系列具体制度设计所造成的城乡隔离、阶层固化和社会身份与权利的不平等，这种以追求社会秩序为价值取向的社会管理最终制约了社会活力。社会管理价值创新，就是要以社会活力和社会发展为目标来规范社会秩序，最终为人的发展创造优良的社会环境。近年来，一些地方政府为了规范社会秩序，采取过激措施，导致公众反感，引起社会争议，这种做法的背后实际上是社会管理的价值取向出现了偏差。因此，要进行社会管理价值创新，社会管理者首先要搞清社会管理到底"为了谁"的问题。

（二）现代社会需要合作治理

戈德史密斯认为，在20世纪，等级式的政府官僚体制是用来提供公共服务和实现公共政策目标的主要组织形式。通过命令属下出色地完成虽专业但无须判断力而只需整齐划一的日常工作任务，公共管理者可以赢得喝彩和认可。

现如今，日益复杂的社会却促使公共官员们不断开发各种新的治理模式。[①]合作治理就是一种能够有效弥补等级制政府模式缺陷的新的治理模式，它是社会发展的必然选择。从历史上看，在社会发展的各个阶段都在一定程度上存在政府与民间机构进行合作的现象。例如在古老的希腊就有将税费收缴工作外包给税款包收人和将国有矿藏出租给受让人的做法。[②]但在20世纪80年代以前，合作治理并不是一种普遍的主要的社会治理模式。近30年来，西方社会进入了贝尔所称的"后工业社会"，中国社会在改革开放推动下也开始了快速转型和变迁，世界进入了全球化时代。在这样的社会背景下，市场调节机制和政府调节机制都遇到了很大挑战，社会管理亟须新的调节机制的出现，这个新的机制就是合作治理。现代社会管理需要合作治理，这是由现代社会发展的特点决定的。

第一，多元化社会需要合作治理。社会的多元化发展开始于从农业社会向工业社会的转型时期。工业化和城市化使社会的经济结构和社会结构开始变得多元和复杂，职业的分化和社会流动增强了社会的异质性，市场化直接促进了社会利益结构的分化，形成了多元的利益群体。但这个阶段的社会多元化还处在一个较低的水平，以政府为中心的自上而下的线性治理模式从总体上还是能够适应社会发展的需要，而且政府也开始在线性治理的末端允许一定范围的社会参与，来回应社会多元化的发展趋势。20世纪80年代以来，西方社会的多元化发展达到了一个新的高度，中国社会也正在实现快速转型，部分地区的现代化水平已经与发达国家相差无几，甚至显现了后现代社会的端倪，社会的多元化发展也进入了一个新的阶段。这一时期，东西方社会多元化的最大表征是非政府治理主体力量的崛起。它们代表着不同的社会阶层和利益群体，有强烈的主体意识，希望能够参与到政府主导的社会管理过程。在这种情况下，政府与社会主体的合作治理就成为一种必然的选择。合作治理是一种平面的横向的

---

① ［美］斯蒂芬·戈德史密斯、［美］威廉·D.埃格斯：《网络化治理：公共部门的新形态》，孙迎春译，北京大学出版社2008年版。

② ［美］斯蒂芬·戈德史密斯、［美］威廉·D.埃格斯：《网络化治理：公共部门的新形态》，孙迎春译，北京大学出版社2008年版。

治理网络，这个网络是由政府与社会主体共同编织的，它们在网络中是自由平等的，合作网络不会成为束缚和压制它们的异己力量。以政府为中心的治理虽然也有社会参与，但参与者与政府的地位是不平等的，社会参与是为政府治理服务的，受到政府的控制和支配，因此不能算合作治理。因此，正如戈德史密斯所说，在按照传统的自上而下的层级结构建立纵向的权力线的同时，还应该根据新兴的各种网络建立横向的行动线。①

第二，信息化社会需要合作治理。20世纪90年代以来，以通信、计算机、互联网为代表的现代信息技术突飞猛进，深刻改变了人类社会的生产方式、生活方式，人类开始进入信息社会发展阶段。在西方发达国家全面进入信息社会的同时，我国在整体上也正处于从工业社会向信息社会的加速转型期，经济发达地区已经进入信息社会初级阶段。②不同的技术社会形态需要不同的社会管理模式。传统的社会管理模式是建立在信息垄断的基础之上的，管理者依靠对信息的独占、封锁、隐瞒实现对社会的控制，但现代信息技术却从根本上改变了这种格局。在信息社会，控制导向的社会管理模式已经失去了存在的合理性，取而代之的应该是合作导向的社会管理模式。卡斯特尔认为，信息社会是一个网络社会，信息时代的主要功能和方法均是围绕网络构成的，网络构成了我们社会新的社会形态，是支配和改变我们社会的源泉。一个以网络为基础的社会结构是高度动态的、开放的社会系统。③在一个网络社会里，多元、平等、开放、合作、分享是基本的价值和行为模式。信息化社会是一个结构扁平化的社会。信息传播和交流消解了社会的等级结构，促进了权力分散，组织内部和组织之间更多地表现为一种平等合作的关系，而不是命令与服从的关系。人们可以跨越组织边界和等级进行合作生产和管理。信息技术能够使公众通过信息网络方便快捷地了解政府信息，增加对政府的信任，政府也可以通过信息

---

① ［美］斯蒂芬·戈德史密斯、［美］威廉·D. 埃格斯：《网络化治理：公共部门的新形态》，孙迎春译，北京大学出版社2008年版。

② 张子麟：《我国首部信息社会发展报告提出 我国正向信息社会加速转型》，中国经济导报2010年7月31日。

③ Castells. M. *The Rise of the Network Society*[M]. Oxford:Blackwell Publishers, 1996.

网络收集民意，掌握舆情，消除公众对社会的猜疑和防范，由此，政府与社会的关系就会改善，双方的合作就会更加顺利。信息技术还可以降低合作的交易成本，提升社会治理绩效。因此，合作治理是信息化社会发展的内在要求，是信息化社会管理的最适宜的模式。

第三，全球化社会和风险社会需要合作治理。全球化是人类社会生活的全球一体化状态。30多年来的全球化进程增强了国际社会的依赖性，催生了大量的国际政治、经济和社会事务，一个国家内部的社会问题也可能演变为国际社会问题，国外的社会问题可能会引发国内的社会问题。各国社会问题杂然并存，相互影响，增加了国内社会管理和国际社会管理的难度。国与国之间在社会发展阶段、经济发展水平、政治制度和民族文化传统等方面都存在很大差异，各国政府只有加强相互沟通与合作，加强与国际国内社会组织的合作，才能有效治理国际社会出现的共同问题，同时为国内社会问题的解决创造国际环境。全球化还加速了"风险社会"的来临。"风险社会"是德国学者乌尔利希·贝克和英国学者安东尼·吉登斯在反思现代性的基础上描述后工业社会特征时所提出的一个概念。贝克认为，20世纪后半期开始的后工业社会是一个风险社会。这个时期的风险与工业社会的风险不同，后工业社会的风险是难以预测、计算和控制的。[①]风险社会的产生说明现代社会管理模式存在问题。所以，不能再用工业社会的管理模式来管理后工业社会。后工业社会的风险是超越民族、阶级、阶层和国家的，是全人类面临的共同风险。仅仅依靠政府的力量已经很难预测、计算和防范社会风险。后工业社会的风险社会管理应该实行政府与社会的合作治理。合作治理能够解决全球化所带来的复杂的和棘手的公共事务，能够共同预防和化解风险，分担风险可能产生的后果。

第四，复杂性社会需要合作治理。社会发展是一个从简单到复杂的过程。在传统农业社会，由于生产力发展水平低，社会分化程度不高，社会结构简单。在现代工业社会，在市场机制和科学技术的作用下，社会的复杂性程度开始大大增强。在后工业社会，社会的复杂性程度达到前所未有的高度：社会分

---

① ［德］乌尔里希·贝克：《风险社会》，何博闻译，译林出版社2004年版。

化更加严重，权力更加分散，组织界限更加模糊，利益关系更加复杂，社会需求更加个性化和多元化。戈德史密斯指出，在许多方面，21世纪的挑战和应对挑战的方式都比以往更加纷繁复杂。当权力分散、组织界限变得越来越不固定的时候，各种问题也会变得越来越全球化，越来越地方化。当多元流动的人群日益反对用简单统一的方式处理复杂问题的时候，一方治百病的模式就必须让位给那些个性化的特制模式。传统的等级制政府模式根本就不能满足复杂而快速变革的时代需求。靠命令与控制程序、刻板的工作限制以及内向的组织文化和经营模式维系起来的严格的官僚制度，尤其不适宜处理那些常常要超越组织界限的复杂问题。[①]合作治理是解决复杂性社会问题的有效模式。因为合作治理是一种多元主体的平等协商和互动，它允许不同主体理性表达自己的利益诉求，在尊重个性的基础上寻求共识。合作治理是在组织之间搭建网络，它能够解决超越组织界限的复杂问题。

三、合作治理与公共价值的实现

社会管理是政府或其他社会主体为促进和保持社会良性运行和协调发展，对社会公共事务进行组织、协调、监督和控制的活动。社会是人的有机集合体，社会管理，说到底是对人的管理和服务。判断一种社会管理模式的优劣，最根本的标准就是看这种模式能否创造和实现满足人类需求的公共价值。从公共价值的角度检视社会管理模式，发现统治型社会管理模式和管理型社会管理模式等传统模式都存在公共价值流失的问题，合作治理则是一种能够创造和实现公共价值的社会管理模式。

（一）公共价值的概念界定

公共价值是1995年美国哈佛大学教授马克·H. 穆尔（Mark H. Moore）在

---

① ［美］斯蒂芬·戈德史密斯、［美］威廉·D. 埃格斯：《网络化治理：公共部门的新形态》，孙迎春译，北京大学出版社2008年版。

其专著《创造公共价值：政府战略管理》中最先提出来的一个概念，但穆尔在书中并没有给公共价值做出一个明确的界定，他只在书中写道："使得政府的方案与私人部门不一样的，不是顾客个人归纳价值，而是集体，通过政府的进程，（公民）对税收和为了使社会的物质环境产生改变而规范他们自己做出承诺。这就是公共价值背后的理念。""当政策和管理战略在政治上具有合法性、可行性和持续性，在操作上具有可行性和实际性，并且对公民有价值时，公共价值就会被创造。"在穆尔看来，判断"对公民有价值"的依据是，人们愿意为此付出税收和限制自己的行为自由。公共价值担任着将"政府认为重要和需要资源的公共服务供给"与"公众认为重要的需求"连接起来的重要角色。①从穆尔的论述看出，公共价值是公众对政府活动的期望，是公众想要从政府活动结果获得的效用的集合，公共价值的实现取决于公民的意愿和判断。

在穆尔提出公共价值概念之后，国外许多学者也对公共价值的内涵进行了探讨。Stoker和O'Flynn认为，公共价值是公民集体偏好的政治协调表达，其中集体偏好是公共价值与新公共管理中个人偏好通过聚集来反映公众需求进行区分的关键。②③而Horner和Hazel的研究更关注公共价值的来源，他们认为公共价值是由公民决定的价值。④他们通过将公共价值与私人价值进行对比来定义公共价值，认为公共价值与可以由经济繁荣、社会和文化发展等实现的私人价值不同，最终要由公民来决定，也因为这样，公共价值是解释合法性、资源配置和评估的最重要框架。Kelly等人的研究进一步论证了上述观点。他们提出公共价值由三个关键部分组成：一是服务，通过对公民的直接服务和对公平、平等及相关价值的表达来传递公共价值；二是结果，通过结果的性质将公

---

① Moore M. *Creating Public Value: Strategic Management in Government*[M]. Cambridge, MA: Harvard University Press, 1995.

② Stoker G. Public Value Management: A New Narrative for Networked Governance?[J]. *The American Review of Public Administration*, 2006, 36(1): 41–57.

③ O'Flynn J. From new public management to public value: Paradigmatic change and managerial implications[J]. Australian journal of public administration, 2007, 66(3): 353–366.

④ Horner L, Hazel L. *Adding public value*[M]. London: The Work Foundation, 2005.

共价值和私人价值进行区分；三是信任合法性和对政府的信心，而这一点在公共价值中处于核心地位，即便达到了结果和服务目标，如果缺失了信任，那么也将影响公共价值的实现。[1]所以，在他们看来，公共价值是政府通过服务、法律规制和其他行为创造的价值，由三个部分构成的公共价值应该作为政府进行服务选择、绩效测量和资源配置决策的判断标准。而Accenture在讨论公共价值时则更强调公共价值作为价值的指导性，认为政府应该积极寻求公民和他们的代表们所追寻的与策略产出和公共服务经验相关的价值，还强调，公民只能通过抓住使用公共服务的体验获得价值。[2]

中国学界也对公共价值的内涵进行了探讨。包国宪认为，公共价值是一种集体表达的、政治协调的公民偏好的反映，公共价值的创造能够有效地提升公民信任。[3]何艳玲认为，公共价值是公民对政府期望的集合，是公众所获得的效用，公共价值比公共物品范畴更广，是产出也是结果；是相对于公民的主观满足感，而不是决策者想当然认为对公民或对自己最好的东西；具有增加和被增加的积极属性，而不仅仅是对捍卫利益的积极导向；而且公共价值是公民认为的价值，要通过检测公众偏好掌握。[4]

本研究认为，要弄清公共价值的内涵，需要从价值概念的本源出发开始探讨。从哲学的层面看，价值是在主客体的结构关系中被定义的，它是指客体能够满足主体需要的属性，在这里，主体的需要是价值产生的前提，在这个前提下，客体能够满足主体的需要，对于主体来说，客体就具有价值；反之，如果主体没有需要，客体的属性就没有价值，或者说，客体也具有某种属性，但这种属性并不是主体所需要的属性，这种属性也是没有价值的。从经济学的角

[1] Kelly, G., Muers, S. & Mulgan, G. *CreatingPublic Value: An Analytical Framework for Public Service Reform*[M]. London: CabinetOffice, UK Government, 2002.

[2] Jackson, P.M. Public Sector Added Value: Can Bureaucracy Deliver?[J]. *Public Administration*, 2001, 79(1): 5—28.

[3] 包国宪、王学军：《以公共价值为基础的政府绩效治理——缘起、架构与研究问题》，《公共管理学报》2012年第2期，第89—127页。

[4] 何艳玲：《公共价值管理：一个新的公共行政学范式》，《政治学研究》2009年第6期，第62—68页。

度看，某种物品能够满足人们的某种需要，该物品就具有了某种使用价值，满足需要的程度越高，使用价值就越大。一个物品是否有价值，并不是物品本身能够决定的，而是由人们的需要程度决定的。同等数量的金钱，对于富人和穷人的价值是不一样的。在特定的条件下，一滴水的价值可能比一两黄金的价值要大。这说明，价值具有相对性和主观性，它不是一个固定值，它会随着人们需要程度的变化而变化。从这个意义上说，价值就是经济学所讲的效用，它是消费者在消费中对自己的需要和欲望得到满足的一种度量。

公共价值也是一种价值，也是一种主客体的对应关系，但它又是一种特殊的价值，因为它的主体和客体都具有公共性的特点。虽然"公共性"是一个有争议的概念，但一般认为公共性是相对于私人性而言的，它具有"公众的、共有的、共同的"基本内涵。公共价值的主体是社会公众的集体偏好，它与公众的个体偏好相关，但又不是公众个体偏好的简单相加。公共价值的客体是政治和行政行为的过程和结果。政治过程是公众集体偏好的表达和生成过程，行政过程是集体偏好的满足过程，也就是公共价值的实现过程。据此，笔者认为，公共价值是指政治和行政行为的过程和结果满足公众集体偏好的程度，也就是公众从政治和行政行为的过程和结果中所获得的效用。满足的程度越高，效用就越大，公共价值就越大。

（二）传统社会管理模式的公共价值流失

相对于合作治理来说，统治型社会管理模式和管理型社会管理模式总体上已不符合现代社会发展的内在要求，因此本研究把这两种模式称为传统社会管理模式。从公共价值的视角来看，这两种管理模式都存在公共价值流失问题。

在统治型社会管理模式下，整个国家系统及其领导者都属于传统型权威，政治权力并非来自于社会公众，因此其公共性严重不足。虽然统治者的某些施政行为会赢得社会公众的认同，满足公众的需求，从而具有一定程度上的合法性，但这是统治者维持统治的需要，属于"恩赐"和"善政"的范畴，与基于公众授权委托的"公共责任"无关。社会公众存在公共需求或者集体偏好，但由于政治过程缺乏民主参与机制，所以公众无法通过选举表达和整合公共需求，政治与行政过程的运行只能受制于统治者的意志，社会公众的公共需求无法表达和生成，更谈不上实现和满足。因此，在统治型社会管理模式下，公共价值的主体和客体都缺乏公共性，即使国家在履行统治职能的同时也履行了社会公共事务管理和服务职能，但这种管理和服务并不属于公共价值的范畴。弗雷德里克森在《公共行政的精神》一书中提出公共行政的公共性应满足四个基本的条件：一是必须建立在宪法之上；二是建立在得到强化了的公民精神的基础之上；三是建立在对集体的和非集体的公众的回应之上；四是建立在乐善好施与爱心的基础之上。[①]

在中国管制型社会管理模式下，国家的根本政治制度是人民代表大会制度，国家的一切权力来自于人民，立法机关由人民选举的代表所组成，政府由立法机关选举产生，并依照立法机关制定的体现人民意志的宪法和法律行政。从理论上讲，这种政治制度为公共价值的表达、生成创造了最适宜的制度条件。但在政治体制和行政体制层面，我们却建立了权力高度集中的体制，行政权力覆盖和控制整个社会，体制之外的社会空间基本丧失。由于政府控制了几乎所有的社会资源并依此包揽了全社会的公共事务，社会的自我服务和管理的能力严重不足，所以社会公众的公共需求就只能由政府来统一供给。但政府供给存在以下几个问题：一是重视管理制度供给，忽视服务供给，以管理代替服务，而且这种管理具有控制导向。二是在资源有限的情况下以强制性社会分层为标准进行服务供给，比如针对城乡居民的公共服务供给就存在严重的非均衡现象。三是体制内服务供给存在低水平、平均化供给的特点。因此，在中国管制型社会管理模式下，公共价值的实现面临严重的体制障碍。

管理型社会管理模式产生于人类社会的市场化、工业化和民主化时代。在这个时代，市场机制催生了社会结构分化，多元化的社会阶层和群体可以利用民主机制表达自己的价值诉求，多元价值经过政治系统的博弈以立法和公共

---

① ［美］乔治·弗雷德里克森：《公共行政的精神》，张成福等译，中国人民大学出版社2003年版。

政策的形式生成公共价值，再将公共价值输入行政系统，最终由行政系统实现公共价值。应该说，与以往的社会管理模式相比，管理型社会管理模式更加有利于公共价值的表达、生成和实现。但是，这种模式在公共价值过程的各个环节都存在诸多问题：一是在公共价值的表达环节，虽然民主机制为社会公众充分表达价值诉求提供了平台和通道，但民主表达的过程容易受到各种因素的干扰而导致价值传递失真，也就是说，民主机制并不能保证社会公众真实地表达自己的价值诉求。对此，许多西方学者的研究证实了这一观点。二是在公共价值的生成环节，由于政治系统容易受到强势政治集团或利益集团的控制，政治博弈所形成的法律和政策并不一定能够承载和体现社会公众的价值诉求，也就是说，受少数集团控制的政治系统所生成的价值并不能反映社会公众的集体偏好而失去公共性，所以不能称之为公共价值。三是在公共价值的实现环节，基于法规理性的非人格化的行政系统以执行法律和政策为天职，以追求效率为价值目标，以维持组织的稳定性为公共价值的核心，对外界环境和公众诉求缺乏回应。对行政系统而言，公共价值等同于那些已经通过立法或以政策形式固化下来的规范。行政系统对公共价值的回应就是依赖官僚制去确保规则和程序得到遵守，规范以外的声音则是不被鼓励的。按照行政系统的标准，只要行政系统执行了法律和政策，公共价值就算实现了。在摩尔看来，传统模式下的行政管理者不会把发起或促进变革、拓宽公共价值的内涵作为自己的任务；反之，在反复无常的政治环境中，他们倾向于将维持组织的稳定性当做自己的任务，他们的首要目标是将组织的传统工作做得更好，而不是寻求创新，以改变组织扮演的角色或增加它们对整个社会的价值。①

管理型社会管理模式对私人部门管理的理论、方法及技术的借鉴和市场机制的引入，政府把公众当顾客，放松规制，实行广泛的授权和分权管理，这些做法提高了社会管理的质量和水平。从公共价值的视角来看，这些管理创新有两个好处：一是拓展了公共价值的表达渠道。社会公众不仅可以通过政治系

---

① Moore M. *Creating Public Value: Strategic Management in Government*[M]. Cambridge, MA: Harvard University Press, 1995.

统表达价值诉求，而且可以通过行政系统表达价值诉求，表达的方式主要是对政府的服务进行绩效评价和满意度评估。二是提高了公共价值的实现效率。这是政府采用新的管理工具、再造管理流程、革新管理机制所带来的必然结果。但是，这些创新在公共价值上的表现存在两个问题：一是把政府与公众的关系简单等同于供方与顾客的市场关系，而忽视了公众既是政府提供公共服务的"顾客"，又是政府合法性来源的公民这一多重角色的复杂性。把顾客的个人偏好叠加等同于公共价值，把顾客对政府服务的绩效反馈当做公众的公共价值表达，把公共价值的实现等同于通过市场机制满足顾客的个人偏好，进而把许多社会公众排除在"顾客"之外，这在一定程度上消解了公共价值主体的公共性。Moore甚至认为以市场机制解决公共管理问题基本上背离了政府存在的目的。①二是把政府产出当做绩效，以绩效的实现替代公共价值的实现。政府把"绩效"作为核心的价值目标，像商业企业那样追求效率和利润，过分重视管理工具的运用和结果评价，政府办成了企业，只关心经济，不过问政治，置公共责任于不顾，这在一定程度上消解了公共价值客体的公共性，其结果就是政府的高效产出并不是社会公众所共同需要的绩效，公共价值也就无法得到实现。

（三）合作治理：实现公共价值的逻辑

相对于等级治理或科层治理来说，合作治理是一种网络治理。戈德史密斯指出，网络治理是一种完全不同于政府及其公民已经习惯了上百年的政府管理模式。在许多情况下，政府通过网络模式创造出的公共价值会比通过层级模式创造的公共价值还要多。网络治理的原则是，较少关注项目，较多关注公共价值。因此，要更加重视公共价值，它会逐渐改变政府的思维方式，而基于项目和机构的政府管理理念也会逐渐转为基于目标和网络的管理理念。公共官员已经不再将他们的工作更多地看成是管理公共雇员，而是将他们的职能看成是

---

① Moore C. The "Reinventing Government" Exercise: Misinterpreting the Problem, Misjudging the Consequences[J]. *Public Administration Review*. 1994, 54(2): 111–122.

通过配置和指挥资源网络最大限度地增加公共价值。①那么，与传统社会管理模式相比，为什么合作治理能够创造和实现更多的公共价值？

第一，合作治理能够使社会公众充分表达公共需求，减少公共价值流失。在传统模式下，社会公众的公共价值需求是通过政治系统和行政系统的双重委托代理来表达、生成和实现的，在这个公共价值链上存在着太多的节点，每个节点充满着权力和利益的博弈，最终导致公共价值的流失。而合作治理是多元主体针对特定公共事务治理所展开的直接合作，参与合作的社会主体可以直接向公共机构表达自己的公共价值需求，合作多方共同寻找实现公共价值的方案。公共机构通过与各类社会主体的合作网络，直接获取来自于社会各个阶层和群体的公共偏好信息，并依此修改和完善相关公共政策，使公共政策最大限度地承载公共价值，这就有效减少了依照双重委托代理程序传递公共价值所造成的公共价值流失。

第二，合作治理蕴含的价值是公众需要的公共价值。现代政府的合法性来自于社会公众为了满足自身公共偏好而基于民主机制的公共权力委托，因此，为社会公众创造和实现公共价值应该成为政府行使公共权力的基本职能和目标导向，这也是政府应该承担的公共责任。但是，政府在获得公共权力以后并不能自觉地按照公众的意志和价值取向来运行，在缺乏有效监督的情况下，公共权力随时存在公共性丧失的危险，沦为满足公共部门及其人员自身利益的工具。而在合作治理中，政府与社会不再是一种委托代理关系，而是一种合作伙伴关系，这种新型关系模式的特点是，多元主体的地位是平等的，对合作事务的管理权力是分享的，而不是独占的，合作的关系是信任的，合作的方式是平等协商，持续互动，达成共识。合作治理所蕴含的多元、参与、平等、信任、互动、分享等价值正是社会公众所需要的公共价值。从某种意义上说，这些价值比那些物质形态的公共产品和公共服务更稀缺，所以更有价值。

第三，合作治理能够有效满足公众的公共价值需求。在传统管理模式

---

① ［美］斯蒂芬·戈德史密斯、［美］威廉·D.埃格斯：《网络化治理：公共部门的新形态》，孙迎春译，北京大学出版社2008年版。

下，政府建立了非人格化的科层制度以保持公共组织的规范性、稳定性和持续性，为提高政府管理和服务绩效，甚至引入工商企业的管理工具，在公共服务供给中采用竞争、外包和私有化等手段提升绩效，这些做法无疑提高了政府的产出，但这些产出并不一定是社会公众需要的公共价值，只能算作政府的"政绩"，也就是说，政府的许多产出可能是背离公共价值的。穆尔从财务绩效、组织存续和社会价值三者的关系角度阐述了政府和私人部门的区别，认为私人部门的财务绩效、组织存续和社会价值三者是一致的，而对于政府而言，财务绩效和组织存续却不等于公共价值。[①]合作治理能够从机制上解决政府供给与公共价值需求之间的"错位"问题。多元主体合作的过程既是公共需求整合的过程，也是公共需求表达的过程，因此也是利益协调的政治过程。政府与其他利益相关者的持续互动，不仅能够提升政治合法性，而且能够及时获取公共需求信息，掌握公共需求变化的趋势和特点，并及时调整服务方案和策略，这样就能很好地提高政府产出的针对性和有效性，保证政府的"政绩"符合社会公众的公共价值需求。由于公共价值经常连续不断地被重新定义，政府必须经常收集关于公共偏好的信息。公共管理者所面临的挑战是，如何去收集变化当中的、有时甚至是相互冲突的公共偏好。

第四，合作治理能够提高公共价值的生产效率。在传统管理模式下，政府主要是依靠建立各种规制约束和规范政府行为，通过问责、审计、评估制度保证政府履行公共责任，提高行政效率，但这样做的结果是会消耗更多的公共资源，提高政府公共价值的生产成本。在合作治理中，如果过度依靠过程标准化的传统性责任机制，将会导致合作伙伴之间产生对抗性关系，降低伙伴关系的根本价值，与合作治理的目标相违背。合作治理的目标是针对一个公共问题提供分权化的、灵活的、个性化的和富有创意的回应。[②]合作治理是一种建立在相互信任基础上的治理机制，合作各方基于信任承担责任，离开信任，合作

---

① Moore C. The "Reinventing Government" Exercise: Misinterpreting the Problem, Misjudging the Consequences[J]. *Public Administration Review*, 1994, 54(2): 111—122.

② ［美］斯蒂芬·戈德史密斯、［美］威廉·D. 埃格斯：《网络化治理：公共部门的新形态》，孙迎春译，北京大学出版社2008年版。

各方就不愿意共享知识，这样就会影响他们之间的协调。反过来讲，有着高度信任关系的合作网络也会降低组织内部的交流成本。这些监督成本包括购买、寻找和第三方监控等各种成本。当缺乏信任的时候，监督成本就会相当高。在信任度较低的合作环境中，监督成本要占运行成本的35%—40%。①基于信任的合作治理将会给社会公众创造和实现更多的公共价值。

　　作为一种新的社会管理模式，合作治理也会遇到许多新的挑战。要更好更多地创造和实现公共价值，合作治理需要解决以下几个问题：一是管理方式的变革。与传统的科层治理不同，合作治理是一种网络式的组织形态，多元主体的合作强化了网络的异质性和复杂性，科层制组织管理中的许多管理方式已经不适用于复杂、多变和灵活的合作网络，因此，合作网络的运行需要新的管理理念、技术和方法。二是组织差异的协调。合作治理是不同类型的组织之间的协调一致的集体行动，但参与合作的组织之间在利益、目标、文化和价值观等方面可能存在较大差异。这种差异性越大，合作治理的整体利益和共同目标的实现难度就会越大。因此，合作者之间需要加强沟通和协调，以增强组织之间的适应性和一致性。三是价值冲突的弥合。合作治理通过多元主体的互动，达成共识，以实现公共价值，但这种价值可能因为只是基于合作网络的内部共识而显得公共性不足，也就是说，合作治理实现的价值可能只是网络内部的价值，而不是整个社会的公共价值。合作者需要弥合两种价值存在的冲突，使内部价值符合公共价值的要求。四是公共责任的划分。科层治理中的政府是单一的管理主体，所以也是单一的责任主体，为保证政府履行公共责任，政治和行政系统建立了严密的问责体系。但合作治理的主体是多元的，多元主体共同承担公共责任，责任边界比较模糊，造成问责困难。同时，合作治理中的政府责任与非政府责任的来源和性质是不同的，由此形成了复杂的责任结构。合作者需要根据各个主体在合作中的地位和作用、拥有的权力、支配的资源、获得的收益等状况划分界线，建立问责体系。

---

　　①　［美］斯蒂芬·戈德史密斯、［美］威廉·D.埃格斯：《网络化治理：公共部门的新形态》，孙迎春译，北京大学出版社2008年版。

第四章 〉〉〉〉〉

社会组织在提升社会治理绩效中的作用机理

现代社会需要合作治理，因为合作治理可以克服政府作为单一主体从事社会管理的弊端，可以创造和实现公共价值。那么，社会组织为什么能够与政府合作从事社会治理？社会组织在社会治理中能够发挥哪些作用？这些问题需要进行专门讨论。本章主要分析社会组织参与社会治理的理论依据，运用社会学功能分析方法，探讨社会组织在社会治理中的具体功能，包括社会组织的正功能和负功能，以揭示社会组织在社会治理中的作用机理。

一、社会组织参与社会治理的理论依据

从政府的角度看，政府是基于公众选举的行使公共权力、管理公共事务的公共组织。政府对公共事务的管理不仅得到了公众的授权，而且还得到了公众的税收支持，因此，从理论上说，政府是最有条件和最有能力管理好公共事务的，它既拥有权力，又拥有资源，是不需要与其他组织合作的。但在实践过程中，政府对公共事务的管理却存在诸多问题，有些问题需要依靠自身改革来解决，有些问题需要向社会"借力"才能解决。从社会组织的角度看，社会组织是社会之中的不同阶层、群体为了特定的目标而组合起来的公共组织，它对公共事务的管理是基于自身的特殊使命、责任和价值设定而展开的，不像政府那样拥有公共权力和公共资源，承担公共责任。但社会组织在公共事务管理中也有独特的优势和功能，能够弥补政府管理的不足，这使得社会组织参与社会管理在理论上成为可能。关于社会组织参与社会管理的理论依据，国内外有多种理论解释，这些理论解释所蕴含的内在逻辑就是，社会组织在社会管理方面具有独特的社会功能。归纳起来，主要有以下几种理论：

一是市场失灵、政府失灵理论。市场机制是现代社会经济发展的基础性调节机制，但市场机制的完全有效性只有在严格的理论假设条件下才成立，在现实经济中，由于存在垄断、公共物品、外部性和信息不完全或不对称的情况，市场机制不能实现资源配置效率的最大化，这就是所谓的市场失灵。当市场失灵时，就必须借助政府的干预，在某些市场做不好或不愿意做的地方，政府应该发挥作用，弥补市场的缺陷。但是，政府干预的完美无缺同样也仅仅与

"理想的政府"相联系。由于行为能力和其他客观因素制约，政府干预往往达不到预期目标，或者达到目标的成本昂贵，导致资源并未得到充分有效的利用，这就是所谓的政府失灵。政府失灵的种种表现可以归纳为：公共政策失误、政府提供公共物品的低效率、政府扩张和内部性、寻租及腐败等基本类型。韦默和维宁将"政府失灵归为政治制度的四个一般固有的问题：直接民主制、代议制政府、官僚主义供给和分权政府"①。

最早提出市场失灵和政府失灵理论的美国经济学家韦斯布罗德（Burton Weisbrod）认为，志愿的非营利部门（voluntary nonprofit sector）是提供公共物品的私营机构，在市场和政府不能有效提供公共物品的时候，非营利部门能够发挥起提供公共物品的功能。根据经济学原理，公共物品是具有非竞争性和非排他性的物品，非竞争性是指一个使用者对物品的消费并不减少它对其他使用者的供应，非排他性是指使用者不能被排除在对该物品的消费之外。这些特征使得对公共物品的消费存在"搭便车"的可能，从而导致收费困难，因而私人提供者就没有提供这种物品的积极性，而私人物品的效用边界清楚，市场是提供此类物品的最佳方式。在市场不能有效供给公共物品的情况下，提供公共物品的任务就由政府来承担，因为政府可以通过公共财政来弥补公共物品供给的成本。但是，政府提供公共物品也会出现相应的问题。在民主体制下，政府提供公共物品倾向于反映中位选民（median voter）的偏好，只生产获得大多数选民支持的公共物品的种类和数量，这样做的结果就是，一部分选民的特殊需要或个性化需要将无法得到满足，或者说，他们的需求被大多数人的需求所掩盖了。与此同时，不同信仰、民族、教育和收入水平的阶层和群体的偏好也存在较大的差异性，政府很难同时满足人们不同层次不同种类的需求。在政府失灵的情况下，非营利部门应运而生，它们的作用就是拾遗补阙，弥补政府留下的没得到满足的需求空间。因此，非营利部门的存在，是为了提供一定范围的、被一部分人而不是大多数人需要的公共物品。这部分人的需求越多样化，非营

① ［美］戴维·L·韦默，［加］艾丹·R·维宁：《政策分析——理论与实践》，戴星翼等译，上海译文出版社2003年版，第180—181页。

利部门可能就越大。非营利部门被看做政府的替代物，它提供社会上大多数人没有同意的公共物品。[①]因此，非营利部门可以弥补政府的不足，为社会提供多样化和个性化的公共物品。

二是合约失灵理论。1980年，美国法律经济学家亨利·汉斯曼（Henry Hansmann）在《耶鲁法学杂志》发表了《非营利企业的作用》一文。在这篇文章中，汉斯曼主张从营利性组织的局限性入手来对非营利组织的作用进行分析。他认为，在某些领域，由于服务购买者并不一定是最终的消费者，或者由于服务本身的性质太复杂，消费者往往缺乏足够的信息对服务质量进行评价。由于这种信息不对称等原因的存在，仅仅依靠营利组织和消费者之间的合约，难以防止营利性生产者坑害消费者的机会主义行为，就出现了所谓的合约失灵现象。非营利组织由于受到了"非分配约束"（non-distribution constraint），不能将其获得的净收入分配给对该组织实施控制的个人，如组织成员、管理人员、理事等，使得其在提供某些特定物品时具有营利组织所无法比拟的优势。也就是说，一般的合约机制无法帮助消费者监督生产者的行为，消费者为了寻找一种可降低监督成本的制度安排，更愿意将这类服务委托给不以营利为目的的非营利机构。鉴于此，汉斯曼认为，正是在这样的领域，非营利组织可以克服营利性组织的缺陷，提供比营利组织更好的服务，并能起到弥补合约失灵的作用。[②③]如果说市场失灵和政府失灵理论解释了为什么非营利组织能够提供公共物品，那么合约失灵理论则解释了为什么非营利组织能够提供私人物品。

三是供给理论。香港中文大学王绍光教授认为，市场失灵、政府失灵理论和合约失灵理论都是从需求的角度解释非营利组织存在，也就是说，非营利部门的存在是社会需求的结果，但是，仅仅有需求的存在，并不会必然带来非营利部门的出现，还需要从供给的角度对非营利部门的出现进行解释。具体地

---

① ［美］莱斯特·M.萨拉蒙：《公共服务中的伙伴——现代福利国家中政府与非营利组织的关系》，田凯译，商务印书馆2008年版。

② Henry Hansmann. The Role of nonprofit Enterprise[J]. Yale law Journal, 1980, 89(5): 835-901.

③ 史传林：《公共管理学》，中国农业出版社2010年版。

说，就是要解释为什么有人愿意花费时间、精力和金钱进行非营利的活动。供给理论把非营利部门产生的动机分为三类：第一类是以非营利活动的名义谋取团体和个人私利，包括金钱、地位、荣誉和权力等。经济学的行为假设完全可以解释这类行为。第二类是具有一定的利他主义色彩，但也希望能够获取一定的回报，包括精神上的快慰。要解释此类行为，必须要对经济学的理性经济人假设的"理性"做更宽泛的理解，即理性经济人不仅追求物质利益是理性的，对其他目标的追求也被看做是理性的。第三类是纯粹利他主义的动机。世界上纯粹的利他主义者也许不多，但他们的存在对经济学的行为假设是一个挑战。不能借口纯粹的利他主义者不多就对他们视而不见，因为他们的行为可能对其他人的行为产生或大或小的影响。①这种分类为从理论上解释非营利组织的活动提供了分析框架。"供给侧"和"需求侧"的双向解释为非营利组织参与社会管理和公共服务提供了理论依据。

四是志愿失灵理论。志愿失灵理论是由非营利组织研究专家萨拉蒙提出来的。他认为，在之前的非营利组织研究中均存在着某种局限性，那就是非营利组织往往被视作政府和市场失灵之后的辅助性衍生物，而忽略了非营利组织本身在提供公共服务时也存在着的缺陷——"志愿失灵"（voluntary failure）。这些缺陷的主要表现：非营利组织无法产生充足可靠的资源导致慈善不足（philanthropic insufficiency）；总是对特殊群体的需求做出回应而导致慈善特殊主义（philanthropic paticularism）；私人慈善导致控制着重要资源的富人决定非营利组织该做什么、为谁服务，从而产生慈善的家长式作风（philanthropic paternalism）；使用非专业的方法提供服务导致慈善的业余主义（philanthropic amateurism）。与政府失灵和合约失灵理论从功能分析角度来论证非营利组织在公共产品提供领域存在必要性的不同，萨拉蒙认为，由于利用政府提供公共服务的交易成本比利用非营利组织高得多，在市场失灵的时候，非营利组织应该作为最初的提供公共服务的制度，只有在非营利组织提供的服

① 王绍光：《多元与统一——第三部门国际比较研究》，浙江人民出版社1999年版。

务不足的情况下，政府才能进一步发挥作用。由此，萨拉蒙认为，政府组织的优势正好能弥补非营利组织的上述缺陷，但政府又往往由于过度科层化而缺乏对社会需求的即时回应，而志愿者组织却能够根据个人需求的不同来提供相应的服务并在相互之间展开竞争以及在小范围内开展服务，这种组织特征上的互补性为政府与非营利组织建立合作关系提供了逻辑上的可能性。据此，萨拉蒙提出了一个"第三方政府"（third-part government）的概念，它是指非营利组织与政府优势互补、合作提供公共服务的情形。[1][2]结论就是，非营利组织可以与政府实现优势互补、合作提供公共服务。

五是民营化理论。民营化是指政府利用市场或私人部门和非营利组织来执行攻关项目，参与公共服务的生产和输送的过程。民营化理论大师萨瓦斯认为，没有任何逻辑理由证明公共服务必须由政府官僚机构提供，摆脱困境的最好出路是打破政府的垄断地位，建立公私机构之间的竞争。民营化不仅是一个管理工具，更是一个社会治理的基本战略。它根植于这样一些最基本的哲学或社会理念，即政府自身和自由健康社会中政府相对于其他社会组织的适当角色。公共物品的非排他性和非竞争性特征决定了公共物品的提供需要集体行动来完成，但集体行动并不意味着政府行动。民营化概念的核心就是把服务提供或安排与服务生产区别开来，这是政府角色界定的基础。从理论上说，政府角色的界定过程就是公共物品提供的成本收益权衡的过程。当安排者和生产者二者合一时，官僚制成本就产生了，即维持和管理层级系统的成本。当安排者和生产者不同时，会产生交易成本，即聘用和管理不利生产者的成本。两种成本的相对值决定了安排和生产功能分开是否值得。为了提高政府提供公共服务的绩效，民营化理论主张有必要区别公共服务中三个基本的参与者：消费者、生产者、安排者或提供者。消费者直接获得或接受服务，他们可以是个人，私人组织，也可以是政府机构。服务的生产者直接组织生产，或者直接向消费者提供服务。它可能是政府单位，也可能是市民志愿组织、非营利机构、私人企

---

① ［美］莱斯特·M.萨拉蒙：《公共服务中的伙伴——现代福利国家中政府与非营利组织的关系》，田凯译，商务印书馆2000年版。

② 史传林：《公共管理学》，中国农业出版社2010年版。

业，甚至是消费者自身。服务安排者（亦称服务提供者）指派生产者给消费者，指派消费者给生产者，或选择服务的生产者。安排者通常是政府单位，也可以是志愿组织或消费者。当政府作为服务安排者的时候，服务的生产和提供完全可以通过合同外包、补助、凭单、特许经营等形式由私人部门或非营利机构来完成。根据民营化理论，非营利组织是公共服务提供的重要参与者，在承接政府转移的服务职能方面能够发挥重要作用。[①]社会组织可以承接政府转移的职能，替代政府提供公共物品。

六是第三部门理论。该理论认为，现代社会一般存在三个相对独立的领域，即政治国家、市场经济和第三部门。在这三个领域里唱主角的分别是政府、企业（私人部门）和社会组织，这三大部门之间的互动与均衡构成了现代社会发展的主要内容。第三部门理论的前身是市民社会理论。近代西方，以洛克、卢梭等为代表的契约理论家们提出了市民社会概念，这时的市民社会等同于政治社会，这是一个脱离了自然状态的人类文明发展的新阶段，是通过社会契约达成的政治共同体。黑格尔开创了现代意义上的市民社会理论，他把市民社会从政治国家中分离出来，认为市民社会是介于家庭和国家之间的环节，市民社会代表了"私人利益领域"和"特殊利益领域"，国家代表了"普遍利益领域"。马克思批判地继承了黑格尔的市民社会理论，认为市民社会是以一定的生产力发展为基础，以生产和生活交往中发展起来的社会组织为形式，以市场经济中私人领域的工商业活动为内容，体现着特定的物质交往关系的社会经济生活领域。[②]20世纪80年代以后，西方学术界关于市民社会的研究有了新的进展。这个时期的"市民社会"的内涵已经与黑格尔和马克思使用的"市民社会"概念有很大不同，最主要的变化是把市场经济领域从市民社会中独立出来，把人类社会划分为政治国家、市场经济和公民社会三大领域，从而形成了真正意义上的现代公民社会理论。哈贝马斯认为，公民社会是既独立于政治国

---

① ［美］E. S. 萨瓦斯：《民营化与公私部门的伙伴关系》，中国人民大学出版社2002年版。

② 中共中央马克思恩格斯列宁斯大林著作编译局：《马克思恩格斯选集》第1卷，人民出版社1995年版。

家又独立于私人经济的公共领域，即生活世界的组织和机制，这是一个理性的领域和由话语交往建构的空间。哈贝马斯特别强调公民社会的组织形态，它是活跃在经济与政治系统之外的各种自愿性的社会团体。"包括教会、文化团体和学会，还包括独立的传媒、运动和娱乐协会、辩论俱乐部、市民论坛和市民协会，此外还包括职业团体、政治党派、工会和其他组织等。"①美国学者科恩（J.L.Cohen）和阿拉托（A.Arato）在哈贝马斯公民社会理论的基础上，建构了政治社会（国家）、经济社会和公民社会的三元模型。他们认为市场经济、民主政治与公民社会是不可分离的，正是以公共交往为核心的公民社会将人们从国家与经济的超强控制中解脱出来，并进而在国家、经济、社会三者之间建立一种良性互动关系。②20世纪末期，西方福利国家危机和政府管理面临的挑战催生了第三部门的快速发展。萨拉蒙认为，市场和国家以外大范围的社会机构正在发挥着越来越重要的作用，这些机构被冠以"非营利的""自愿的""第三部门的""第三的"或"独立的"部门称号。由于它们在市场和国家之外的独特地位，它们通常以较小的规模，与公民的联系性、灵活性，激发私人主动支持公共目标的能力，及其新近被重新发现的对建立"社会资本"的贡献为公众熟知，第三部门组织在寻求介于仅对市场信任和仅对国家信任之间的"中间道路"中的战略重要性等等优势由此可呈现出来。③第三部门理论揭示了：国家和市场之外的第三部门组织是一个相对独立的社会部门，是社会发展的第三种调节机制。

七是治理理论。1989年，世界银行在讨论非洲发展时首次提出"治理危机"（crisis in governance），"治理"这个概念在学术界很快就流行开来。1992年，联合国成立"全球治理委员会"。20世纪90年代以来，在西方学术界

---

① ［德］哈贝马斯：《公共领域的结构转型》，曹卫东等译，学林出版社1999年版。

② ［美］科恩、［美］阿拉托：《社会理论与市民社会》，载邓正来、［英］J. C. 亚历山大《市民社会与国家：一种社会理论的研究路径》，中央编译出版社2005年版。

③ ［美］莱斯特·M. 萨拉蒙等：《全球第三部门》，社会科学文献出版社2007年版。

特别是政治学、行政学、管理学领域，治理理论成为探讨的热点。最早研究治理理论的美国学者詹姆斯N·罗西瑙在其代表作《没有政府的治理》中指出：与统治不同，治理指的是一种由共同的目标支持的活动，这些管理活动的主体未必是政府，也无须依靠国家的强制力量来实现。治理既包括政府机制，也包括非正式的、非政府的机制。①联合国全球治理委员会于1995年发表了一份《我们的全球伙伴关系》研究报告，对治理作出了如下界定："治理是各种公共的或私人的机构管理其共同事务的诸多方式的总和。它是使相互冲突的或不同的利益得以调和并且采取联合行动的持续的过程。这既包括有权迫使人们服从的正式制度和规则，也包括各种人们同意或以为符合其利益的非正式的制度安排。"②治理理论的基本主张：第一，治理主体的多元化。治理理论认为，治理意味着一系列来自政府但又不限于政府的社会公共机构和行为者，如非营利组织、私人部门等。政府"把原先由它独自承担的责任转移给第三部门，即各种私人部门和公民自愿团体，后者正在承担越来越多的原先由国家承担的责任"。这些公共机构和行为者在"法制及制度框架内合法运作，积极参与社会管理，参与决策和共识的建构"。第二，政府角色的重新定位。治理理论认为，政府在当代社会中与其他社会组织一样，发挥着重要功能，但政府不能成为全能政府，政府必须进行改革，成为"有效政府"。"政府要在公共管理中扮演催化剂和促进者的角色"，是"掌舵"，而不是"划桨"。③政府在社会管理网络中被视为"同辈中的长者"。第三，治理的网络管理体系。治理理论认为，在公共管理领域内，政府与其他社会组织群体共同构成了相互依存的治理体系。凯特指出："治理是政府与社会力量通过面对面合作方式组成的网状管理系统。"④萨拉蒙也认为："治理是政府与非政府组织之间建立复杂伙

---

① ［美］詹姆斯N·罗西瑙：《没有政府的治理》，张胜军、刘小林译，江西人民出版社2001年版。

② Commission on Global Governance. *Our Global Neighbourhood*[M]. Oxford: Oxford University, 1995: 23.

③ ［美］戴维·奥斯本、［美］特德·盖布勒：《改革政府：企业精神如何改革着公营部门》，上海译文出版社1996年版，第1—3页。

④ Kettl, D.F. *Sharing Power: Public Governance and Private Markets*[M].Washington, D.C: Brookings Institution, 1993: 21–22.

伴关系的安排。"①这表明，在治理的网络管理体系中，政府与社会组织群体势力等每个行为者独立运作而又相互依存，共同分享管理社会的责任、资源和权力，形成"伙伴关系"。这种管理体系一方面排除了主要依靠单一等级制自上而下进行协调的可能性，另一方面也不依靠"看不见的手"操纵。它的运作逻辑以谈判为基础，强调行为者之间的对话与协作。

治理理论突破了"政府中心论"的局限，将政府、市场以及其他机构看做一个不可或缺的整体，目标是建立政府、市场、社会三者合作的公共事务治理模式。与其他理论不同，治理理论对社会组织地位和作用的阐释分为两个方面：一方面，认为在多元主体的治理网络中，没有政府的参与也是完全可行的，社会组织和私人部门等非政府的社会主体完全可以组成自组织网络管理公共事务。对此，埃莉诺·奥斯特罗姆的自主治理理论已经证明了其逻辑上的可行性。另一方面，认为社会组织等非政府社会主体可以与政府组成合作治理网络体系，但在这个体系中，所有主体的地位都是平等的，治理过程是基于信任的持续互动和协调，而不是基于预设规则的控制和服从。当政府与社会组织等非政府社会主体结成这样一种新颖的合作关系时，也就达到了治理的最高境界——善治状态。显然，治理理论更看重非政府的社会组织在公共治理中的作用，在这一点上，其他理论是无法与之相比的。

八是新公共管理理论。20世纪80年代，西方一些国家政府管理相继出现严重危机，基于官僚体制的传统公共行政模式已经无法适应社会发展的需要，在这种背景下，新公共管理理论应运而生。欧文·休斯（Owen Hughes）认为，从公共行政转变为公共管理，意味着理论与实践上的重大变化，公共管理不仅关注政府内部事务、程序管理和办公室管理，还关注外部环境、战略、组织广泛的使命与目标、灵活的管理策略等更为广泛的内容，以及对取得结果、改进技能和增强责任的强调；更为重要的是，依据"行政"概念发展起来的公共服务，同依据"管理"概念发展而来的公共服务是不同的，而采用公共管理，

---

① Salamon, L.M. *Beyond Privatization the Tools of Government Action*[M]. Washington, D.C: Urban Institute Press, 1989: 255.

更有助于深入思考政府体制与政府观念的变革问题并付诸实践。①美国学者波齐曼（Barry Bozeman）在描述新公共管理时指出："应该给公共管理中的'公共的'下更广泛的定义，以便将非营利组织、私人企业的公共方面包含于其中。"②同时，波齐曼和斯特劳斯曼（Jeffrey D.Straussman）还认为，公共管理与公共行政相比，虽然还谈不上是两个分离的研究范式，但两者的确不同：公共管理的内容是战略、外部环境，而不是内部行政的狭隘研究范围；公共管理更为灵活，不一定只发生在政府体制内部。③另一位美国学者梅戈特（Astrid Merget）认为，公共行政在历史上与官僚机构及官僚联系密切，而公共管理还注重公共事务在公共机构和非营利机构中完成任务。④从学者们的论述中可以看出，新公共管理非常重视通过借助政府以外的社会力量来实现组织的使命和目标。这里的社会力量主要是指私人部门和非营利组织。对于私人部门来说，新公共管理主张把私人部门管理的理论、方法及技术引入政府管理之中，以提高政府的管理绩效。对于非营利组织来说，新公共管理主张政府应广泛授权或分权管理，将社会服务与管理的权限通过民主的方式下放给社会的基本单元：社区、家庭和非营利组织等，让他们自我服务、自我管理。正如奥斯本和盖布勒所说："当家庭、居民点、学校、志愿组织和企业公司健全时，整个社区也会健康发展，而政府最基本的作用就是引导这些社会机构和组织健康发展。"⑤新公共管理还主张在公共服务供给中引入竞争机制，通过政府购买服务等方式，让更多的私人部门和非营利组织参与公共服务供给，以提高公共服

---

① ［澳］欧文·E·休斯：《公共管理导论》，中国人民大学出版社2001年版，第7页。

② Barry Bozeman（ed.）. *Public Management: The State of the Art*[M]. San Francisco: Jossey-Bass Publishers,1993: 362.

③ Barry Bozeman, Jeffrey D.Straussman. *Public Management Strategic*[M]. San Franoiseo:Josse-Bass, 1990:4.

④ 张梦中：《美国公共行政（管理）历史渊源与重要价值取向——麦克韦尔学院副院长梅戈特博士访谈录》，《中国行政管理》2000年第11期。

⑤ ［美］戴维·奥斯本、［美］特德·盖布勒：《改革政府：企业精神如何改革着公营部门》，上海译文出版社1996年版，第87—88页。

务供给的质量和效率。因此，新公共管理既强调政府在公共事务管理中的核心地位和作用，也重视发挥各种非营利组织以及私人部门参与功能。多元主体构成一个合作管理体系，以共同应对现代社会日益复杂多变的公共问题的挑战。在这个体系中，政府不再包揽所有公共事务，而是与非政府的社会力量进行分工合作，优势互补，构建伙伴关系，在资源交换中实现相互增权。

上述这些理论都从不同的视角阐释了社会组织的作用，为社会组织参与社会治理提供了重要的理论依据。政府失灵和志愿失灵理论是从政府、市场和社会的结构关系中对社会组织的角色和功能进行定位，其基本逻辑是，政府和社会组织是不同类型的组织，它们的功能存在差异，在社会管理和公共服务提供过程中，政府和社会组织各有优势和不足，它们可以实现功能替代或互补。合约失灵理论则是将社会组织的性质与营利性组织进行比较，论述了社会组织不仅可以提供公共产品，也可以提供私人产品，在信息不对称的情况下消费者更愿意选择社会组织提供的产品。供给理论从"供给侧"解释了社会组织产生和发展的依据，视角独特新颖。民营化理论则是从公共服务供给成本收益的角度对政府、社会组织和私人部门进行比较分析，认为如果社会组织或私人部门提供服务效率更高，成本更低，政府就应该实行民营化战略，让社会组织或私人部门直接生产和供给公共服务。早期的第三部门理论是从防范和抵御国家权力扩张和入侵的角度来阐述社会组织作用的，认为第三部门应该与国家保持相对分离，不应被国家所同构，这样才能对国家权力进行监督。现代第三部门理论更强调第三部门与国家的合作，以共同应对"国家危机"。如果说，失灵论只是把社会组织当做市场和政府失灵之后的功能替代者和补充者，那么，第三部门理论则把社会组织当做一个独立的社会部门，与市场和国家具有同等的战略地位，是人类社会发展和管理不可缺少的第三种机制。治理理论特别强调非政府的社会组织在治理社会"疑难杂症"和棘手的问题（wicked problem）中的独特作用，甚至主张"没有政府的治理"，把社会组织的作用提升到新的高度。新公共管理理论围绕如何再造政府做文章，主张政府应该向社会组织"借力"以提升政府绩效，从而论述了社会组织的功能。

二、社会组织参与社会治理的正功能

功能是西方社会学功能分析学派分析社会结构和社会系统的基本概念。这一学派的观点认为，社会就像自然界一样，是一个由多种因素构成的有机体，或者说是由各个部分组成的系统，这些因素、部分之间形成一种相对稳定的联系，这种相对稳定的联系称之为社会结构。社会结构中的各个因素和部分的相互影响、相互作用，以及各个因素、部分对整个社会结构的影响和作用，称之为社会功能。英国社会人类学家拉德克里夫·布朗（A.R.Radcliffe Brown）认为，所谓功能，是指一个局部的行动对其总体行动的贡献。如一个特定社会习俗的功能，就是他对整体社会生活所做的贡献。[1]另一位英国社会人类学家马林洛夫斯基（B.Malinowski）认为，所谓功能，"总是意味着对某种需要的满足"。文化的功能，就是它在人类活动体系中所处的地位。[2]功能分析法是社会科学用来分析社会现象的一种方法，它通过说明社会现象怎样满足一个社会系统的需要（即具有怎样的功能）来解释社会现象。美国社会学家、结构功能主义学派代表人物帕森斯（Talcott Parsons）对人类行动系统特别是社会系统的结构和功能进行了深刻分析，构建了AGIL功能分析模型。结构功能主义学派另一代表人物默顿（Robert K.Merton）则对功能理论进行了更深入的分析，完善了功能分析范式。社会组织是社会系统的重要组成部分，它与社会系统的其他部分存在着稳定的联系。如果说社会系统是一个网络，社会组织就是这个网络上的节点。对社会组织进行功能分析，就是要分析社会组织对社会系统中其他部分的影响和作用以及社会组织对整个社会系统所作出的贡献。本研究并不是要对社会组织的功能进行全方位的解析，而是专门探讨社会组织在社会管理方面的功能。研究发现，社会组织的社会管理功能主要体现在以下几个方面：

第一，社会组织是重要的公共服务供给主体。公共服务是社会管理的基

---

① 侯钧生：《西方社会学理论教程》第二版，南开大学出版社2006年版，第166页。

② 侯钧生：《西方社会学理论教程》第二版，南开大学出版社2006年版，第167页。

础，一个公共服务水平高的社会也是一个容易管理的社会。社会组织不像政府那样享有来自公众委托的社会管理权力，也不用承担相应的公共责任，但是，如果社会组织能够在公共服务领域有所作为，为社会公众提供多样化的服务，那么，社会组织就会得到公众的认可，从而获得从事社会管理的合法性，也就是说，提供公共服务是社会组织在社会管理中发挥作用的功能性前提。国内外研究表明，社会组织在经济发展、劳动就业、社会福利、慈善救助、卫生保健、环境保护、教育科研和文化娱乐等许多领域都能够提供大量的公共服务。在提供方式上，社会组织既可以单独提供公共服务，也可以与政府或其他组织合作提供公共服务。据中华人民共和国民政部发布的社会服务发展统计公报，截至2013年底，全国共有社会组织54.7万个，吸纳社会各类人员就业636.6万人，形成固定资产1496.6亿元，社会组织增加值为571.1亿元，占第三产业增加值比重为0.22%；接收各类社会捐赠458.8亿元。[1]从这些数字的背后可以看出社会组织为社会提供公共服务的状况。当然，受社会组织自身性质、规模、运作方式、资金筹措和资源动员能力的影响，社会组织提供公共服务也存在一定的边界和限度。从公共服务的层次来看，社会组织应该主要提供地方性公共服务和社区公共服务；从公共服务的性质来看，社会组织应该主要提供准公共服务，这样可以通过适当收费来弥补服务成本；从公共服务的需求来看，社会组织应该主要提供个性化公共服务；从公共服务的内部结构来看，社会组织应该主要提供社会性公共服务。[2]

第二，社会组织能够促进社会公平。社会公平既是社会管理的前提基础，也是社会管理所追求的价值目标。一般来说，社会公平是在社会发展的一定时期，社会成员对获得的社会机会和社会规则是否得当的一种价值评判，其实质是社会的各种权利和义务在社会成员之间合理分配的状态。[3]从历史和现

---

① 民政部：2013年社会服务发展统计报告［EB/OL］.［2014-06-17］.http://www.mca.gov.cn.

② 史传林：《民间组织参与农村公共服务的模式与限度》，《社会主义研究》2009年第5期，第55—59页。

③ 李培林：《新时期社会管理总论》，研究出版社2012年版。

实的情况来看，影响社会公平的因素很多，但主要有四个方面：一是社会制度因素。民主制度比专制制度更能实现社会权利公平、机会公平和规则公平。二是经济体制因素。现代市场经济体制是一种竞争性体制，自由竞争必然带来贫富两极分化和社会分配不公。三是社会结构因素。在一个"橄榄形"的社会结构中，中等收入者群体规模最大，较高收入和较低收入的社会群体的规模偏小，这样的社会结构能够从宏观上保证社会绝大多数成员分享社会收益。而在一个金字塔形的社会结构中，社会大多数成员都是低收入者，社会财富都集中在少数富人手中，这样的社会就很难实现社会公正。四是个人因素。由于个人身体状况、智力禀赋、受教育水平、家庭背景等不同，可能会导致个人的经济和社会地位的差异，有些社会成员可能因此沦为社会弱势群体。社会组织在促进社会公平方面的作用主要体现在以下四个方面：一是对特定社会群体进行关注，进而通过大众传媒引起社会和政府关注，以期从公共政策层面改进这类群体的权利状况和生存状况，或者通过公益诉讼等方式为特定社会群体争取合法权益。二是从事运作性发展项目，针对目标群体设计并提供特定的产品与服务。如旨在消除贫困的小额信贷制度（Microfinance），通常由社会组织向中低收入阶层提供小额度的持续的信贷服务。三是代表弱势群体或者把弱势群体组织起来通过谈判、协商等理性方式依法维护群体的合法权益，以社会均衡促进社会公平。四是直接从事公益慈善活动。社会组织具有民间性和非营利性特点和利他主义价值观，因此能够募集大量社会资源，吸引志愿人群，使得社会组织在帮助弱势群体、赈灾救灾、扶贫济危、救济鳏寡孤独和老弱病残等公益事业方面能够发挥不可替代的作用。

第三，社会组织能够实现社会整合。从社会学视角来看，社会整合是一个与社会解组（social disorganization）、社会解体相对应的概念。它是将社会不同的因素、不同部分整合为一个整体的过程。社会整合也就是社会一体化的过程。结构功能主义社会学家帕森斯（Talcott Parsons）从社会系统的角度对社会整合进行了论述，他认为，任何行动系统都由各个部分组成，为了使系统作为一个整体有效地发挥功能，必须将各个部分之间协调一致，不致出现游离、脱节和断裂。社会整合意味着社会内部各个成员或组织之间维持着某种最低限度的团结与合作，避免分裂性冲突。①社会系统各个组成部分的均衡构成人类社会的正常状态。②在帕森斯的AGIL的功能分析模型中，社会系统的功能就是社会整合。社会组织是社会系统的子系统，它把原子化的个体整合为社会共同体，并通过相同的价值观、共同的行为模式维持共同体的运行。各个共同体之间通过资源、信息交换结成更大的社会网络，众多社会网络的"联网"过程就是社会系统的形成过程。因此，社会组织化过程也就是社会整合过程。具体来说，社会组织的社会整合功能主要体现在以下四个方面：一是价值整合。价值多元化是现代社会的重要特点。社会组织能够把具有相同价值观的个体整合为一个群体，同时，通过价值观教育和传播吸引更多的个体加入到组织中来，为组织的共同价值目标服务。在实践中，社会组织的慈善文化、利他主义精神能够吸引大量的志愿者从事公益活动。二是关系整合。社会组织能够把个体之间的分散的社会关系整合为群体之间的社会关系，能够把个体之间陌生的社会关系整合为群体内部熟悉的社会关系，从而促进社会互动和沟通，提高社会关系的质量。三是利益整合。社会组织能够把具有共同利益倾向的个体组织起来，通过内部协商的途径把分散的个体利益整合为共同的群体利益，从而简化社会利益关系，促进群体利益表达和交换。四是资源整合。社会组织能够把分散的社会资源整合为组织资源，组织之间的资源互补和依赖可以强化组织之间的合作，促进组织一体化。

第四，社会组织能够化解社会冲突，减少社会矛盾。社会冲突是一种客观的社会存在。关于社会冲突发生的机理，冲突理论家们进行了解释。马克思认为，社会冲突是基于经济演化的阶级之间的对立状态。马克斯·韦伯从权力、财富和声望的高度相关性、报酬的分配和低水平的社会流动揭示了社会冲突产生的根源。③米尔斯（Wright.C.Mills）和达伦多夫则分别从"权力精英"

---

① 贾春增：《外国社会学史》增订本，中国人民大学出版社2000年版。

② 侯均生：《西方社会学理论教程》第二版，南开大学出版社2006年版。

③ ［美］乔纳森·H·特纳：《社会学理论的结构》，吴曲辉等译，浙江人民出版社1987年版。

和"权威关系"的角度解释了现代社会冲突生成的内在逻辑。①以上对社会冲突的解释都是从社会分层和利益冲突的角度展开的。在结构功能主义理论看来，社会系统内的每一个部分都是相互关联的，当各个部分都能够适应社会系统运转时，社会就表现出和谐的状态，当有些部分对社会系统运转不适应或出现错位时，就会带来整个社会系统的紧张、失调和冲突。功能冲突论代表科赛（Lewis A.Coser）把社会冲突看做"有关价值、对稀有地位的要求、权力和资源的斗争。在这种斗争中，对立双方的目的是要破坏以至伤害对方"②。由此看出，科赛把社会冲突的根源归结为精神和物质两个层面，即价值观不一致和权力、地位和资源的分配不均。

社会组织并不能从根本上消除社会冲突的根源，但是可以在一定程度上化解冲突或者缓释冲突的烈度。这是因为，社会组织能够集中特定社会群体的利益诉求，以组织的名义提升特定社会群体的话语权，通过协商、谈判的方式与相关利益群体进行对话，理性地解决群体利益冲突，最大限度地防止个人通过暴力或者其他极端方式表达诉求的冲突事件发生。正如托克维尔所说："某个观点由社团来表达时，这个观点就应该采取更清晰、更准确的形式。它的成功要依靠它的支持者以及他们的参与；这些支持者逐渐相互认识，一些人的热情上升。一个社团统一了各种头脑的能量，并有力地使这些能量直指一个清晰确定了的目标。"③社会组织能够通过慈善公益活动传播利他主义价值观和志愿精神，培养社会向善的力量，特别是对社会弱势群体和边缘群体的关爱能够防止社会撕裂，减少社会对抗，促进社会和谐。社会组织的发展能够拓展社会的公共空间，给人们参与公共事务创造更多的平台和机制，增大社会的公共利益，减少私人利益冲突的可能性。社会组织能够搭建社会交往和互动的平台，扩展人际网络，使陌生人社会变成熟人社会，从而生成大量的社会资本，促进社会团结。社会组织能够为人们提供一个表达不满、宣泄情绪的平台，通过专

---

① ［美］乔纳森·H·特纳：《社会学理论的结构》，吴曲辉等译，浙江人民出版社1987年版。

② ［美］L·科赛：《社会冲突的功能》，孙立平等译，华夏出版社1989年版。

③ ［法］托克维尔：《论美国的民主》，商务印书馆1989年版。

业的手法进行心理干预、情感抚慰，缓释社会紧张，消解社会结构性张力。社会组织能够增强社会合作，培养其组织成员合作和团结的习惯和公共精神，培养参与人合作的技巧和集体行动中共同分担责任的意识。社会组织能够更新组织成员的感情和思想，使他们心胸开阔，在互利互惠的行动中增进彼此的理解。社会组织能够使组织成员在政治上更成熟，更有社会信任感，有更多的社会参与，拥有更强的公民行动能力。[①]

第五，社会组织能够降低社会治理成本。社会治理成本是政府和其他社会治理主体进行社会治理所付出的代价，它不仅包括政府从事社会治理的财政和费用支出、组织规模和人数，而且包括政府在社会管理中与其他社会主体进行组织、沟通、协调和控制所花费的时间和精力。在一个组织化程度很低的社会，大量的原子化的个体游离于组织之外，社会呈现出沙粒化状态，社会的自我管理能力不强。为了维护社会秩序，实现对社会的控制，政府就必须要动用大量的财力、物力和人力，由此必然导致政府行政成本增加，政府规模扩大，从而加重社会负担。同时，当分散的原子化的个人各自向政府表达利益诉求时，政府就会处于应接不暇的忙乱状态，与诉求者的沟通成本就会大幅上升。如果政府以个人诉求的公共性不足拒绝与诉求者进行对话沟通，有可能会引起群体事件。为了预防和处置群体事件，政府又建立相应的维稳机构和应对机制，甚至对基层政府实行"一票否决式"考核，在这种压力体制下，基层政府时刻处于"临战"状态，危机管理成为常态化管理，由此消耗掉大量的行政资源。如果在政府与公众之间存在大量的社会组织，社会管理架构中就出现了"中间层"。政府可以把自身管不好、管不了、不该管的社会事务转移或委托给社会组织进行管理，政府可以通过制定政策、规划和提供适当的经费资助，对社会进行宏观管理，也就是说，政府只用"掌舵"，不用"划桨"，具体的社会事务由社会组织进行管理。由此，政府管理社会的行政成本就会大大降低。从社会来看，社会组织是不同利益群体的代表者，它能够对群体内的个

---

① ［美］罗伯特·D.帕特南：《使民主运转起来——现代意大利的公民传统》，王列、赖海榕译，江西人民出版社2001年版。

体的利益诉求进行"加工""过滤"和整合，提升诉求的代表性和公共性，从而形成整体的利益诉求。社会组织再通过合理合法的程序把这些诉求反映给政府，与政府进行理性沟通和协商，这样就可以避免原子化的个体直接向政府表达诉求的局面出现，从而大大降低政府与社会沟通和协商的"交易成本"。

第六，社会组织能够促进社会制衡机制的完善。从政治学的视角来看，社会制衡是与权力制衡相对应的概念。如果说权力制衡是政府内部权力对权力的制约，那么，社会制衡则是政府外部的社会对政府权力的制衡。19世纪法国思想家阿历克西·德·托克维尔（Alexis de Tocqueville）对社会制衡在民主发展和第三部门培育中的基础性作用作了深刻阐述。他认为，一个由各种组织化程度较高的社团组成的第三部门，可以对权力构成一种"社会制衡"。[①]美国政治学家罗伯特·达尔（Robert A.Dahl）认为，社会制衡是一种有效的社会机制，在民主制度的运行和促进政府与公民关系和谐的进程中能够发挥基础性作用。多重独立的社会组织是民主过程本身运作所必需的，其功能在于使政府的强制最小化，公民参与最大化。社会的组织化程度越高，政府的科层制组织结构就越趋向扁平化，从而有利于公众参与国家和社会事务管理，保障并实现公民权利。[②]在社会管理中，政府不仅是管理主体，而且也应该是管理的客体。也就是说，社会管理是政府与社会的双向互动过程。政府自身的和谐有序和公共权力的规范运行是社会管理有效进行的结构性前提和功能性前提。从社会学的角度看，社会制衡不仅是指社会对政府权力的制衡，而且还应该包括社会内部以社会组织为代表的各种群体之间的制衡。现代社会是结构复杂和价值、利益多元化的社会。不同的价值和利益群体之间可能存在矛盾和冲突，特别是强势群体对弱势群体的社会排斥和社会歧视，容易造成阶层断裂和贫富对立，从而威胁社会稳定。将不同利益群体特别是弱势群体组织起来，把他们的利益诉求和表达纳入法治化、制度化的通道，各种社会组织代表本阶层和群体的利益在政治决策和公共政策的形成过程中形成博弈和竞争，由此实现社会制衡。在

---

① ［法］托克维尔：《论美国的民主》，董果良译，商务印书馆1993年版。

② ［美］罗伯特·达尔：《民主理论的前言》，顾昕、朱丹译，生活·读书·新知三联书店1999年版。

一个高度组织化的社会，各类群体都应该有自己的社会组织，它们依法享有自己的权利，组织之间是一种竞争、合作和相互监督的关系，当它们之间出现矛盾和冲突时，可以通过有组织的对话、谈判和协商等途径加以解决。社会组织之间的权利约束、利益博弈和冲突协调构成了一种新的社会制衡机制，这种机制实际上也是一种社会自我管理机制。社会管理不仅需要社会对政府的权力制衡，而且需要社会内部不同群体之间的权力制衡。完善的社会制衡机制是搞好社会管理的内在要求。

第七，社会组织能够优化社会结构，促进社会良性运行和协调发展。社会结构是指社会诸要素稳定的关系及构成方式，它表现为各种社会关系按照一定的秩序所构成的相对稳定的网络。社会结构是一个系统，它一般包括群体结构、组织结构、社区结构、制度结构、意识形态结构等子系统。各个子系统相互联系，相互作用，构成社会系统。帕森斯认为，社会系统指的是关系网络。①社会系统能否协调运转，取决于社会结构是否合理完善。不同的社会制度和社会发展阶段，社会结构也有很大的不同。社会结构运行的过程也是社会结构发挥其社会功能的过程。当社会结构运行遇到某些障碍或产生某些病变的时候，社会结构预定的社会功能随之遭到破坏，要么该功能萎缩退化；要么该功能扭曲变形，偏离预定轨道；要么该功能嬗变转化。这些结构性功能性失调往往会导致各种社会问题的产生，给社会管理带来严峻挑战。组织结构是社会结构的重要组成部分，它是社会系统中各种组织之间的相互关系所构成的样式和形态。从宏观的视角看，现代社会一般存在三个相对独立的领域，分别是政治国家领域、市场经济领域和第三部门领域。在这三个领域里唱主角的分别是政府组织、企业组织（私人部门）和社会组织。这三大类型的组织之间的相互关系形成了现代社会的三元社会结构。作为社会系统的组成部分，这三大类型的组织都具有各自的社会功能，每个组织的存在和运行对其他组织和整个社会系统都具有重要影响和作用。在政府和企业组织之外存在的各种类型的社会组织是三元社会结构的重要支撑，在社会系统中具有不可替代的作用。在现代社

---

① 侯钧生：《西方社会学理论教程》第二版，南开大学出版社2006年版，第173页。

会，在权力机制和市场机制的作用下，政府和企业组织得到了快速发展，而社会组织发展相对滞后，这种结构失衡带来了大量的社会问题。因此，只有大力发展社会组织，完善社会结构，才能减少社会问题发生，促进社会系统的良性运行和协调发展。

三、社会组织参与社会治理的负功能

上述关于社会组织的功能的讨论主要着重于它在社会管理方面的积极影响和作用，也就是其正功能，这是关于社会组织功能研究的主流话语。事实上，社会组织在社会管理方面也存在一定的消极影响和作用，即其负功能。正功能和负功能是美国社会学家默顿在他的功能分析范式中提出的概念。默顿认为，功能分析不应该假定所有制度化行为模式（社会结构）都具有促进社会系统调适的后果（正功能），被分析的项目很可能具有减少系统调适的后果，即负功能。对负功能的研究应该放在历史的框架中进行，任何项目都可能有连续性的多重后果，应当引进时间的维度对这些后果进行观察。负功能可能在短期内显露，也可能是某种长期的后果。[①]根据默顿的分析，正功能和负功能是指社会结构要素及其关系对于社会调整与社会适应是起帮助作用还是削弱作用。下面对社会组织的负功能进行专门分析。

第一，社会组织的制度外存在可能引发社会运行风险。社会组织来源于民间社会，具有一定的自发性。政府为了加强对社会组织的监管，一般都会依据相关的法律法规，要求社会组织在成立时到政府主管部门进行登记注册或者备案，经过政府审核批准成立的社会组织取得法人地位，具有法律赋予的民事权利，依法从事社会活动。这部分依法成立的社会组织要受到相关制度约束，运行相对比较规范。除此之外，民间社会还存在大量的没有注册登记的制度外社会组织。这些组织由于与国家权力和资源不存在制度化连接，所以也称为草根社会组织或民间社会组织。有学者估计，现阶段我国未注册的社会组织大

---

① 贾春增：《外国社会学史》第三版，中国人民大学出版社2008年版，第201页。

约有300万个。草根组织存在的依据不是国家的正式制度安排，而是基层社会对其认同和支持的民间合法性。由于没有政府认可的合法身份，草根社会组织的发展受到很大制约，对于一些具有积极社会功能的制度外社会组织，政府对它们通常采取宽容和默许的态度。草根社会组织的行为大多建立在自律基础之上，基于价值观的约束，它们可能对社会做出积极贡献，但也有可能发挥消极影响和负面作用。在特定的制度环境下，为了生存和发展，草根社会组织往往会搁置甚至放弃自身的价值观，转而寻求所谓非正式的行动策略，以争取政府和社会的支持。由于没有"合法"的身份和法律主体地位，草根社会组织无法通过制度化途径向政府表达特定群体的利益诉求，因此选择非制度化和非理性化的集体行动。有的组织"在集体抗争中采取'踩线不越线'的行动策略，即用合法和半合法手段，在向政府诉苦的同时运用有节制的群体聚集手段，边缘性地触响秩序的警铃，有分寸地扰乱日常的生活，以危及秩序的信号来唤醒官员们解决问题的诚意"[1]。由于制度外存在而不易获得政府的资源供给，有的组织就采取各种手段包括动用民间捐助的善款发展与政府的关系，甚至向政府工作人员行贿，以影响政府的公共政策和资源分配走向。从政府的视角看，这些行动策略虽然不至于从根本上危及现存的政治社会秩序，但也是造成社会不安定的诱发因素。因此，政府对草根社会组织既实行默许容忍政策，又持有猜疑与防范态度。政府对草根社会组织的不信任进一步撕裂了双方的关系，使社会运行面临结构性风险。还有一些未注册的组织以社会组织之名从事与社会组织宗旨相违背的社会活动。如煽动政治对立和仇恨、充当利益集团代言人、以公益慈善的名义聚财敛财等。由于这些社会组织没有受到政府的有效监管，有的组织故意隐瞒信息以逃避监管，导致组织信息不透明，组织活动不公开，由此造成巨大的社会隐患，加大社会运行风险。

第二，社会组织的公益异化抑制慈善事业发展。经济人假设下的营利组织对利润最大化的追求和公共选择理论所揭示的政府公共权力的异化现

---

[1] 应星：《草根动员与农民群体利益的表达机制——四个个案的比较研究》，《社会学研究》2007年第2期。

象都说明，社会的这两大部门都存在追求经济利益至上的倾向。因此，作为社会第三部门的社会组织被人们寄予了很高的期待。赫兹琳杰（Regina. E.Herzlinger）认为："非营利组织必须运行良好，因为我们托付给它们的是最重要的社会职责——启迪心智、升华灵魂、保护健康和安全。"①人们希望第三部门能够迅速崛起并成为社会的道德楷模，以此抑制市场经济环境下社会出现的所谓道德滑坡。许多有良知和美德的人希望能够在第三部门通过实施有组织的善行，来实现自己对道德理想目标的人格追求。一些具有公益慈善精神的社会人士出于对社会组织的信任，更愿意把财物捐给社会组织，以便开展慈善活动，救助社会弱势群体。也就是说，相对于企业和政府来说，作为美德承载体的社会组织具有较高的社会公信度。但是，由于各种原因，现实中的社会组织却存在诸多问题。正如P.R.弗斯顿伯格所说："在非营利机构中工作的人的行为，常常可以用脚踏实地和无私奉献来解释，但是，强烈的而且常常是自私的情绪也会起重要作用。你在非营利界可以发现，野心勃勃、独裁专断、自私自利、玩弄权术等也是屡见不鲜的。"②世界银行编写的《非政府组织法的立法原则》指出，慈善团体并非必然是好的，相反，它们常是无效率的、非专业化的，有些非营利组织甚至有贪污舞弊的行为。萨拉蒙也认为非营利组织存在的最大危机是信任危机。在我国民间基层社会，许多社会组织在商业环境的影响下存在很强的逐利冲动，在内部制度供给不足、人员素质偏低、内部治理不善和外部监管不力的情况下，这种逐利冲动就会逐步演变成逐利行为，如违规筹款、挪用公益基金及捐赠物资从事不符合宗旨的活动，侵占或贪污捐赠的款物、逃税漏税、违反有关规定擅自从事带有营利性质的商业活动等。有学者称之为"公益腐败"③

---

① ［美］里贾纳·E·赫兹琳杰等：《非营利组织管理》，中国人民大学出版社2000年版。

② ［美］P. B.弗斯顿伯格：《非营利机构的生财之道》，科学出版社1991年版。

③ 周志忍、陈庆云：《自律与他律——第三部门监督机制个案研究》，浙江人民出版社1999年版。

或"公益异化"①。这些行为使人们对社会组织产生了严重的信任危机，降低了人们通过社会组织从事慈善公益的热情，使社会组织在筹集社会资源、吸纳志愿者等方面出现了很多困难。社会组织是公益慈善的化身，也是社会信任的载体，当社会组织把募集的善款和物资用于实现自我利益最大化的时候，它就从根本上摧毁了人们的志愿精神和利他主义价值观，进而抑制整个社会慈善公益事业的发展。

第三，社会组织的公共性不足导致群体利益冲突。在一个国家化程度很高的社会里，不可能出现数量众多的社会组织。只有当国家权力上浮，社会拥有更大的自治空间，社会组织才能在这个空间生成发展。因此，社会组织是政治国家之外的社会公共领域的一种制度安排。在社会分化和利益多元的社会公共领域，不同群体之间的利益冲突十分尖锐，以至于许多人怀疑如哈贝马斯所说的："是否还能形成一种可以作为公共舆论标准的普遍利益"②。处于社会分化和利益多元环境中的社会组织虽然是具有公益性质的组织，但它毕竟不像政府那样基于公众的授权委托而具有很强的公共性，所以社会组织很难代表社会的"普遍利益"。萨拉蒙认为，非营利组织存在"公益的不足"（Philanthropic Insufficiency）问题，具体表现为：一是"公益的特殊性"（Philanthropic Particularize），即有些组织可能发展为极端的、排他性极强的、只为特殊群体服务的组织。二是"公益的父权性"（Philanthropic Paternalism），即有些组织可能为少数人控制，变成图利私人的组织。④事实上，在我国民间基层社会，绝大多数社会组织代表的是特定行业、特定群体的利益，这是社会组织取得民间合法性并能够生存发展的社会基础，但同时这也体现了社会组织的局限性，社会组织的公共性因此而大打折扣。社会组织代表的社会群体不同，追求的价值目标不同，表达的利益诉求不同，内部运行的机

---

① 沈亚平、陆明远：《中国民间组织的道德规范探析》，《理论与现代化》2006年第5期。

② ［德］哈贝马斯：《公共领域的结构转型》，曹卫东等译，学林出版社1999年版，第265页。

④ 张成福、党秀云：《公共管理学》，中国人民大学出版社2001年版，第306页。

制不同。组织之间的异质性和差异性必然带来组织之间的矛盾和冲突。在有关非政府组织的法律法规还不健全甚至缺位的情况下，组织之间的行为失范将会更加严重。有些社会组织过于关注特殊群体的利益，从根本上损害社会整体利益。有些社会组织为了获取资源而沦落为利益集团的附庸，成为利益集团的代言人，并积极参与政策过程，争取有利于本利益集团的公共政策，从而引发利益集团与社会其他利益群体的利益冲突。有些社会组织由于接受境外组织捐赠和资助而受到境外组织的控制，为境外组织服务。有些社会组织在进行群体利益表达或权利维护过程中，往往通过非制度化途径，甚至采取暴力行为，破坏社会正常的公共秩序。有些社会组织为了维护本群体的利益，不惜采用非正当竞争策略，损害其他组织及其所代表群体的利益。比如在我国农村，宗族组织是农民按宗法血缘关系自愿结成的组织。在由乡绅主导的传统中国乡村曾经有过发达的宗族组织。但新中国成立后，随着国家权力向乡村社会的渗透和扩张，宗族组织逐渐衰落。改革开放以来，随着国家权力的逐步让渡，宗族组织开始复兴，成为乡村社会中不可忽视的力量。它们在整合社会资源、促进农民互助、满足农民需要等方面存在一定积极作用。但是宗族组织之间的利益纠纷和对村治权的争夺以及对村党组织和村委会的渗透、收买甚至控制，严重干扰了正常的村治秩序，以族权抗法甚至违法更是从根本上破坏了乡村社会的和谐与稳定。如果我们把增加还是减少社会利益总量作为组织功能评价的一个标准，那么，社会组织对局部利益的关注可能会增加社会利益的总量，但当它为局部利益去损害社会和他人利益的时候，就可能减少社会利益的总量。从集体行动的逻辑来看，社会组织对局部或私人利益的理性追求，在特定的情况下可能会出现公共利益受损害的非理性结果。所以，如何在代表局部利益与代表整体利益之间寻找均衡，特别是在维护局部利益时不去损害整体利益，是社会组织面临的一个难题。

通过对社会组织的正功能和负功能进行分析，我们看到，社会组织的功能发挥是有条件的。积极的条件可以使社会组织发挥正功能，消极的条件可以使社会组织发挥负功能。要发挥社会组织正功能，抑制其负功能，既需要改善外部环境，也要优化内部条件，包括要优化政治社会生态，加强法律法规供给，创新政府监管机制以及提高社会组织内部治理水平等。2016年8月，中共中央办公厅、国务院《关于改革社会组织管理制度促进社会组织健康有序发展的意见》提出严格管理和监督社会组织的若干措施：一是加强对社会组织负责人的管理。民政部门等要建立社会组织负责人任职、约谈、警告、责令撤换、从业禁止等管理制度，落实法定代表人离任审计制度。建立负责人不良行为记录档案，强化社会组织负责人过错责任追究，对严重违法违规的，责令撤换并依法依规追究责任。推行社会组织负责人任职前公示制度、法定代表人述职制度。二是加强对社会组织资金的监管。建立民政部门牵头，财政、税务、审计、金融、公安等部门参加的资金监管机制，共享执法信息，加强风险评估、预警。三是加强对社会组织活动的管理。各级政府及有关部门要按照职能分工加强对社会组织内部治理、业务活动、对外交往的管理。民政部门要通过检查、评估等手段依法监督社会组织负责人、资金、活动、信息公开、章程履行等情况，建立社会组织"异常名录"和"黑名单"，加强与有关部门的协调联动，将社会组织的实际表现情况与社会组织享受税收优惠、承接政府转移职能和购买服务等挂钩。四是规范管理直接登记的社会组织。直接登记的行业协会商会类、科技类、公益慈善类、城乡社区服务类社会组织的综合监管以及党建、外事、人力资源服务等事项，参照《行业协会商会与行政机关脱钩总体方案》及配套政策执行，落实"谁主管，谁负责"的原则，切实加强事中事后监管。五是加强社会监督。鼓励支持新闻媒体、社会公众对社会组织进行监督。六是健全社会组织退出机制。对严重违反国家有关法律法规的社会组织，要依法吊销其登记证书；对弄虚作假骗取登记的社会组织，依法撤销登记；对未经许可擅自以社会组织名义开展活动的非法社会组织，依法予以取缔。完善社会组织清算、注销制度，确保社会组织资产不被侵占、私分或者挪用。

第五章 >>>>>

社会组织参与社会治理的
绩效表现：一个实证研究

理论分析表明，社会组织在社会治理中能够发挥重要作用，具有显著的社会正功能，那么，在实践中，社会组织的这些功能能否体现出来，这就需要进行实证检验。由于社会组织的功能呈现是一个十分复杂的过程，从国内外研究来看，学者们一般都是选取社会治理中的一个或几个绩效变量，通过对某个国家或某个国家的某个地区进行调查，收集相关数据，实证检验社会组织对这些绩效变量的影响。受政府相关数据信息公开不足的影响，本章只选取一个绩效变量即犯罪治理绩效，实证检验社会组织在提升犯罪治理绩效中的作用。对此问题，国外学者已有诸多研究，但相关结论还未在中国情境下进行验证。

一、研究缘起与文献回顾

帕特南对意大利的研究开创了从公民文化和社会资本的视角解释政府绩效的先河。赖斯和亚历山大·F·桑伯格对美国50个州的公民文化和政府绩效的关系的研究也得出了与帕特南的研究相同的结论，赖斯对美国艾奥瓦州的社区公民文化和政府绩效的关系研究所得出的结论再次得到验证。那么，中国的情况怎么样？这个问题引起了笔者的研究兴趣。中国内地有32个省、自治区和直辖市，各地的经济社会发展水平很不平衡。在这样的背景下，以各个省级行政区为单位，研究其社会组织发展与社会治理绩效之间的关系，看看是否能够得出与国外学者的研究大致相同的结论，也就是说，试图检验一下帕特南等学者的研究结论在中国是否成立。由于受到研究条件的制约，笔者在研究中简化了变量关系，用社会组织的数量作为第三部门发展状况测量指标，用刑事案件发案率作为社会治理绩效的测量指标，通过研究三个省的社会组织数量和该省的刑事案件发生率之间的相关关系来说明社会组织发展状况对社会治理绩效的影响。事实上，帕特南在研究美国社会时，也专门研究了美国各州的社会组织与谋杀率（1980—1995年）之间的关系，研究表明，在社会组织发达、社会资本高的州暴力犯罪更少。[①]由此证明，社会组织在犯罪治理方面能够发挥重要

---

① ［美］罗伯特·D.帕特南：《独自打保龄——美国社区的衰落与复兴》，刘波等译，北京大学出版社2011年版。

作用。这一研究对于政府是否可以通过鼓励社会组织的发展或与社会组织合作来实现良好的犯罪治理绩效具有至关重要的意义。

犯罪治理是社会治理的重要内容。关于犯罪问题的发生以及控制，研究者们提出了一系列的理论，如社会解组理论（social disorganization theory, Shaw and McKay, 1942）[1]、冲突理论（conflict theory, Marx, 1885）[2]、亚文化理论（subcultural theories, Wolfgang and Ferracuti, 1967）[3]、压力理论（strain theory, Agnew, 1992 and 1999）[4]、机会理论（opportunity theories, Cantor and Land, 1985）[5]、犯罪经济理论（economic theories of crime, Blau, 1977）[6]以及相对剥夺理论（relative deprivation theory, Crosby, 1976）[7]。其中社会解组理论从社会组织的角度出发，解释了犯罪的发生原因，并提出了解决对策。该理论指出，经济落后地区有高的人口流动性（由于这些社区不是理想的居住社区，居住者在有能力离开时随时会离开）。这些经济落后的地区不断地有新的居民到来，最终导致了民族方面的人口异质性和其他方面的人口异质性，这种居民的流动性以及异质性被称为"社会的解组"，Shaw和McKay认为在

---

① Shaw, Clifford R., Henry D.McKay. *Juvenile Delinquency and Urban Areas*[M]. Chicago, IL: University of Chicago Press, 1972.

② Marx, Karl. *Capital: A Critique of Political Economy*[M]. London: Lawrence and Wishart, 1967.

③ Wolfgang, M. E. ,F. Ferracuti. *The Subculture of Violence: Towards an Integrated Theory in Criminology*[M]. London: Tavistock, 1967.

④ Agnew, Robert. Foundation for a General Strain Theory of Crime and Delinquency[J]. *Criminology,* 1992, 30(1): 47–87. Agnew, Robert. A General Strain Theory of Community Differences in Crime Rates[J]. *Journal of Research in Crime and Delinquency*, 1999, 36（2）:123–155.

⑤ Cantor David and Kenneth Land. Unemployment and Crime Rates in the Post–world War II United States: A Theoretical and Empirical Analysis[J]. *American Sociological Review,* 1985, 50（3）: 317–332.

⑥ Blau, P. M. *Inequality and Heterogeneity: A Primitive Theory of Social Structure*[M]. New York: Free Press, 1977.

⑦ Crosby, Faye. 1976. A Model of Egoistic Relative Deprivation[J]. *Psychological Review,* 1976, 83(2): 85–113.

这些存在严重解组特征的地区，会出现社会控制薄弱、无力控制犯罪的后果。同时，Shaw和McKay也认为，当地的组织可以通过强化居民的共同目标（Shaw,McKay, 1972）[①]起到控制犯罪的作用。社会解组理论一经提出，受到了学术界的广泛关注。有一些研究者认为社会组织可以通过促进居民的亲社会的态度和行为（Wilson, 1996）[②]，通过非正式的监视，认识陌生人，干预社区问题而起到控制犯罪的作用（Slocum, L. A., Rengifo, A. F., Choi, T., & Herrmann, C. R.,2013）[③]。还有一些学者也认为大部分的社会组织可以起到提高对居民层面的控制力的作用（Bursik and Grasmick, 1993）[④]。Triplett和colleagues则认为社会组织会在个人层面、社区层面、公众层面上为居民之间人际关系的交叉重叠提供机会（Maeres, Brown Corkran, 2007）[⑤]。

Robert J.Sampson的研究表明，即便控制贫困和其他可能鼓励犯罪行为的因素，有如下特征的社区面临的犯罪与暴力风险也会增加：①居民间互相不知姓名和较少熟人的社区网络；②无人监管的青少年群体和对公共场所的控制不断被削弱；③在社区活动中组织基础薄弱并且社会参与较低。雅克布斯（Jane Jacobs）用社会资本这个概念解释其中的原因。她认为，社区居民的非正式交往和接触会在社区居民中发展出一种连贯的整体感和责任感，公共交往和接触是一种让人们产生公共认同的感觉，是一个公共尊重和信任的网络，也是在个人和邻居有所求时的一种资源。这种网络和资源就是社会资本。在这之后的研

---

① Shaw, Clifford R., Henry D.McKay. *Juvenile Delinquency and Urban Areas*[M]. Chicago, IL: University of Chicago Press, 1972.

② Wilson, William J. *When Work Disappears: The World of the New Urban Poor*[M]. New York: Alfred A. Knopf, 1996.

③ Slocum, L. A., Rengifo, A. F., Choi, T., & Herrmann, C. R. The Elusive Relationship between Community Organizations and Crime: An Assessment Across Disadvantaged Areas of the South Bronx[J]. *Criminology*, 2013, 51（1）:167–216.

④ Bursik, Robert J., Jr., Harold G. Grasmick. *Neighborhoods and Crime: The Dimensions of Effective Community Control*[M]. Lanham,MD:Lexington Books, 1993.

⑤ Maeres, Tracey L., and Kelsi Brown Corkran. *When 2 or 3 Come Together*[M]. Yale University: Faculty scholarship series, 2007.

究中，学者们都得出了一致的结论：在所有其他条件不变的情况下，社会资本水平越高，犯罪率越低。[①]

帕特南对美国各州凶杀案统计数据进行了分析，发现社会资本越高的州，谋杀率相应越低。各州平均谋杀犯罪率（1980—1995年）和社会资本指标间的皮尔逊相关系数为–0.8。他还对美国南北方进行了比较，研究发现，在美国，自内战开始，南方凶杀案率一直比其他州要高得多，而且这种差异或多或少已经持续出现于整个20世纪。比如，在20世纪八九十年代，南方的凶杀案率大致是北方的两倍。许多的解释已经出现——心理学的、文化的、社会的、经济的，甚至是种族的。然而，即使让种族、年龄、经济不平等、城市化、教育、贫困与对谋杀率的预测因素保持不变，地区差异依然存在。一旦社会资本的差异被考虑进来，南北方地区差异的难题就迎刃而解了。不管在什么地方，只要缺乏社会资本，破坏力大的暴力将是难以避免的。[②]

Robert J.Sampson和W. Byron运用1982年英国238个地区的10905个居民的调查数据和1984年300个地区的11030个居民的调查数据所做的研究发现，组织参与和社会关系在降低犯罪率当中起着重要作用。他们对英国犯罪数据的分析发现，在那些人们通过紧密的朋友关系和较为松散但更加多样的熟人关系联系在一起的地方，在那些人们积极参与地方委员会或者社团组织的地方，往往少有抢劫、强奸、入室行窃、汽车失窃等案件发生。研究还证明了，高度贫困和居民高迁移率并不像人们想象的那样对犯罪的发生有很大影响。也就是说，虽然较贫困、较不稳定的地区有较高的街头抢劫率，但这本身并不能简单地归因于贫困和社会不稳定，相反，这些地区的高犯罪率更大程度上是因为大人们不参加社区组织、不监管孩子以及没有通过朋友网络相互联系。[③]Robert J.Sampson

---

[①] 罗伯特·D. 帕特南：《独自打保龄——美国社区的衰落与复兴》，刘波等译，北京大学出版社2011年版。

[②] 罗伯特·D. 帕特南：《独自打保龄——美国社区的衰落与复兴》，刘波等译，北京大学出版社2011年版。

[③] Sampson, Robert J., and W. Byron Groves. Community Structure and Crime: Testing Social–Disorganization Theory[J]. *American Journal of Sociology*, 1989, 94（4）：774–802.

和W. Byron[①]还对Shaw和McKay[②]的社会解组理论进行了实证检验，结果显示，贫穷和少数民族（居民高异质性的）社区在社会控制上确实存在困难。

在已有研究中，众多研究者直接对社会组织与犯罪之间的关系进行了验证性分析，研究表明，社会组织化水平的降低与高暴力犯罪存在显著相关关系（Wilson,1996[③];Shihadeh and Flynn,1996）[④]。人际网络更密集的地区的社会犯罪控制力越好（Sampson and Groves, 1989[⑤]; Rountree and Warner, 1999）[⑥]。甚至有研究将犯罪率作为一个社区组织化水平的一个评价指标（John Senese, 1989）[⑦]。还有研究指出，组织数量与经济犯罪减少以及家庭幸福感的提升都存在显著相关（Slocum, L. A., Rengifo, A. F., Choi, T., & Herrmann, C. R.,2013）[⑧]。其他的一些基于郡县层次官方数据的研究发现，青年协会、歌唱协会（singing societies）、轻松亲密小吧（fraternal lodges）、公民联盟（citizens unions）等组织的数量与黑人的暴力犯罪之间存在显著负相关（Lee

① Sampson, Robert J., and W. Byron Groves. Community Structure and Crime: Testing Social–Disorganization Theory[J]. *American Journal of Sociology*, 1989, 94（4）: 774–802.

② Shaw, Clifford R., Henry D. McKay. *Juvenile Delinquency and Urban Areas*[M]. Chicago: University of Chicago Press, 1942.

③ Wilson, William Julius. *When Work Disappears: The World of the New Urban Poor*[M]. NewYork: Alfred A. Knopf, 1996. *The Truly Disadvantaged: The Inner City, the Underclass, and Public Policy*[M]. Chicago: University of Chicago Press, 1987.

④ Shihadeh, Edward S., Nicole Flynn. Segregation and Crime: The Relationship between Black Centralization and Urban Black Violence[J]. *Homicide Studies*,1996(1):254–80.

⑤ Sampson, Robert J. and W. Byron Groves. Community Structure and Crime: Testing Social Disorganization Theory[J]. *American Journal of Sociology*, 1989, 94:774–802.

⑥ Rountree, Pamela Wilcox and Barbara D. Warner. Social Ties and Crime: Is the Relationship Gendered?[J]. *Criminology*, 1993(3):789–814.

⑦ Senese, John D. Crime in High and Low Crime Neighborhoods: An Assessment of Social and Physical Dimensions[J]. *Journal of Crime and Justice*, 1989, 12（2）:79–107.

⑧ Slocum, L. A., Rengifo, A. F., Choi, T., & Herrmann, C. R. The Elusive Relationship between Community Organizations and Crime: An Assessment across Disadvantaged Areas of the South Bronx[J]. *Criminology*, 2013, 51（1）:167–216.

and Ousey, 2005）[1]。Saegert、Winkel、Swartz[2]2002年的研究结果显示，流动人口非常多的社区的居民对租户协会、楼宇居民组织的参与与该社区居民的很多种犯罪率的降低均存在显著相关。

以上这些实证研究和理论都证明了社会组织化水平的提高对犯罪控制有积极的效应。但也有部分研究者的认识恰恰相反，认为社会组织化水平越高反而对犯罪行为有促进作用，组织内成员通过对组织外成员的排斥，而导致的组织与组织外成员的割裂可能造成更多的冲突（Portes,1998[3]，Skogan, 1988[4]），或通过组织与组织外成员的割裂造成的处理集体事务的集体效能的降低（Lee and Ousey, 2005[5]；Sampson，Morenoff and Earls 1999[6]；Sampson and Raudenbush 1999[7]），使得居民更倾向于犯罪（Beyerlein and Hipp, 2005）[8]。

以上研究结果以及研究者的观点表明，社会组织化水平与犯罪之间的关系仍然存在一定的分歧，仍有一部分研究者对社会组织的犯罪控制功能存在部分的质疑。同时，这一议题已经被一些中国的研究者所关注，例如王焱2010年

---

① Lee, Matthew R., and Graham C. Ousey. Institutional Access, Residential Segregation, and Urban Black Homicide[J]. *Sociological Inquiry*, 2005(75): 31–54.

② Saegert, Susan, Gary Winkel, and Charles Swartz. Social Capital and Crime in New York City's Low Income Housing[J]. *Housing Policy Debate*, 2002(13):189–226.

③ Portes, Alejandro. Social Capital: Its Origins and Applications in Modern Sociology[J]. *Annual Review of Sociology*, 1998(2): 1–24.

④ Skogan, Wesley G. *Community Organizations and Crime*[M]//*Crime and Justice, eds*. Michael H. Tonry and Norval Morris. Chicago, IL:University of Chicago Press, 1998.

⑤ Lee, Matthew R.,Graham C. Ousey. Institutional Access, Residential Segregation, and Urban Black Homicide[J]. *Sociological Inquiry*, 2005(75): 31－54.

⑥ Sampson, Robert J., Jeffrey D. Morenoff and Felton Earls. Beyond Social Capital: Spatial Dynamics of Collective Efficacy for Children[J]. *American Sociological Review*, 1999(64): 633–60.

⑦ Sampson, Robert J.,Stephen W Raudenbush. Systematic Social Observation of Public Spaces: A New Look at Disorder in Urban Neighborhoods[J]. *American Journal of Sociology*, 1999(105): 603–51.

⑧ Beyerlein, Kraig,John R. Hipp. Social Capital, Too Much of A Good Thing? American Religious Traditions and Community Crime[J]. *Social Forces*, 2005(84): 995–1013.

探讨了社会组织化程度与青少年犯罪之间的关系。[①]但至今还未见有研究在中国政策背景下社会组织与犯罪之间关系的实证性研究。

在Shaw和McKay[②]的理论中，还有另一个因素被很多的研究者所忽视，那就是经济因素，大部分的研究在探讨社会组织化水平与犯罪之间关系时，都未对经济因素进行控制（Sampson and Groves, 1989[③]；Slocum, L. A., Rengifo, A. F., Choi, T., & Herrmann, C. R.,2013[④]），这无疑会严重影响到研究结果的有效性。一系列的理论都认为，低经济水平可能是引发犯罪的一个原因，包括社会冲突理论（Bonger, 1916[⑤]；Marx, 1885[⑥]；Taylor et al., 1973[⑦]），压力理论［strain theory（Agnew, 1992 and 1999[⑧]；Merton, 1949[⑨]）］，犯罪的经济理论［economic theories of crime（Becker, 1968[⑩]；Blau,

---

[①]　王焱：《社会组织化程度与青少年犯罪》，《青少年犯罪问题》2010年第2期，第28—31页。

[②]　Shaw, Clifford R., and Henry D. McKay. *Juvenile Delinquency and Urban Areas*[M]. Chicago: University of Chicago Press, 1942.

[③]　Sampson, Robert J. W. Byron Groves. Community Structure and Crime: Testing Social Disorganization Theory[J]. *American Journal of Sociology*, 1989(94): 774–802.

[④]　Slocum, L. A., Rengifo, A. F., Choi, T., & Herrmann, C. R. The Elusive Relationship between Community Organizations and Crime: An Assessment across Disadvantaged Areas of the South Bronx[J]. *Criminology*, 2013, 51(1): 167–216.

[⑤]　Bonger, W. A. *Criminality and Economic Conditions*[M]. H. P. Horton, Trans. Bloomington: Indiana University Press, 1969.

[⑥]　Marx, Karl. *Capital: A Critique of Political Economy*[M]. London: Lawrence and Wishart, 1967.

[⑦]　Taylor, I. R., P. Walton and J. Young. *The New Criminology: For a Social Theory of Deviance*[M]. London: Routledge and Kegan Paul, 1973.

[⑧]　Agnew, Robert. Foundation for a General Strain Theory of Crime and Delinquency[J]. *Criminology*, 1992, 30(1): 47–87.Agnew, Robert. A General Strain Theory of Community Differences in Crime Rates[J]. *Journal of Research in Crime and Delinquency*, 1999, 36(2): 123–155.

[⑨]　Merton, Robert. *Social Theory and Social Structure*[M]. New York: Free Press, 1949.

[⑩]　Becker, Gary S. Crime and punishment: An economic approach[J]. *Journal of Political Economy*, 1968(76), 169–217.

1977[①]；Ehrlich, 1973[②]）］和相对剥夺理论［relative deprivation theory（Crosby, 1976[③]；Davis, 1959[④]；Gurr, 1970;[⑤] Runciman, 1966[⑥]）］。

一些研究发现了贫穷与高暴力犯罪之间的强相关关系（Almgren et al.,1998[⑦]；Crutchfield, Glusker, Bridges,1999[⑧]；Curry and Spergel,1988[⑨]；Krivo,Peterson,1996[⑩]；McNulty,1999[⑪]）。有研究者依据美国1990年190个大型城市的数据，发现收入不均、贫穷以及失业是暴力犯罪的重要预测指标（Kovandzic et al. 1998[⑫]）。Pampel和Gartner以国家作为分析单位，发现收入

---

① Blau, P. M. *Inequality and Heterogeneity: A Primitive Theory of Social Structure*[M]. New York: Free Press, 1977.

② Ehrlich, Isaac. Participation in Illegitimate Activities: A theoretical and Empirical Investigation[J]. *Journal of Political Economy*, 1973(81): 521–565.

③ Crosby, Faye. A Model of Egoistic Relative Deprivation. *Psychological Review*, 1976, 83(2): 85–113.

④ Davis, James. A Formal Interpretation of the Theory of Relative Deprivation[J]. *Sociometry*, 1959, 22(4): 280–296.

⑤ Gurr, T. R. *Why Men Rebel*[M]. Princeton: Princeton University Press, 1970.

⑥ Runciman, W. G. *Relative Deprivation and Social Justice: A Study of Attitudes to Social Inequality in Twentieth-Century England*[M]. Berkeley: University of California Press, 1966.

⑦ Almgren, Gunnar,Avery Guest, George Immerwalr, and Michael Spittel. Joblessness, Family Disroption, and Violent Death in Chicago, 1970–90[J]. *Social Forces*, 1998(76): 1465–93.

⑧ Crutchfield, Robert D., Ann Glusker, and George S. Bridges. A Tale of Three Cities: Labor Markets and Homicide[J]. *Sociological Focus*, 1999(32): 65–83.

⑨ Curry,G.David and Irving A. Spergel. Gang Homicide, Delinquency, and Community[J]. *Criminology*, 1988(26): 381–405.

⑩ Krivo, Lauren J.,Ruth D. Peterson. Extremely Disadvantaged Neighborhoods and Urban Crime[J]. *Social Forces*, 1996(75): 619–50.

⑪ McNulty,Thomas L. The Residential Process and the Ecological Concentration of Race,Poverty,and Violent Crime in New York City[J]. Sociological Focus 1999(32): 25–42.

⑫ Kovandzic, T. V., L. M. Vieraitis,M. R. Yeisley. The Structural Covariates of Urban Homicide: Reassessing the Impact of Income Inequality and Poverty in the Post–Reagan Era[J]. *Criminology*, 1998(36): 569–99.

不均和人均GDP可以作为暴力犯罪的重要预测指标。[1]其他的一些研究者也指出，经济贫困是青年群体暴力犯罪的强有力预测指标（Baron, 2004[2]; Bellair, Roscigno and Mcnulty, 2003[3]; Eisler and Schissel, 2004[4]）。暴力犯罪已经被发现与低社会经济地位以及居民不稳定性相关（Sampson, R. J., Raudenbush, S. W., & Earls, F., 1997）[5]。贫穷与暴力犯罪的强相关，是因为贫穷的社区无法吸引和维持当地的各种机构，来通过提供社区稳定和社会控制服务以及可选择性活动来充实居民生活最终抵御暴力犯罪行为（Peterson, Krivo, and Harris, 2000[6]）。St. Jean, Peter K. B.基于多米尼加岛（拉丁美洲岛屿）1984—2004年的数据研究发现，随着经济发展，犯罪率也在显著增长，即人均GDP与犯罪率的发展呈正相关关系，且GDP发展解释了犯罪率变化的24%。[7]这说明，经济发展与犯罪率的攀升似乎存在着某种联系。

可见，对于经济发展水平与犯罪之间的关系，已有研究还存在较大的分歧。迫切需要进一步深入研究和分析。另外，还有一些研究认为社会组织与

---

① Pampel, F. C. ,R. Gartner. Age Structure, Socio-political Institutions, and National Homicide Rates[J]. *European Sociological Review*, 1995(11): 243-260.

② Baron, S. W. General Strain, Street Youth and Crime: A Test of Agnew's Revised Theory[J]. *Criminology*, 2004, 42(2): 457-483.

③ Bellair, P. E., V.J. Roscigno,T.L. Mcnulty. Linking Local Labour Market Opportunity to Violent Adolescent Delinquency[J]. *Journal of Research in Crime and Delinquency*, 2003, 40(1):6-33.

④ Eisler, L.,B. Schissel. Privation and Vulnerability to Victimization for Canadian Youth: The Contexts of Gender, Race, and Geography[J]. *Youth Violence and Juvenile Justice*, 2004, 2(4):359-373.

⑤ Sampson, R. J., Raudenbush, S. W., & Earls, F. Neighborhoods and Violent Crime: A Multilevel Study of Collective Efficacy[J]. *Science*, 1997, 277（5328）:918-924.

⑥ Peterson, Ruth D., Lauren J. Krivo, Mark A. Harris. Disadvantage and Neighborhood Violent Crime: Do Local Institutions Matter?[J]. *Journal of Research in Crime and Delinquency*, 2000(37): 31-63.

⑦ St. Jean, Peter K. B. More Money More Crime? Trends in Dominica over the Past Two Decades[M]//*Crime, Deportation, and Caribbean Migration, edited by Anthony Harriott, and Marlyn Jones*. University of the West Indies Pressl, 2008.

犯罪之间的关系在不同经济水平的地域之间存在差异。例如，有研究者指出，在贫穷和高犯罪率的地区，社会解组（social disorganization）对犯罪的负效应比在高贫困地区更显著（Smith, Jarjoura, 1988[1];Warner, Pierce, 1993[2]）。社会组织化水平与犯罪控制的关系会比在其他富裕地区更为紧密（Peterson, Krivo, Harris, 2000[3]; Taniguchi and Salvatore, 2012[4]）。但同时，也有研究者认为，在贫困地区，社会组织的犯罪控制效应更不明显，这是因为居民的组织参与率更低，使得社会组织无力于抵制经济的极贫困现状和长期的居民的不稳定状况（Krivo, Peterson, 1996[5]; Triplett, Gainey, Sun, 2003[6]）。

对于经济因素与犯罪率之间的关系的已有研究结果存在较大分歧，笔者认为这是由于贫穷是一个相对的概念，相对全球最富有的那个地区而言，其他地区都处于贫穷之中。所以，贫困一词并不能有效表现经济水平的高低。在探索经济因素与犯罪率之间关系时，应该关注经济水平的具体表现，如人均GDP值，并采用多地域的纵向数据，这样，可以同时考虑经济在纵向上的发展以及在横向上的差异，有助于对该问题的深入剖析。同时，迫切需要在控制经济因素的前提下，探讨社会组织与犯罪之间的关系，厘清三者的关系。

---

① Smith, D. A., & Jarjoura, G. R. Social Structure and Criminal Victimization[J]. *Journal of Research in Crime and Delinquency*, 1998, 25（1）: 27–52.

② Warner, B. D., & Pierce, G. L. Reexamining Social Disorganization Theory Using Calls to The Police As A Measure of Crime[J]. *Criminology*, 1993, 31（4）:493–517.

③ Peterson, Ruth D., Lauren J. Krivo, and Mark A. Harris. Disadvantage and Neighborhood Violent Crime: Do Local Institutions Matter?[J]. *Journal of Research in Crime and Delinquency*, 2000(37): 31–63.

④ Taniguchi, Travis A.,Christopher Salvatore. Exploring the Relationship between Drug and Alcohol Treatment Facilities and Violent and Property Crime:Asocioeconomic Contingent Relationship[J]. *Security Journal*, 2012(25): 95–115.

⑤ Krivo, L. J., & Peterson, R. D. Extremely Disadvantaged Neighborhoods and Urban Crime[J]. *Social forces*, 1996, 75（2）: 619–648.

⑥ Triplett, R. A., Gainey, R. R., & Sun, I. Y. Institutional Strength, Social Control and Neighborhood Crime Rates[J]. *Theoretical Criminology*, 2003, 7(4): 439–467.

二、研究问题与研究设计

本研究要解决的核心问题：

一是探索经济因素与犯罪率之间的关系；二是在控制了经济因素的情况下，检验社会组织化率与犯罪率之间的关系；三是探索社会组织化率与经济因素对于预测犯罪率的有效性。

为此，本研究从中国西部、中部、东部地区抽取了三个省份——甘肃、湖北、广东作为研究样本，收集了三省2001—2010年万人社会组织化率、人均GDP、万人刑事案件发案率三个指标的数据，分别作为该省社会组织化率、经济水平以及犯罪率的操作变量。通过控制经济因素，更深入地探讨社会组织与犯罪之间的关系，并通过线性回归探索经济因素和社会组织在犯罪控制上的影响力和预测力。之所以选择这三个省份作为样本，是因为这三个省分别位于我国西部地区、中部地区和东南沿海地区，三省经济发展水平有较大差异，处在不同的等级上。需要说明的是，由于中国政府长期以来实行"双重管理"体制，导致许多民间组织无法注册，或者转往工商部门注册为企业法人，因此这些社会组织都没有被纳入本研究的统计范围，本研究只搜集了民政部门发布的正式注册的社会组织的数据。政府部门公开的数据有限，这也是大数据时代中国公共管理定量研究最为困扰的问题，所以，本项研究所获得的数据存在个别缺损，个别数据也可能不准确，但笔者已通过多方式对数据进行核实比对，以保证数据的真实性。本研究采用SPSS11.5统计软件对数据进行统计分析。

表5-1 样本特征

省份		年人均GDP	万人社会组织化率	万人刑事案件发案率
广东	N	10	10	10
	平均数	27762.40	1.6120	7.1120
	标准偏差	11563.537	1.15027	1.28113
	最小值	13849	0.03	4.26
	最大值	46821	2.75	8.21

（续上表）

省份		年人均GDP	万人社会组织化率	万人刑事案件发案率
湖北	N	10	10	10
	平均数	14697.80	2.0680	3.5920
	标准偏差	6815.053	1.58538	0.37342
	最小值	7813	0.08	3.05
	最大值	27906	3.84	4.05
甘肃	N	10	10	10
	平均数	8759.80	2.0930	1.9770
	标准偏差	4016.416	1.64723	0.29837
	最小值	4163	0.25	1.40
	最大值	16113	4.04	2.37
总计	N	30	30	30
	平均数	17073.33	1.9243	4.2270
	标准偏差	11229.224	1.44336	2.30978
	最小值	4163	0.03	1.40
	最大值	46821	4.04	8.21

（数据来源：一是中国统计年鉴；二是三省政府或法院工作报告和有关部门发布的信息等资料。）

甘肃、湖北、广东三省数据的基本情况见表5-1。从表中可以看出，甘肃、湖北、广东三省在2001—2010年的平均人均GDP/年分别为8759.80元、14697.80元、27762.40元，万人社会组织化率平均值分别为2.093、2.068、1.612，万人刑事案件发案率平均值分别为1.977、3.592、7.112。

三、研究结果与讨论

本研究基于甘肃省、湖北省、广东省三省2001—2010年的人均GDP、万人社会组织化率、万人刑事案件发案率的数据，探讨三者之间的关系，得出以下结论：

第一，经济因素与犯罪率之间被证实存在显著正相关关系。

采用皮尔逊相关方法分析经济因素与犯罪率之间的关系，得到皮尔逊相关系数r=0.811，sig=0.000，表明经济因素与犯罪率之间在0.001水平上存在极其显著的正相关关系，即经济水平越高的地区犯罪率越高。

第二，将人均GDP作为控制变量时，社会组织化率与犯罪率之间在0.001水平上存在极其显著的负偏相关关系。

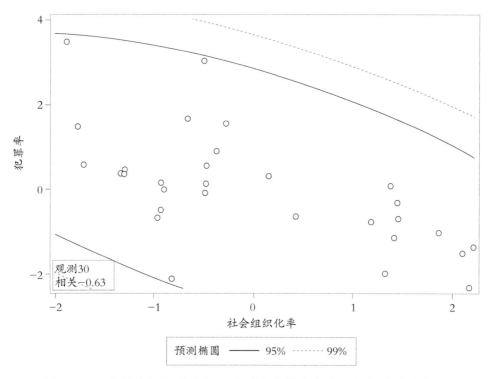

图5-1　万人社会组织化率与万人刑事案件发案率之间偏残差散点图

首先，将人均GDP作为控制变量，采用散点图的方式，探索万人社会组织化率与万人刑事案件发案率之间的偏相关关系，结果见图5-1。从图中可以看出二者可能存在一定负相关关系。进一步通过偏相关统计方法分析二者的偏相关关系，结果显示，万人社会组织化率与万人刑事案件发案率之间的偏相关系数r=-0.632，sig=0.000，df=27，表明在控制了人均GDP后，社会组织率与犯罪率之间在0.001水平上存在极其显著的负偏相关关系，即当社会组织率提高时，犯罪率在显著降低。

第三，通过构建人均GDP、社会组织化率与犯罪率之间的线性回归方程，探索三者之间的函数关系，发现经济发展水平与组织化率是犯罪率的有效预测变量。

采用"enter"方式将人均GDP与社会组织化率放入预测变量，将刑事案件发生率作为被预测变量，结果显示，R-square=0.795，adjust R-square=0.780，表明人均GDP与社会组织化率能够解释刑事案件发生率变化的78.0%。方差分析的结果见表5-2，MS=61.492，F=52.315，sig=0.000，表明该回归方程在0.001水平上极其显著。其中，社会组织率的回归系数b=0.653，t=4.238，sig=0.000；人均GDP的回归系数b=0.0002，t=10.228，sig=0.000，表明社会组织化率与人均GDP在预测刑事案件发生率上的效应，均在0.001水平上极其显著。回归方程为：

$$y=2.024-0.653x_1+0.0002x_2$$

y代表刑事案件发生率；x_1代表社会组织化率；x_2代表人均GDP。

对该回归方程的预测变量——刑事案件发生率的残差进行分析，结果见图5-2，从图上，可以看出，该变量的残差基本呈现正态分布。

表5-2　回归方程的方差分析结果

模型		平方和	自由度	均方	F值	显著性
1	回归	122.982	2	61.491	52.315	0.000[a]
	残差	31.736	27	1.175		
	总数	154.717	29			

a. 预测指标：（常数）人均GDP、万人组织化率

b. 因变量：万人刑事案件发生率

表5-3　线性回归方程的参数分析

模型		非标准化系数		标准化系数		
		回归系数	标准误差	Beta值	T值	显著性
1	常数	2.024	0.395		5.122	0.000
	万人组织化率	−0.653	0.154	−0.408	−4.238	0.000
	人均GDP	0.0002	0.000	0.985	10.228	0.000

a. 因变量：万人刑事案件发生率

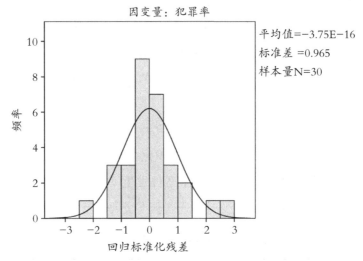

因变量：犯罪率

平均值=−3.75E−16
标准差 =0.965
样本量N=30

图5-2　回归方程被预测变量的残差直方图

　　本研究发现，甘肃、湖北、广东三省2001—2010年的人均GDP与刑事案件发生率之间存在显著的正相关关系（$r=0.811$，$sig=0.000$）。这一结论与St. Jean, Peter K. B.[1]基于多米尼加岛（拉丁美洲岛屿）1984—2004年的数据的研究发现一致。随着经济发展，犯罪率也在显著上升，即人均GDP与犯罪率的发展呈正相关关系。St. Jean和Peter K. B.认为，经济的发展之所以伴随着更多的

---

　　[1]　St. Jean, Peter K. B. "More Money More Crime? Trends in Dominica over the Past Two Decades", in *Crime, Deportation, and Caribbean Migration*[M]. edited by Anthony Harriott, and Marlyn Jones. University of the West Indies Press, 2008.

犯罪率，是由于经济因素虽然会提高一部分人群的生活水平，但同时也伴随着一部分群体的相对贫困以及收入不均的扩大，即随着经济的发展，需要更多的社会组织来抵消产生的各种社会问题，例如，收入不均、文化适应、竞争压力、精神疾病、物质成瘾等可能导致犯罪的问题。笔者对此十分赞同。经济发展是一把双刃剑，在提高大部分人的物质生活水平的同时，也带来了更多的社会问题，需要我们来解决。

一些相关的理论解释了经济发展带来的众多社会问题，特别是收入不均、压力问题与犯罪之间的关系。例如，马克思理论认为，收入不均会导致推翻现有秩序，实现社会公平的反映倾向，犯罪行为是一种表现。犯罪经济理论［economic theories of crime（Block,Heineke, 1975）］[1]认为，贫穷是犯罪的根源，而收入不均会进一步加剧这一效应。也有研究者认为收入不均会降低自尊，造成消极自我印象，最终导致犯罪（Hagen,1994）[2]。另外，相对剥夺理论（relative deprivation theories）则关注个体对自己受到不公平待遇的认识以及由此引发的愤怒、失落情绪对犯罪的影响。压力理论（general strain theory）也认为犯罪是人们应对压力的一种方式（Agnew, 1992）[3]。

在本研究中，控制了人均GDP之后，社会组织化率与刑事案件发生率之间存在显著的负偏相关关系（$r=-0.632$，$sig=0.000$，$df=27$）。这一结果，在控制了人均GDP的基础上，证明了在中国的情境下社会组织在犯罪治理方面也能够发挥重要作用。同时，也弥补了众多研究在探讨社会组织与犯罪之间关系时，没有控制经济因素的不足，更清晰地厘清了社会组织、经济因素以及犯罪三者关系。

有研究者指出，社会解组通过造成家庭破裂，集体效能降低最终导

---

① Block Michale and John Heineke. A Labor Theoretic Analysis of the Criminal Choice[J]. *American Economic Review*, 1975, 65(3): 314–325.

② Hagan, John. The New Sociology of Crime and Inequality in America[J]. *Studies on Crime and Crime Prevention*, 1994(3): 7–23.

③ Agnew, R. Foundation for a General Strain Theory of Crime and Delinquency[J]. *Criminology*, 1992(30): 47–87.

致犯罪率提升（Sampson and Groves, 1989[1]; Sampson, Raudenbush and Earls, 1997[2]）。这一理念已经被越来越多的人所接受。集体效能作为控制犯罪的关键变量，会受到社会解组的严重影响，成为连接社会解组和犯罪的纽带。社会解组过程实际上是一个社会去组织化的过程。社会组织化率的提高可以有效防止社会解组，增强集体效能。

本研究通过构建人均GDP、社会组织化率与刑事案件发生率三者的回归方程，探索了三者的函数关系，发现人均GDP与社会组织化率均为刑事案件发案率的有效预测变量，同时，二者共同解释了刑事案件发生率变化的78.0%，进一步证明了人均GDP与社会组织化率对于刑事案件发案率具有显著影响。结果表明，政府可以鼓励社会组织发展，提高社会组织化率来实现犯罪控制的绩效目标，特别是经济发展速度快，发展水平高的城市，更需要发展社会组织来抵消经济发展带来的众多社会问题对犯罪率的负效应。在犯罪治理中，政府不仅要建立综合治理体系，提高科技和信息化水平，增加人力财力投入，而且要重视社会组织在犯罪治理中的作用，通过推动社会组织发展，有效降低犯罪发生率。在犯罪治理中，政府的作用主要体现在威慑和惩处两个方面，而社会组织的作用主要体现在预防和化解两个方面，两者的作用方式和机制有很大不同，具有一定的互补性，因此，政府与社会组织在犯罪治理方面还应该加强合作。

犯罪是一种社会现象，犯罪问题是各种社会问题的综合表征，是社会冲突的极端表现形式。从犯罪产生的社会根源来看，社会不公、贫富悬殊等社会系统结构失衡以及社会公共服务不足都可能导致犯罪率上升。社会组织在犯罪治理方面具有独特的功能，这说明社会组织在消除犯罪产生的社会根源方面能够发挥重要作用。所以，政府不仅要在犯罪治理中与社会组织加强合作，而且在整个社会管理中都应该重视社会组织作用，加强与社会组织合作，以提升社会治理绩效。

---

① Sampson, R.J.,W.B. Groves. Community Structure and Crime: Testing Social Disorganization Theory[J]. *American Journal of Sociology*, 1989(94): 774–802.

② Sampson, R.J., S.W. Raudenbush, F. Earls. Neighbourhoods and Violent Crime: A Multilevel Study of Collective Efficacy[J]. *Science*, 1997(227): 916–924.

第六章

社会组织与合作治理绩效生产：
一个案例研究

农村社会治理是社会治理的重要组成部分。与城市社会治理相比，农村社会治理有其特殊性，需要进行专门研究。我国广大的农村地区存在数量众多的各种类型的社会组织，如村民理事会、农民专业技术协会和宗族组织等，它们是农村社会治理的对象，也是治理主体。在农村社会治理中，这些社会组织如何与政府进行合作治理以提升农村社会治理绩效？对这一问题进行研究，对于搞好农村社会治理具有重要意义。本章以广东省Y市自然村乡贤理事会为例，探讨自然村乡贤理事会与基层政府合作治理及其绩效生产问题。

一、背景与问题

农村社会治理是各级政府特别是基层政府、村民自治组织以及其他社会组织为促进和保持农村社会良性运行和协调发展，对农村社会系统的运行和发展进行组织、协调、监督和控制的活动。农村社会治理的内容极其广泛，包括农村公共服务、社会稳定、村民自治以及农村社区组织发展与管理等。我国的传统农村社会是一个同质性很高的社会，它发展缓慢，又相对稳定，社会风险偏低，社会治理不会遇到太多的挑战。但在改革开放以后，随着市场经济的发展，城乡二元结构的逐步消解，我国农村社会的异质性显著增强，农村社会流动速度加快，社会结构变迁日益加剧，"机械团结"向"有机团结"转型，农村社会治理遭遇诸多困境。首先，传统的农村社会治理体制已经不适应农村社会发展的需要；其次，由于农村经济发展和公共服务严重滞后，在通往城市的"通道"被打开之后，大量的农村人力资源流向城市，导致农村空心化和社区衰败。这两大困境对农村社会治理构成了严峻挑战。

（一）农村社会治理体制困境

改革开放初期，随着家庭联产责任制的推行，我国的人民公社体制迅速瓦解。为了重建农村社会治理体制，1983年，中共中央、国务院下发了《关于实行政社分开、建立乡政府的通知》，决定在原人民公社基础上设立乡镇政府，在乡镇政府以下设立村民委员会，并规定村民委员会属于群众自治组织，以此取代原来的生产大队，同时在生产队基础上建立村民小组，由此形成了乡镇、村民委员会、村民小组这一新的三级管理体制和"乡政村治"的管理格局。1988年制定并于1998年修订实施的《村民委员会组织法》对村民委员会的性质进行了明确定位，即村民委员会是建立在农村的基层群众性自治组织，不是国家基层政权组织，不是一级政府，也不是乡镇政府的派出机构。乡镇政府是国家的基层政权机关，自上而下地履行农村社会治理职能。村民委员会是群众自治组织，由村民选举产生，自下而上地对村级公共事务进行自我管理。乡镇政府为了履行政府职能，完成上级政府交给的任务，只能将任务进一步下派给村民委员会，久而久之，村民委员会就演变成了乡（镇）政府的"附属"机构，其自治性质被严重削弱。由于法律规定村民委员会属于群众自治组织，村民委员会成员必须由村民群众选举产生，这种权力的来源又决定了村民委员会具有很强的自主性和自治性。因此，实行村民自治体制以来，中国乡村治理中的突出矛盾是"乡政"与"村治"的脱节、矛盾甚至对立。[1]进入21世纪以后，这种状况有所缓解，但并没有从根本上解决问题。村民委员会的主要精力仍然用于完成乡镇下达的各项行政性事务上，无暇顾及村民自治范围内的各项公共事务和公益事业。村民委员会的行政化必然导致其功能异化，这就是现阶段我国农村社会治理体制所遭遇的困境。缓解困境的办法就是实现村民委员会的功能回归，理顺"乡政"与"村治"的关系，同时大力发展农村社会组织，实现农村社会治理的功能补位。

（二）农村公共服务供给困境

提高农村公共服务水平既是完善农村社会治理的内在要求，又是实现城乡协调发展的客观需要。长期以来，农村公共服务供给不足既制约了农民生产、生活水平的提高，又影响了整个社会的和谐发展。根据传统经济学理论，私人产品通过市场机制来提供最有效率，而公共产品由于其非竞争性和非排他

---

① 徐勇、周青年：《"组为基础，三级联动"：村民自治运行的长效机制——广东省云浮市探索的背景与价值》，《河北学刊》2011年第5期，第96—102页。

性的特点，私人部门无法通过收费弥补成本支出和实现利润最大化，因此作为社会必需品的公共产品只能由政府来提供，因为只有政府才能通过强制性税收来支付公共产品的供给成本。公共服务属于公共产品的范畴。就农村公共服务供给来说，在计划经济体制下，政府和集体经济组织是农村公共服务的单一供给主体。随着市场经济体制的确立，农村公共服务供给主体的多元化格局逐步形成，但政府作为供给主体的主导地位并未发生改变。然而，现实的情况是，在农村经济社会不断变革的背景下，政府作为单一主体提供公共服务已经不能满足农村社会发展的需要。一是政府"自上而下"的决策体制难以提高农村公共服务供给的回应性，农村居民缺乏对公共服务需求的有效表达。二是条块分割的科层组织体制造成公共服务供给过程环节过多，供给成本上升，效率降低。三是政府公共服务供给的平均化处理难以满足农村居民日益多元化的公共需求。四是政府的公共财政短缺导致政府提供的公共服务难以覆盖整个农村地区，从而出现了大量的农村公共服务盲区。在政府供给不足或无力供给的情况下，社会力量通过市场配置资源的方式提供一些准公共服务产品是一种可能的选择。但是我国农村人口众多、居住分散，居民有支付能力的公共服务需求不足，缺乏吸引社会资本的内在动力机制，导致来自农村内外的社会力量投资农村公共服务项目的成本高、期限长、回报率低，结果，不仅城市社会资本不愿流入农村，而且农村社会资本大量外流，从而影响农村公共服务的社会投入。

农村改革四十年多来，国家与社会的结构关系发生了很大变化，国家权力对农村基层社会的直接管制逐步弱化，政府的主要职能逐步转变为对农村进行宏观管理和提供公共服务，在这种情况下，村民委员会担负起了农村治理重任。但村民委员会的行政化倾向降低了其提供公共服务的能力。还有，由于各地农村经济发展水平差异很大，集体经济发达的村庄，村委会可以动用较多的公共财力提供公共服务，而在集体经济薄弱甚至"空壳"的村庄，村委会除了提供一些必要的行政管理之外，无力提供其他公共服务。在粤东、西、北的大部分农村地区，村干部的工资、村党组织和村委会的办公经费和日常支出都来自于上级政府的财政拨款。于是，我们看到，一方面，随着农村经济社会发展，农村居民对公共服务的需求日益增长，另一方面，由于体制和财力等多种因素导致农村公共服务供给不足。在这样的双重困境下，探寻农村公共服务供给的新机制就成为一种必然选择。

二、文献综述

2008年10月，广东省决定在Y市设立全省农村改革发展试验区，2011年11月，Y市又被国家农业部批准为全国农村改革试验区。在农村改革试验中，Y市在农村社会治理创新特别是培育和发展农村社会组织方面进行了有益尝试和探索，引起了社会和学术界的广泛关注。近十年来，不断有学者跟进研究Y市乡贤理事会问题。

毛国民以Y市自然村治理的试点改革、推广自然村乡贤理事会模式作为研究对象，研究发现该模式能缘人情顺人性、能契合儒家传统文化理念，且能与现代农村实际工作相结合，是对古代乡绅宗族治理经验的传承、改造与创新。该模式的产生有其必要性、可行性和有效性，也有其适用的范围。自然村是一个传统的"熟人社会"，有着久远而浓厚的传统文化底蕴，其社会治理必将不同于城市"陌生人"社区的治理。[①]张艺认为，加强社会建设、创新社会管理，就是要在新的经济社会条件下构建新型农村社会秩序，推动农村基层社会治理实现自治化、自组织化和自稳定性。Y市积极发展乡贤理事会，发挥乡贤群体的社会作用，弘扬新时期乡贤文化，运用传统文化资源创新社会管理，产生了良好的社会效果。这一探索在新农村秩序再造和农村基层治理中具有较强的实用价值。[②]

蔡禾等研究发现，乡贤理事会在动员村民参与、提供村庄公共产品、推进新农村建设上取得的成效是显著的，也由此赢得了村民的信任，成为村庄社会治理中有威望的治理主体。相对于行政村，在自然村这一社区共同体内，

---

① 毛国民：《缘人情顺人性之农村社会治理模式创新研究》，《南方农村》2014年第4期，第74—78页。

② 张艺：《乡贤文化与农村基层治理——以广东云浮乡贤理事会为例》，《广东行政学院学报》2015年第27卷第5期，第33—36页。

村民之间的信任和互惠更容易形成，族群关系等非正式制度更容易在利益关系调节中发挥作用，公共产品生产的目标选择和实施计划更容易自下而上地取得认同，因此能更有效地实现对村民的自愿性动员。自然村乡贤理事会的作用说明，"乡政村治"需要回到社区共同体。乡贤理事会之所以能在村庄社会建设中发挥如此显著的作用，是因为Y市推动的治理体制创新，即在自然村一级让渡出社会治理的权力空间，明晰了乡贤理事会在调解邻里纠纷、兴办公益事业和协助村民自治上的独立功能。社会组织如果只有自下而上的合理性认同，没有自上而下的合法性认同，是难以成为合作治理结构中真正的权力主体的，也不可能成为政府合作治理的伙伴，至多只能成为实现政府目标的"伙计"。乡贤理事会以自主开展社会建设项目为主的格局，在自然村形成了一个类似政社分开的合作治理结构。①

周兆安以Y市乡贤理事会为例，讨论并分析了其中村落社会与基层政府的互动过程和机制，试图回答在农村社会治理中如何培育农村社会组织这一问题。研究发现，农村社会组织是实现国家与社会有效衔接的基本纽带，在社会治理中发挥非常重要的作用。农村社会组织的孕育过程中，文化资源和经济资源是最为重要的影响变量。这两大资源的形成得益于基层政府对村落社会在治理"空间"上的权力让渡，其结果使原本处于衰微但基因仍存的传统文化被逐步激活乃至复兴。同时，随着基层政府不断通过制度供给和"以奖代补"等方法对孕育中的农村社会组织进行政策赋能，日益复兴的文化资源又起到了吸纳经济资源的纽带作用。因此，虽然文化资源和经济资源是影响农村社会组织孕育的基本变量，但有限让权和政策赋能却是其背后的影响机制。②

从现有研究来看，学者们探讨了乡贤理事会产生的乡村社会经济文化根源以及它在乡村基层社会发挥的作用，探讨了乡贤理事会与国家权力之间的结构性关系，探讨了乡贤理事会发展的影响因素。这些研究为本研究提供了重要

① 蔡禾、胡慧、周兆安：《乡贤理事会：村庄社会治理的新探索——来自粤西Y市D村的地方经验》，《学海》2016年第3期，第46—54页。
② 周兆安：《让权与赋能：农村社会组织孕育过程与机制——基于粤西Y市乡贤理事会建设的案例研究》，《吉首大学学报（社会科学版）》2021年第6期，第77—87页。

参考，但相关研究还需要进一步深化。本研究主要关注乡贤理事会在提升农村社会治理绩效中的作用及其内在逻辑、乡贤理事会发展的困境及其发展路径选择等方面的问题。

三、案例介绍

（一）Y市乡贤理事会发展基本情况

Y市位于广东省中西部地区，总人口290多万，是一个欠发达山区农业大市，农村人口占六成多，农村社会治理任务重、难点多。在先后被广东省和国家农业部批准为农村改革发展试验区之后，Y市在培育和发展农村社会组织方面进行了探索。2011年，Y市所属的F县成立了全市第一个乡贤理事会，正式拉开了Y市培育和发展理事会的序幕。该理事会以自然村为基础，把农村非公职人员、复退军人、杰出乡贤、退休村干部等人士，以及热心本村经济社会建设服务的其他人士吸纳到理事会，参与农村社会建设和管理。之后，F县在所属的全部乡镇的组、村、镇三级分别组建村民理事会、社区理事会和乡民理事会，探索以群众为主体的"组为基础、三级联动"的社会治理体制。在F县成立理事会后，Y市所属其他县（市、区）随后也纷纷学习F县的做法，选择了一些镇、村作为培育和发展三级理事会试点。2012年3月，Y市政府制定了《关于培育和发展三级理事会实施方案》，要求在8月底前各县（市、区）所有自然村均要成立村民理事会。9月，为了进一步规范理事会称谓，更好地体现理事会的性质和作用，Y市政府决定将原来"乡民理事会、社区理事会、村民理事会"三级理事会统一称为"乡贤理事会"，前面冠以镇（街）、村（居）委、村民小组（自然村）名称以示区分。从2014年开始，Y市重点培育和发展自然村乡贤理事会。当年，Y市政府印发了《培育和发展自然村乡贤理事会指导意见》，2018年，Y市民政局发布了《关于明确当前自然村乡贤理事协会建设任务的通知》，并建立了定期对乡贤理事会运作情况进行通报的制度。据调查统计，截至目前，全市自然村乡贤理事会覆盖率达到90%以上。

Y市政府颁布的《关于印发培育和发展自然村乡贤理事会指导意见的通知》将自然村乡贤理事会界定为"自然村乡贤理事会是以参与农村公共服务，开展互帮互助服务为宗旨的公益性、服务性、互助性的农村基层社会组织，以自然村为主要活动区域"。乡贤理事会是村民委员会的补充，其主要职责是"协助调解邻里纠纷、协助兴办公益事业，协助村民自治"。根据笔者在调研中收集到的Y市某自然村乡贤理事会章程表述，乡贤理事会是创新"共谋、共建、共管、共享"社会治理方式的重要平台，是政府与群众互动式社会治理网络，属于非营利性群团组织，其主要职责是表达民意、参与议政、监督政务、调处矛盾、兴办公益。乡贤理事会理事由本辖区非公职人员、复退军人、杰出乡贤、退休干部、经济能人、村民代表组成，其经费由理事会自筹解决。

（二）Y市乡贤理事会的主要特点

第一，乡贤理事会是一种自上而下的制度安排。乡贤理事会虽然是农村基层社会组织，组织的管理者和参与者都是农村基层群众，管理和服务对象也是农村公共事务和群众自身，但这一组织的成立却是由政府主导的，而不是农民自发成立的。为了培育和发展乡贤理事会，Y市专门成立培育和发展乡贤理事会工作领导小组。各镇街党委（党工委）、政府（办事处）作为培育和发展乡贤理事会的直接责任单位，负责具体组建和指导工作。为稳步推进培育和发展乡贤理事会，Y市采取了渐进式推进策略，先在F县试点培育和发展乡贤理事会，在取得成功经验的基础上，再在全县各个镇进行推广，之后Y市政府制定正式文件，对实施乡贤理事会进行全面推广和实施，各县（市、区）按照市委、市政府的统一部署，首先安排一小部分镇、村开展试点，然后由点到面，逐步全面推行，最终在全市各个镇、村和自然村全面成立乡贤理事会。应该说，个别地方的村民理事会的出现具有一定的群众自发性质，但这种自发性生成模式很快就被行政力量所复制并推广，最终演变成一种政府主导的制度变迁。

第二，乡贤理事会具有统一模式。由于F县最先试点成立乡贤理事会，Y市在总结F县的做法以后，要求各县（市、区）都要参照F县的模式培育和发展乡贤理事会。同时，各地在组建理事会时，均在政府指导下按要求建章立制，规范运作。乡贤理事会在政府的指导下统一章程格式，制定各项章程制度，以章程形式明确理事人数、产生办法、成员构成、工作职责、运作机制等，以制度保障其合法性、公益性和互助性得以真正体现。各地乡贤理事会均按照章程制度要求，依法选出理事，按章开展日常运作。在有条件的地方以创新编写村歌、撰写村史、设功德榜等形式，把乡贤理事公德载入史册。当然，有个别地方在某些环节有创新做法，如在自然村乡贤理事会理事长人选方面，有些村并没有按常规由村小组长或自然村村长担任理事长，而是由一些知名的乡贤担任，或者由属于本自然村的村干部担任。有些地方自然村比较小、条件比较差，但村情比较接近，因此两条或几条自然村合并组建乡贤理事会。

第三，乡贤理事会实行"组为基础，三级联动"的治理机制。Y市在设计乡贤理事会时，要求所属县（市、区）组建三级理事会，即在镇（街）组建乡民理事会，在行政村（即村委会）组建社区理事会，在自然村也就是村民小组组建村民理事会，其中，村民小组组建的理事会是整个三级理事会架构的基础，由此形成"组为基础，三级联动"治理机制。三级理事会分别对应镇街政府、村委会和村民小组，但镇街公职人员、村干部并不在理事会任职，这种制度设计保证了三级理事会的相对独立性，或者说，保证了理事会不会变成镇街政府和村委会的下属办事机构。在换届以及任期上，三级理事会与镇街、行政村、自然村保持同步，有利于两套治理体系的互动和衔接，有利于实现政府行政管理与基层群众自治互动和衔接。三级理事会的组建构建起政府以自上而下的服务形式，强化社会治理，群众以自下而上的理事形式参与社会治理的互动式社会治理网络。

（三）Y市自然村乡贤理事会开展的工作[①]

第一，通过筹集善款参与农村公共服务供给。有的乡贤理事会发动村民捐款，建设文化楼、村内道路等公共服务设施。有的乡贤理事会通过"慈善助

---

① 根据Y市农村综合改革调研组提供的部分资料整理。

学"募捐文艺晚会等形式捐款助学。有的乡贤理事会利用每年春节的大年初三开展公益捐款活动，设立基金，为60岁以上老人发放津贴，慰问贫困户，奖励考上大学的学生和家庭，购置方便老人、儿童出村就医的专用车。有的乡贤理事会根据本村治安较差、小偷小摸现象时有发生的情况，出资协助村"两委"构建社会治安联防体系，组建了村级治安巡防队，聘请本村村民轮流巡逻防控，建立平安互助电话报警系统。

第二，通过申报政府项目参与农村公益事业建设。为促进乡贤理事会发挥作用，从2012年开始，Y市共设立了农村基础设施、农村环境建设、农村公共服务、农村社会治理等4类共18个竞争性"以奖代补"项目，项目投资总额近8000万元。同时，组织设立了村级公益事业建设"一事一议"财政奖补项目约800个，以调动乡贤理事会参与农村社会治理的积极性。据Y市提供的数据，乡贤理事会共协助自然村以座谈会形式研究申报"以奖代补""一事一议"奖补项目5365场次；入户发动村民申报"以奖代补""一事一议"财政奖补项目61117户次；协助村民小组申报"以奖代补""一事一议"财政奖补项目1973个；理事带头捐资"以奖代补""一事一议"财政奖补项目建设9661.82万元。

第三，参与农村公共文化服务。乡贤理事会牵头组织编写了村歌、村史、村民荣誉榜、好人好事汇编等，推动组织了"六祖诞""抢大炮""舞火篝""走大王"等民间风俗节庆文化活动，让群众在参与中增进感情，建立和睦、融洽的邻里关系。推进"反哺工程"，担当"智囊团""规划师""治安队""慈善家"。乡贤理事会通过倡议和组织文体娱乐类、公益类、服务类、慈善类社会活动，弘扬诚信文化、和谐文化和乡土文化，并努力把优秀传统文化融入到村规民约中，使自强自律、互助互信、共建共享等传统优秀文化成为新型农村群众的普遍理念。乡贤理事会还协同自然村建立健全村规民约，并依据村规民约调解农村矛盾纠纷、促进社会和谐，目前，Y市农村已经实现村规民约全覆盖。

四、案例分析

（一）乡贤理事会与合作治理绩效生产

第一，乡贤理事会完善了农村社会治理体制。改革开放以来，我国逐步建立了"乡政""村治"的农村社会治理格局，但在压力型行政体制下，作为基层政府的"乡政"承担了所有上级政府部门交办的任务，正所谓"上面千条线，下面一根针"。为了完成上级任务，乡镇政府只好把任务进一步分解到村委会，让村委会协助政府履行行政管理职能。"乡政"对"村治"的吸纳和吞噬使村委会自身的群众自治功能被严重削弱。在村委会功能不能回归的情况下，乡贤理事会在一定程度上能够替代村委会的部分功能，填补村委会自治功能异化所导致的治理真空，满足群众自我管理、自我服务的自治需求。这是乡贤理事会对村委会的"功能替代"。在村委会正常发挥功能的情况下，村委会的自治功能主要体现在民主选举方面，民主决策、民主管理和民主监督功能相对弱化。选举性民主的局限性很大，农民参与选举的积极性不高，选举容易被家族势力所操控，因此，基层民主需要从选举性民主向参与式民主深化。①乡贤理事会特别是自然村乡贤理事会根植于农村基层社会，为村民参与基层公共事务管理，为实现民主决策、民主管理和民主监督提供了新的机制和平台。这是乡贤理事会对村委会的"功能弥补"。乡贤理事会完善了农村多元共治的社会治理格局，实现了政府行政管理与村民自治的有效衔接与良性互动，使农村社会治理进入了合作治理时代。

第二，乡贤理事会完善了农村公共服务供给机制。在传统体制下，政府和集体经济组织是农村公共服务的供给主体。随着农村经济体制和社会治理体制的不断变革，农村公共服务供给主体的单一化格局已经不能适应农村经济社会发展的需要，在强调政府在农村公共服务供给中的主导地位的同时，积极推进农村公共服务社会化，对于农村经济社会发展和农村社会治理创新具有重要

---

① 徐勇、周青年：《"组为基础，三级联动"：村民自治运行的长效机制——广东省云浮市探索的背景与价值》，《河北学刊》2011年第5期，第96—102页。

意义。农村社会组织应该成为农村公共服务供给的重要社会主体。乡贤理事会在提供公共服务方面展现了自身的优势和特长。它来源于乡土，容易赢得村民的好感和信任，因此能够有效整合社区社会资本和人力资源；它了解村民的公共需求和个人偏好，从而能够有针对性地提供村民最需要的服务产品；它组织运作相对简单，能够最大限度地降低提供公共服务的交易成本；它决策灵活、信息通畅，对公共服务的需求变化有很强的回应性。可以说，在市场和政府为农村提供公共服务不足的情况下，乡贤理事会就成为农村公共服务供给的"民间力量"或"体制外力量"。乡贤理事会在公共服务供给方面具有的这些优势和特长，使得它与政府、村委会和农村其他社会组织合作供给公共服务成为可能。

第三，乡贤理事会促进了城乡融合发展。城乡融合发展是和谐社会的重要标志。城乡融合发展的过程，实际上就是在农村经济发展的基础上公共服务逐步覆盖农村进而实现城乡公共服务均衡化发展的过程。在这一过程中，政府主导下的资源调节和分配对提高农村公共服务水平具有决定作用，但也要看到，农村社会组织在促进城市资源向农村转移过程中也能够发挥一定的作用。农村社会组织是一种来自民间的草根性制度安排，这决定了它在获取民间资源方面具有一定的优势。它不仅能够整合获取农村社会资源，还可以接受和吸纳城市社会资源以及政府掌握的公共资源。乡贤理事会中的"乡贤"除了村里的本土精英之外，还包括从村里外出经商、打工、求学和从事其他工作的外出精英，他们与留守村民存在血缘或亲缘关系，关心村里的发展和建设。乡贤理事会给村里外出精英提供了一个发挥作用的组织平台，使他们能够把在城市里获得的经济、文化、信息等资源和社会资本带回家乡，服务于家乡建设。由于Y市距离珠三角较近，外出人员数量庞大，通过乡贤理事会组织获取的城市资源比较丰富，这就在客观上形成了一种以城带乡、促进城乡融合发展的民间机制。

（二）乡贤理事会：合作治理绩效生产的逻辑

1. 制度变迁的逻辑

制度变迁理论把制度变迁区分为诱致性制度变迁（也称需求主导型制度

变迁）和强制性制度变迁（也称供给主导型制度变迁）两个基本类型。诱致性制度变迁是指制度的创新是由一群（个）人，在响应由制度不均衡引致的获得机会时，所自发倡导、组织和实行的制度变迁。它是一种来自基层的自下而上的制度创新过程。强制性制度变迁是指通过行政权力和立法手段等外在强制力推行制度、变革制度的一种制度变迁方式。它是一种由政府推动的自上而下的制度创新过程。如果我们把乡贤理事会的产生和发展看做一个制度变迁现象，就会发现，Y市乡贤理事会的产生和发展主要属于强制性制度变迁。从Y市社会工作委员会提供的材料来看，Y市之所以要在农村培育和发展乡贤理事会，并按统一模式在全市农村进行推广，主要是考虑Y市农村社会治理遇到以下一些难题：一是农村人才、资金等外流，农村普遍出现"真空"。如何破解这一难题，已成为农村社会治理的重大课题。二是村民自治出现"脱节"，村民委员会"行政化"，承担大量的行政事务，村民自治没办法着力；村民小组过于单薄和分散，没办法合力，而处于村民委员会和村民小组之间的自然村，是农村"熟人社会"主要集聚地，是村民自治最有集聚力的群体。同时，农村助产兴学、忠孝仁义等传统文化观在农村生活中仍然影响着群众生产生活，大批乡村精英尤其是外出精英怀有叶落归根、反哺家乡的强烈愿望，成为建设和管理农村的一支不可忽视的力量。这说明，一方面，面对农村社会治理出现的难题，Y市农村社会治理的制度供给出现了非均衡和供给短缺的问题，另一方面，农村社会又存在对制度供给的迫切需求以及制度创新的条件。这种强制性制度变迁降低了制度创新成本，满足了农村社会发展需求。在推行制度创新过程中，Y市虽然也付出了一定的边际费用，但这些费用将远远低于制度创新所带来的边际收益。正如林毅夫所说："因为制度安排是一种公共物品，而'搭便车'问题又是创新过程所固有的问题，所以，如果诱致性创新是新制度安排的唯一来源的话，那么一个社会中制度安排的供给将少于社会最优。国家干预可以补救持续的制度供给不足。"[①]

---

① ［美］R.科斯、［美］A.阿尔默、［美］D.诺斯等：《财产权利与制度变迁——产权学派与新制度学派译文集》，上海三联书店、上海人民出版社1994年版。

事实上，在Y市农村也存在许多由农民自发组织起来的公益组织，有的称为"公益事业协会"，有的称为"公益事业基金会"。它们一般是由自然村的村民（包括村里的老党员、退休教师、退伍军人和在外打工经商的村民等）组织成立的。它们以血缘、亲缘、地缘关系为社会资本和支持网络，深深扎根于乡土社会，参与村落社区管理，为村民提供公共服务，显示出旺盛的生命力。这些组织具有鲜明的自愿性、民间性和草根性，是一种自下而上的制度安排，是诱致性制度变迁的结果。在Y市委、市政府培育和发展乡贤理事会过程中，这些草根组织与自上而下的制度安排实现对接，转身成为乡贤理事会。从这个意义上说，正是农民的合作意愿和需求推动了制度变迁。

2. 农民合作的逻辑①

有学者认为，农民是不善组织和不愿组织的群体。②原子化的个人很难形成集体的力量。许多理论研究和事实似乎也证明了农民合作和集体行动的困难性，但是我们还是从Y市乡贤理事会的发展及其参与社会治理的案例发现，农民是可以组织起来进行自我管理和服务的，但由于受到各种条件的制约，农民组织起来会遇到很多困难，如果有政府的引导和支持，农民组织就能够得到发展。农村社会治理和公共服务需要农民组织起来，而农民也有意愿、有能力组织起来。那么，乡贤理事会的背后蕴藏着农民合作的逻辑是什么？也就是说，为什么农民能够通过成立和发展乡贤理事会进行合作？

第一，村落社区的社会资本是农民合作的社会基础。帕特南认为："社会资本指的是社会组织的特征，例如信任、规范和网络，它们能够通过推动协调的行动来提高社会的效率。"③在帕特南看来，在一个继承了大量社会资本的共同体内，自愿的合作更容易出现，这些社会资本包含的主要内容就是社会信任、互惠规范以及公民参与网络。村落社区是一个社会共同体，存在大量的

---

① 史传林：《村落社区组织提供公共服务的机制与内在逻辑——以粤西北W村为例》，《社会科学家》2008年第8期，第115—117页。

② 曹锦清：《小农的出路》，《新西部》2001年第12期，第31页。

③ ［美］罗伯特·D.帕特南：《繁荣的社群——社会资本与公共生活》，载李惠斌、杨雪冬：《社会资本与社会发展》，社会科学文献出版社2000年版。

社会资本，这种社会资本主要是指村民在长期的共同生活中相互交往所形成的社会关系网络、社会组织以及体现于其中的规范、信任、同情、宽容、团结等价值观。村民长期生活在村庄共同体中，形成了"社会关联"①。当这种社会关联达到一定程度，就会产生合作和结社的冲动，成立组织就成为一种必然选择。村落社区内村民自发成立的各种社会组织都是社会资本的重要载体，它们不以营利为目的，通过开展公益活动、提供公共服务赢得村民的信任和支持，从而进一步增加了社会资本存量。乡贤理事会的成立正是基于信任、互助、团结的共同价值观，把分散的村民个体纳入组织网络，有效筹集和整合了村庄社会资本，进而为村民创造了大量社会福利。

第二，村落社区存在农民合作的有效激励机制。村落社区是村民稳定地生产与生活的自然区域单位，声誉对村民的生活有极为重要的影响。村民为了自己的声誉可能会相互攀比，从而"被迫"争相参加公益活动并积极捐款。参加活动和捐款多的人会受到大家的尊重，参加活动和捐款少或者不捐款的人会受到冷落或被人瞧不起。由此可见，声誉是一种保证村落社区公共物品有效供给的隐性机制。声誉不是一种正式的制度安排，它主要是通过行为人预期声誉对现在和未来收益的总体影响而选择自己的最优行动策略，这就是所谓的声誉激励机制。声誉激励机制会促进人与人之间的合作，有效减少公共物品供给中的"搭便车"行为。正如奥尔森所说，为了获得声望、尊敬、友谊以及其他的社会和心理目的，人们有时会进行捐赠。②贝克尔也认为慈善捐赠明显会受到人们渴望避免被他人瞧不起或接受社会认可而实施。③从乡贤理事会来看，组织开展工作所需要的经费除了通过申报政府设立的竞争性"以奖代补"项目和村级公益事业建设一事一议财政奖补项目获取之外，还有一种重要的经费来源方式：村民的捐款。在一些自然村乡贤理事会，外出经商和打工的村民成为

---

① 贺雪峰：《新乡土中国》，广西师范大学出版社2003年版，第4—7页。

② Olson, Mancur. *The Logic of Collective Action*[M]. Harvard:Harvard University Press, 1965.

③ Becker, Gary S. A Theory of Social Interactions[J]. *Journal of Political Economy*, 1974, （82）.

捐款的主力，在他们的影响和带动下，留守村民逐渐加入捐款行列。为保证捐款效果，理事会把捐款时间集中在每年的春节（只有这个时间全村村民才能聚齐），并举行隆重仪式，张榜公布捐款名单。这种运作方式客观上形成了一种隐性激励机制。同时，一些乡贤理事会以编写村歌、撰写村史、设功德榜和荣誉榜、编写好人好事等形式，对热心公益的乡贤进行激励。一些乡贤理事会通过电视台、电台等媒体在重大节日期间连续多天对乡贤事迹进行宣传报道，推行公益事业捐建"命名制"，建立荣誉激励机制。

第三，社会流动是村民合作的重要影响因素。社会流动是社会成员或社会群体所处的阶层、地位和所从事的职业的转变过程。在工业化和城市化的过程中，大量农民从农村流入城市，从事非农产业，这是一种典型的社会流动现象。正是在这种社会流动中，农民实现了现代性成长。英格尔斯认为影响农民现代性的因素主要有城市化、社会流动和城市体验等。[1]美国著名社会学家沃斯也认为："城市改造着人性，城市生活所特有的劳动分工和细密的职业划分，同时带来了全新的思想方法和全新的习俗姿态，这些新变化在不到几代人的时间内就使人们产生了巨大的改变。"[2]大量研究表明，社会流动可以促进农民增加对社会变迁的适应性和谋生的能力，可以扩大农民的生活空间，建立超越地缘和血缘限制的各种新型关系。[3]从地理位置来看，由于地处粤西北的Y市距离珠三角较近，所以许多村民选择了外出经商或打工。城市生活不仅改变了他们的思想观念和生活方式，扩展了他们的社会支持网络，同时也提升了他们筹集社会资本的能力。正是在这样的背景下，长期在外经商和打工的村民在感受到城市的发达和家乡的落后之后，他们愿意参加乡贤理事会，以在城市积累的社会资本和财力，为家乡建设贡献自己的一份力量。乡贤理事会也

---

① ［美］阿列克斯·英格尔斯、［美］戴维·H·史密斯：《从传统人到现代人——六个发展中国家中的个人变化》，顾昕译，中国人民大学出版社1992年版。

② ［美］R·E·帕克等：《城市社会学——芝加哥学派城市研究文集》，宋俊岭等译，华夏出版社1987年版。

③ 周晓红：《流动与城市体验对中国农民现代性的影响——北京"浙江村"与温州一个农村社区的考察》，《社会学研究》1998年第5期，第58—71页。

在城乡之间架起了一座桥梁，通过这座桥梁，城市现代性促进了农村现代性的成长。

第四，村庄精英整合是村民合作的重要条件。帕累托的精英理论将精英定义为社会中那些具有特殊才能、在某一方面或某一活动领域具有杰出能力的社会成员，他们往往是在权力、声望和财富等方面占有较大优势的个体或群体。[①]在传统中国社会，"皇权止于县政"，乡村基层社会治理主要依靠族长、乡绅等地方精英的权威以制度化方式来实施。改革开放以来，随着国家权力的下沉，我国农村建立了"乡政村治"的社会治理格局，为村庄精英参与公共事务治理创造了适宜的社会空间。村庄精英具有较强的个人能力和良好的经济实力以及社会地位，拥有更多的经济、权力资源和社会资本，因而能够成为民间权威。村庄精英在村庄范围内具有广泛的知名度和影响力，容易得到村民的信任和支持，对普通村民具有一定的号召力。乡贤理事会中的乡贤就是村庄精英，他们是村里的老干部、老党员、老教师，是村里的有钱人和见过世面的人。他们组织起来，通过动员和整合社会资源，参与村庄社会治理和公共服务，具有很强的示范效应。精英整合促进社区整合，使村民合作成为可能。

五、结论与讨论

（一）乡贤理事会发展的困境

培育和发展乡贤理事会是Y市社会治理创新的重要举措。在行政力量的推动下，乡贤理事会得到了快速发展，并在乡村社会治理中发挥了重要作用。但我们在调查中也发现，乡贤理事会发展也面临诸多困境。

第一，乡贤理事会功能发挥不平衡。根据前文论述，在村（居）民小组（或自然村）组建村（居）民理事会，行政村（社区）组建社区理事会，镇级组建乡民理事会，建立以群众为主体的"组为基础、三级联动"的社会治理模

---

① ［意］维尔弗雷多·帕累托：《精英的兴衰》，刘成北译，上海人民出版社2003年版。

式，从而构建起政府以自上而下的服务形式强化社会治理，群众以自下而上的理事形式参与社会治理的互动式社会治理网络，实现政府行政管理与基层群众自治有效衔接与良性互动。由此构成了三级理事会的框架结构。但调查发现，三级理事会中的各级理事会的功能发挥得很不平衡。设立在镇（街）层面的乡民理事会与设立在自然村的村民理事会的功能发挥得比较正常，而设立在行政村层面的社区理事会则没有发挥应有的功能。这是因为，乡民理事会涵盖的范围较大，乡贤数量也就相对较多，参加乡贤理事会的影响也会更大。村民理事会虽然只是涵盖自然村，但自然村的村民存在血缘关系或亲缘关系，乡贤们对自己成长的村庄更有感情，更有心理认同和文化认同。因此，乡贤们参与乡民理事会和村民理事会的积极性相对较高，这两级理事会的功能发挥得较好。而处于"中间层次"的社区理事会由于缺乏影响力和认同感，其发展受到限制。同时，调查还发现，乡贤理事会的功能发挥不仅受理事会层次的影响，而且受理事会所在地经济发展水平的影响。在经济比较发达的镇（街），或者在镇（街）范围内经济比较发达的行政村或自然村，其理事会功能发挥比较好。事实上，由于Y市属于经济欠发达地区，经济比较发达的镇（街）、行政村和自然村比较少，所以，乡贤理事会的功能发挥总体上受到限制。

第二，乡贤理事会发展遭遇民间阻力。乡贤理事会是一场自上而下的制度安排，同时也是在现有农村治理体系基础上的一种新的机制创新。这种增量变革必然会在一定程度上冲击原有的治理秩序，传统的权威及其权力会受到一定程度的挑战。调查发现，一部分镇、村干部对培育和发展乡贤理事会存在抵触情绪，认为现在的村委会和村干部能够胜任村里各项工作，不需要再成立乡贤理事会。有的还认为这是政府的形象工程、政绩工程，既花钱又费力，是劳民伤财的作为。镇、村干部对发展乡贤理事会的认识不到位，或者存在认识偏差，担心既有的权力和利益格局受到冲击，使乡贤理事会发展遇到阻力。这说明，由于各种原因，一些镇、村干部不愿意成立乡贤理事会，但与此同时，Y市政府在实施方案中又要求在规定的时间内，在全市所有镇、村实现乡贤理事会全覆盖。面对上级的硬性任务要求，一些地方采取了拖延和应付的策略。事实上，乡贤理事会的发展不仅遭遇了一些干部的主观上的抵触，而且在客观上，一些经济条件比较差的自然村确实也不具备成立乡贤理事会的条件，强制性成立起来的乡贤理事会也基本上处于停摆状态。据调查，截至目前，Y市各县（市、区）的自然村乡贤理事会基本上已成立，大部分都挂了牌子，相关制度也作了公示，但有部分乡贤理事会还不能够正常运作。如Y市某行政村共有13个自然村，全村总人口800多人，由于大量村民外出打工，在村人口只有300多人，平均每个自然村在村人口只有23人左右。按上级文件要求，13个自然村均已成立了乡贤理事会。显然，这些自然村并不具备成立乡贤理事会的条件。

第三，乡贤理事会内部治理不规范。根据理事会章程，乡贤理事会理事由推荐和选举相结合的方式而产生。在实践中，有的地方为了简化程序，未经群众推选，理事直接由村"两委"推荐任命。有些自然村理事会碍于情面，理事人数大大超过规定人数。在理事选举环节也存在不规范的问题。由于理事选举随意性比较大，往往出现外出乡贤占比过高，村民代表、在村经济能人或热心人士占比较低的结构问题。外出乡贤一般事务比较繁忙，而且因地域空间问题，难以经常回乡参加开会议事。外出乡贤占比过大，容易导致理事会运作不通畅，影响理事会功能发挥。在运行机制方面，理事会运作尽管有章程作为依据，但还缺乏具体的工作程序、工作职责和管理制度。理事会与村委会的关系、理事会与基层党组织的关系也缺乏明确的界定。在运作经费方面，还缺乏一套可持续发展的机制，理事会的成立和初期运作都依靠乡贤和群众捐资，但长远来看，乡贤和群众的捐资热情会逐渐下降，如果村集体经济不发达，没有专门的经费，理事会日常运作将难以为继。在激励机制方面，由于经费得不到保证，有些奖励性制度得不到兑现，致使本来热心的理事产生一定的消极心态。精神激励一般只对一些经济实力雄厚的乡贤起作用，对于普通的理事作用并不大，而理事开展工作均为义务性的，要求这些理事长期履职、不计报酬是不现实的。

（二）合作治理：乡贤理事会的发展路径

从Y市乡贤理事会产生过程和发挥作用的情况来看，行政主导对乡贤理事会的快速发展起到了决定性作用。这种行政主导的发展路径主要表现：一是乡贤理事会的产生由行政主导。由于Y市所属的F县是广东省农村综合改革示范县，需要在农村社会治理方面进行创新，于是，当地政府就从本地实际出发，在有条件的部分自然村培育和发展乡贤理事会，经过一年的探索和实验后取得了不错的效果，之后，Y市政府在F县召开现场会，向全市推广"F县模式"，由此，乡贤理事会在全市农村普遍建立和发展起来。由县到市、由点到面，行政主导了整个"创新扩散"过程。二是乡贤理事会的制度安排由行政主导。Y市政府在全市推广"F县模式"时，把理事会升级为三级理事会，即在镇（街）建立乡民理事会，在行政村建立社区理事会，在自然村建立乡贤理事会。为规范理事会运作，市委、市政府还统一制定了三级理事会章程，对理事会的性质、组织结构、职能、理事人选举及产生、内部管理等进行了详细规定，制作了统一模板。由此大大降低了理事会的制度成本。三是乡贤理事会项目运作由行政主导。为推动和激励理事会开展工作，市委、市政府专门设计了项目，并配套了项目经费，由理事会申报，政府进行竞争性审批，以此解决理事会成立初期经费短缺、活动开展不力的问题。市委、市政府还设立专门奖项，对理事会的优秀理事进行统一表彰。

正是由于行政力量的推动，乡贤理事会才会在短短两年之内迅速"扩散"到全市所有镇（街）、行政村和自然村。这种自上而下的行政推动可以大幅降低制度创新的边际成本，因为乡贤理事会的架构、制度、运作具有统一模式，推广只需要简单复制就可以了。但是，也要看到，这种政府主导模式也带来了诸多问题。乡贤理事会发展中所遭遇的困境大多与行政主导分不开。从总体上看，乡贤理事会的建立和发展适应了农村社会治理的需要，但由于Y市各地农村经济社会发展水平存在较大差异，对政府提供的乡贤理事会制度供给需求不同，导致各地乡贤理事会发展不平衡，有些地方的乡贤理事会名存实亡，呈"僵尸状态"。从纵向来看，当初政府设计的三级理事会架构，运行得相对较好的是自然村理事会，原因在于乡贤们对于拥有血缘或亲缘关系的自然村最有认同感。在组织运作方面，政府为乡贤理事会设计项目并提供经费，固然能够激活和调动乡贤理事会参与农村社会治理和服务的积极性，但这种做法并不符合乡贤理事会成立的初衷，并且从长远来看，也很难持续。长期依靠政府资助，乡贤理事会将失去民间性和独立性，最终可能沦为政府的附属机构，难以承担"表达民意、参与议政、监督政务、调处矛盾、兴办公益"的职责。

乡贤理事会发展的另一种路径为由社会主导的发展路径。所谓社会主导是指村民根据本村实际，自发和自愿组织成立乡贤理事会，理事会成员由村民推荐或选举产生，由村民自我管理、服务和监督，所需经费主要依靠村民和乡贤捐助，管理和服务项目由理事会开发设计。事实上，在Y市农村就有这种类型的理事会，如Y市C区某自然村公益事业协会。该协会于2005年9月由热心于村里公益事业的村民、外出经商和打工人士、退休教师等乡贤发起成立，主要任务是接受村民捐款，再用这些捐款发展村里的公益事业。协会的财务管理十分完善，设有专门的账簿，开支由会长、会计、财务三人共同管理，由理事会、监事会监督审核，并定期向村民张榜公布。协会成立后给村民提供的公共产品和服务主要有开展村巷道路建设并架设路灯，在村道两旁种植树木，修建村内部分地下排污管道，成立并资助村治安联防队，奖励考上重点中学以上的优秀学生和入伍青年，为每年参加新型农村合作医疗保险的村民发放补贴，建设村文化娱乐中心，在村头建设牌坊。[①]这种自下而上的农民自己成立的理事会具有很强的民间性、自发性、自愿性和草根性，它深深扎根于乡土社会，受到村民的认同，满足了村民的需求。由政府主导转向社会主导，可以使理事会摆脱政府的控制，改变结构功能单一、分布不合理的弊端，保持其独立性和民间性，成为真正的"民间组织"，从而满足农村社会的多元化需求，关怀、解决农村社会问题。

乡贤理事会发展的第三种路径为合作治理发展路径，也可以称为共建共治共享发展路径。相对于行政主导的发展路径来说，社会主导的发展路径具有更强的合理性和社会合法性，但这种路径也会遇到一些问题。由于乡贤理事会的主要职能是为村里提供公共产品和服务，具有非营利性，在市场机制失灵和政府缺位的情况下，乡贤理事会作为一种公共物品供给机制，也会遇到集体行

---

① 史传林：《村落社区组织提供公共服务的机制与内在逻辑——以粤西北W村为例》，《社会科学家》2008年第8期，第115—117页。

动困难、资源供给短缺、"搭便车"和供给效率低等问题。如果把行政主导的发展路径存在的弊端称为"政府失灵",那么社会主导的发展路径存在的问题则属于"志愿失灵"。根据"志愿失灵"理论,社会组织往往存在资源短缺和不可持续性、人才缺乏、管理能力较低等问题,社会组织存在的问题正好是政府的优势,而政府存在的问题正好是社会组织的优势。两者之间应该是相互依赖和优势互补的,所以社会组织与政府合作才是最优选择。在当前我国农村地区特别是欠发达农村地区,经济社会发展水平较低,社会主导的社会组织发展还缺乏社会基础,政府通过行政力量培育和扶持一批社会组织是十分必要的,这些社会组织发展壮大以后,政府应该支持其自主治理和发展,同时,一些社会主导的合法成立的社会组织也应该主动寻求与政府的合作,以形成共建共治共享的农村社会合作治理格局。

第七章

政府与社会组织合作治理
绩效的内涵、结构与评价

在被竞争机制支配的现代社会，任何组织都难以凭借自身的资源和能力来维持其可持续竞争力，因此，通过组织间合作实现资源和能力的优势互补，是建立和维持组织竞争优势的重要途径。20世纪80年代以来，在组织间合作实践的推动下，组织间合作绩效逐渐成为中西方学术界研究的热点话题。从已有研究来看，学者们对经济领域的组织间合作绩效研究比较充分，对政治和社会领域的组织间合作绩效的研究明显不足。在推进国家治理体系和治理能力现代化的背景下，政府与社会组织合作绩效问题应该得到理论界的关注。本章主要对政府与社会组织合作绩效的内涵、生成机理、结构维度和绩效评价进行研究。为表述方便，本研究把政府与社会组织合作治理绩效简称为"政社合作绩效"。

一、政社合作绩效的内涵与生成机理

（一）政社合作绩效的内涵[1]

组织间合作是现代社会普遍存在的现象。组织间合作不仅包括成员组织的单方行为，而且包括合作双方或多方的共同行为，由此造成合作过程的复杂化，合作方不仅需要对合作事务或者项目进行投入，而且需要对合作过程进行管理，以保证合作目标的实现。与此同时，受不同的合作动机和目的的支配，合作双方或多方既要追求各自组织目标的实现，又要追求共同目标的实现。在许多情况下，组织间合作可能不存在共同目标，比如部分经济组织之间的合作就是为实现各自的目标而进行的联结各自资源的活动。

政府与社会组织之间的合作是一种特殊的组织间合作，它是政府与社会组织为实现某种目标或者完成某项任务而彼此相互配合的行动。政府不仅是合作的参与者，而且也是合作政策的制定者、执行者以及合作过程的监管者，政府的特殊角色决定了它与社会组织的合作充满着复杂性和不确定性，增加了合

---

① 史传林：《政府与社会组织合作治理的绩效评价探讨》，《中国行政管理》2015年第5期，第33—37页。

作运行的难度。但是也要看到，政府与社会组织在法律地位上是平等的，更重要的是，两者在性质上都具有非营利性和公益性，虽然它们在合作中需要追求各自的组织目标——这是由它们之间的职能差异所决定的，但是，它们还需要实现共同的目标——这是因为它们之间的合作所从事的是社会公共事务的管理和公共服务的供给。萨拉蒙认为："非营利组织在许多方面与公共机构有着共同的目标。"①公共组织间合作提供公共物品，其共同目标就是实现公共利益的最大化。现阶段中国政府与社会组织在社会管理和公共服务领域合作的具体事项见表7–1。

表7–1　中国政府与社会组织合作的具体事项

领域	事项
社会事务管理服务	社区事务、养老助残、社会救助、法律援助、社工服务、社会福利、慈善救济、公益服务、人民调解、社区矫正、安置帮教、宣传培训
基本公共服务	教育、卫生、文化、体育、公共交通、住房保障、社会保障、公共就业
行业管理与协调	行业资格认定和准入审核、处理行业投诉
技术服务	科研、行业规划、行业调查、行业统计分析、社会审计与资产评估、检验、检疫、检测

注：本表由作者根据政府有关文件整理制作。

组织间合作绩效总体上属于组织绩效的范畴，但与组织绩效有很大不同。在工商管理研究中，组织间合作绩效是十分重要的研究主题。学者们大多认为组织间合作绩效就是组织间合作所取得的成效，是合作行为所追求的目标的实现程度。Mcgee等人将组织间合作绩效划分为绝对绩效和相对绩效两个维度。相对绩效包括利润度、目标达成度和利润增长率等，绝对绩效包括获利能

---

① ［美］莱斯特·M.萨拉蒙：《公共服务中的伙伴——现代福利国家中政府与非营利组织的关系》，田凯译，商务印书馆2008年版。

力、客户满意度、物流成本以及关系持续性等。[①]Ganesan等人将合作绩效划分为短期绩效和长期绩效。短期绩效是通过市场效率获取的利润，长期绩效则是指良好的伙伴关系。[②]中国学者潘文安和张红认为，合作绩效是指随着伙伴关系的形成与发展，成员之间彼此愿意投入更多精力，以达成策略目标与获得综合效益，并且他们对建立此关系是满意的，故有维持关系持续的意愿。[③]

因为政府与社会组织之间的合作是一种特殊的组织间合作，所以两者之间的合作绩效也具有特殊性。根据本书第一章关于绩效的内涵界定，本研究认为，政府与社会组织合作绩效是指政府与社会组织共同从事社会管理和公共服务的业绩、效率和效果的统称，通常可以看作是合作双方各自目标的实现程度和共同目标的实现程度。政社合作绩效是合作过程绩效与合作结果绩效的统一。一方面，政社合作双方都需要进行一定的投入并对合作过程进行管理，付出一定的合作成本，这些投入和成本与结果进行比较，形成了政社合作的过程绩效。另一方面，合作双方都需要追求各自的目标和共同目标的实现，这形成了政社合作的结果绩效。根据博弈论，组织间合作意味着个体理性和集体理性的有机统一，是合作参与者通过策略互动以实现集体理性的策略均衡。从个体理性来看，政府选择与社会组织合作，其动因在于提高政府绩效；而社会组织选择与政府合作，也希望合作能够提高其自身绩效。只有当合作双方都认为合作能够给自身带来绩效时，合作行为才能发生。如果在合作中只有一方的绩效得到改善，那么这种合作将不可能持续。从集体理性来看，政府与社会组织的合作意味着合作行为所共同指向的具体事务或项目绩效的改善。只有当这种合作事务或项目绩效高于政府或者社会组织独自管理或服务所取得的绩效时，双

---

① Mcgee J E.Dowling M J. Megginson W L. Cooperative Strategy and New Venture Performance: The Role of Business Strategy and Management Experience. *Strategic Management Journal*, 1995, 16(7): 565–580.

② Jap S D, Ganesan S. Control Mechanism and the Relationship Life Cycle: Implications for Safeguarding Specific Investments and Developing Commitment . *Journal of Marketing Research*, 2000, 37（2）: 227–245.

③ 潘文安、张红：《供应链伙伴间的信任、承诺对合作绩效的影响》，《心理科学杂志》2006年第6期，第1502—1506页。

方的合作才是有意义的。因此，政府与社会组织的合作绩效并不是将两个组织的绩效简单相加，而是合作所产生的新的绩效。对于政府与社会组织双方来说，与对方合作以前的绩效属于存量绩效，由于与对方合作而产生的绩效属于增量绩效。这种增量绩效就是政府与社会组织的合作绩效。

（二）政社合作绩效的生成机理

组织间合作要创造和实现合作绩效，其基本的前提条件有两个：一个是参与合作的各个组织自身要有高绩效；另一个就是组织之间要有良好的合作。只有这样，组织间合作才能把单个组织绩效转化为合作绩效。从结构功能理论视角来看，组织间合作不仅是组织间结构的对接，而且是组织间功能的整合。只有通过组织间边际互动实现结构功能优化，才能生成合作绩效。那么，政府与社会组织的合作绩效是怎样产生的？或者说，政府与社会组织合作绩效的生成机理是什么？对此，可以从以下几个理论视角进行解释。

第一，社会交换理论视角。社会交换理论是霍曼斯（Homans）和布劳（Blau）等美国社会学家于20世纪60年代创立的。霍曼斯认为，社会交换是彼此相互有选择地加强与对方的合作，并可能影响到未来交换的两方之间的活动或行为。[1]布劳认为，社会交换是在重复合作过程中，一方的行动对另一方的行动提供回报和新的激励。[2]在他们看来，交换的价值不仅仅是一个经济问题，还同时具有社会属性，而社会价值并不一定是明确的、显性的，它有赖于交换各方自愿的，或基于长期关系考虑下提供的利益，其核心是互惠（reciprocal）的原则。社会交换理论既可以用于分析个人之间的交换行为，也可以用来分析组织之间的交换行为。组织间合作行为实际上也是一种交换行为。组织间通过合作为合作双方提供了学习和获取合作伙伴知识和能力的场合和机会。在政府与社会组织合作中，政府希望能够获得社会组织的人力资源、专业化知识和社会支持网络以提高政府提供公共服务的数量和质量，增强公共

---

[1] 宋林飞：《西方社会学理论》，南京大学出版社1997年版。

[2] ［美］彼德·布劳：《社会生活中的交换与权力》，孙非、张黎勤译，华夏出版社1988年版。

责任，而社会组织希望能够获得政府的行政权力影响和公共财政支持，以增强组织合法性，为服务对象提供更多更好的公共服务，彰显组织的利他主义价值观。政社双方在相互付出中得到回报，当各自的回报大于各自的付出时，就会产生强烈的合作愿望，并积极履行合作义务和责任，这种激励机制促进了合作绩效的产生。

第二，交易成本理论视角。经典的交易成本理论认为，交易成本（transaction cost）是分析组织间合作的基本落脚点。[①]根据交易成本理论，组织间合作过程会产生一定的交易成本，这些交易成本包括事前的搜寻与筛选合作伙伴的成本、签订契约期间讨价还价的成本、合作之后协调和监督合作伙伴之间的关系与解决冲突与争端的成本等。交易成本理论认为，合作绩效以及合作治理结构的选择取决于合作过程中的专有资源和机会主义行为。当合适的机制设计降低了合作双方的机会主义行为倾向时，合作的交易成本就会下降，相应的合作价值将会上升。不同程度的交易成本主要是受到以下因素的影响：有限理性，即人的信息与认知的局限性；机会主义，即包含诡计和欺骗的利己主义行为；资产专用性，即已投入的投资——用于某种特定的用途之后很难再移作他用；契约本身的模糊性和复杂性，并由此引出的不确定性。政府与社会组织合作也需要付出选择成本和谈判、制定规则、执行和监督成本以及双方的沟通管理成本。当这些成本高出双方合作所取得的收益时，就说明缺乏合作绩效。如果政府与社会组织在合作中通过签订合约等方式明确双方的权利、义务和责任，这就可能最大限度地避免机会主义行为的发生，在此基础上加强沟通，形成信任关系，就能够有效降低交易成本。政府制定的相关政策、制度和双方的合约在一定时期内都具有相对稳定性，可以反复使用，合作过程中的交易的边际成本就会逐步减少，合作绩效就会因此而产生。当合作交易成本低于政府直接供给公共服务的交易成本时，政府与社会组织合作供给公共服务就是一个最优选择，也就是说，政社合作收益或合作绩效就可能实现最大化。

---

① Williamson O E. *The Economic Institutions of Capitalism*[M]. New York: Free Press, 1985.

第三，公共服务理论视角。从公共服务的形态来看，公共服务可以分为有形的公共服务和无形的公共服务。有形的公共服务包括公共设施建设、社区垃圾处理等。这些服务能够进行明确的成本收益测量和绩效评价，无论是政府供给还是合作供给，都可能取得较高的供给绩效。无形的公共服务包括社区青少年服务、长者服务和残障康复等。这些服务难以进行成本收益测量和绩效监控，因此无论是政府供给还是合作供给，都可能取得较低的供给绩效。一般来说，政府更愿意直接供给有形的公共服务，而愿意将无形的公共服务交给社会组织来供给。据笔者调查，在一些城市社区，公共设施建设、环境治理、公共安全、医疗卫生服务等社区公共服务一般由地方政府直接供给，或者通过合同外包的方式让企业参与供给。由于这些公共服务的成本和收益比较容易测量和控制，只要政府有能力进行财政投入并加强管理，公共服务的供给绩效就能够得到保证。但随着社会的发展，社区的家庭陪护、长者照料、儿童及青少年教育、残障康复、劳动就业、心理辅导等无形的公共服务需求在不断增长，并日益多元化和个性化。要实现这类公共服务的有效供给，不仅需要政府增加财政投入，而且需要专业化的机构介入。在此情况下，地方政府决定通过政府购买的方式让社会组织参与社区公共服务供给。这种合作供给模式把政府的公共财政优势与社会组织的专业化优势结合起来，促进了合作绩效的产出。

二、政社合作绩效的结构维度[①]

政社合作绩效的结构分析存在多种视角，但按照政社合作活动的逻辑顺序分析合作绩效的结构相对比较合理。在实践中，政社合作过程一般是按照投入→管理→产出→结果四个环节先后展开的。投入是政府和社会组织为合作开展公共事务管理和服务进行的资源消耗，包括人力、财力和物力等。管理是政府和社会组织对合作过程和合作关系进行的控制和调节活动。产出是政府和社

---

① 史传林：《政府与社会组织合作治理的绩效评价探讨》，《中国行政管理》2015年第5期，第33—37页。

会组织合作行为所产生的后果。而结果则是指产出所带来的影响和产出具有的效用，总体上它属于产出的组成部分。据此，可以将政社合作绩效划分为合作投入、合作管理、合作产出和合作结果四个绩效维度。①

（一）政社合作投入绩效

政社合作投入绩效包括政府投入绩效和社会组织投入绩效。政府投入绩效是指政府在与社会组织合作过程中投入的人力资源、行政资源和财政资源等资源的运行状况，它直接关系到合作能否取得预期的绩效。政府投入的人力资源是指参与政社合作的政府有关部门的领导者和工作人员，他们在合作过程中的工作绩效是合作绩效的重要组成部分。政府投入的行政资源是指参与政社合作的行政机构以及相应的行政体制和相关政策法规等。这些机构和体制的运行效率以及相关政策法规的制定和执行绩效直接决定合作的运行状况。作为一个科层组织，政府拥有复杂的规制和权责结构，与社会组织合作的政策执行和资源调配都需要政府各相关部门按照程序进行合规审查和批准，如果政府各部门行政效率不高、权责不清、相互推诿，这势必会影响到双方的合作效率。政府投入的财政资源是合作绩效产出的物质基础。财政资源投入的多少取决于项目的规模和地方经济发展水平。一般来说，政府的财政投入越大，合作产出的数量就会越多。经验观察表明，政府购买社会组织服务的合作行为在经济发达地区更为普遍。同时，财政投入效率直接影响合作绩效产出。据笔者调查，在广州等地的一些政社合作项目实施中，从项目立项到政府首次资金拨付一般都要经过众多政府部门审批，历时半年之久。一些地方政府部门经常拖延财政拨款时间，有的甚至财政资金断裂，导致合作终止。

政社合作不仅需要政府投入资源，而且也需要社会组织投入资源。由于社会组织与政府组织存在较大差异性，社会组织投入资源与政府投入资源也存在很大不同。社会组织投入资源主要包括人力资源、组织资源和经费资源等。

---

① 倪星：《地方政府绩效评估指标的设计与筛选》，《武汉大学学报（哲学社会科学版）》2007年第2期，第157—164页。

这些资源的运行状况也从一个侧面反映合作绩效的优劣。社会组织投入的人力资源主要是指社会组织参与政社合作过程的工作团队，其中包括组织的正式工作人员和志愿者。动员社会志愿力量参与社会服务是社会组织的人力资源优势。从理论上说，社会组织的用人机制比较灵活，富有弹性，在与政府合作过程中应该有更好的绩效表现。社会组织投入的组织资源主要是指参与政社合作的社会组织机构以及相应的组织体制和机制。与政府组织相比，社会组织在组织规模、结构和体制机制等方面都比较简单，组织运行成本较低，组织决策和执行效率相对较高，对合作绩效具有提升作用。在经费资源方面，经费短缺是社会组织普遍存在的问题，这也是一些社会组织选择与政府合作以获取财政资源支持的重要动因。在政府购买社会组织服务的合作项目中，项目经费几乎全部来自政府的财政投入。但是，社会组织也有自己的经费资源优势，比如经费来源渠道比较多。诺顿就认为，除了政府拨款之外，社会组织还可以获得个人捐助、国际援助和发展基金、基金会拨款、公司赞助、商业赞助等。[1]事实上，在与政府开展的扶贫、救助、救灾、教育、疾病防治和危急救援等合作项目中，绝大多数的社会组织都会投入一定的项目经费，一些经济欠发达地区的地方政府也希望能够与社会组织合作以弥补政府财政的不足。社会组织投入的经费资源运行状况是政社合作绩效产出的重要物质基础，也是合作绩效的重要组成部分。

（二）政社合作管理绩效

政社合作管理绩效主要是指政府与社会组织对合作过程所进行的组织、控制和协调的绩效。政社合作管理能力决定着合作目标的实现程度，是合作绩效的重要体现。以服务外包式政社合作为例，Romzek和Johnston认为，复杂的社会服务的外包经常对管理提出不可预见的挑战，这使得政府部门要达到有效的目标变得困难重重。当政府越来越依赖第三方提供服务的时候，其绩效也会

---

① ［美］米歇尔·诺顿：《全球筹款手册——NGO及社区组织资源动员指南》，张秀琴等译，中国人民大学出版社2005年版。

更加依赖于管理各种伙伴关系并让合作伙伴们承担责任的能力。[①]王浦劬等学者认为，随着权力分散和众多社会组织参与公共项目的运作，即使简单的任务也会变得困难起来。有些事情在政府直接管理下可以做内部变通处理，但在组织合作管理的情况下，则必须诉诸具有法律约束力的合同。[②]政社合作管理主要包括合作组织管理、合作机制建设、合作关系管理等内容。合作组织管理是合作管理的组织基础，建立结构合理、权责明确、廉洁高效、管理科学的合作组织体系是提升合作绩效的关键环节。合作机制建设主要包括合作双方的沟通协调机制、决策机制、信息披露机制等，这些机制是合作过程顺利开展并具有可持续性的重要保证。良好的沟通协调能够有效降低合作管理成本。科学的决策能够减少合作的风险和代价，避免走弯路，尽快实现合作目标。及时的信息披露能够有效增强合作信任，防止机会主义行为的发生。合作关系管理是提高合作关系质量的重要手段，其目的在于促进合作的稳定性、持久性和公平性以及合作双方的信任程度。合作关系的稳定性和持久性有利于合作双方进行优势资源的持续投入，对于合作绩效的提高具有积极的影响。合作关系的公平性能够使合作双方平等地进行信息沟通和资源交换，合作双方的公平感知能够进一步强化信任关系。

（三）政社合作产出绩效

政社合作产出绩效是政社合作所产生的直接结果，它包括双方合作实现的政府产出绩效、社会组织产出绩效和合作事务产出绩效。政府产出绩效是指合作对政府绩效的改善状况。包国宪等学者指出，在复杂的环境下，政府已经不再是绩效的唯一"生产者"，政府绩效需要一个"合作生产"过程。[③]政社

---

① B.S. Romzek, J. M. Johnston. State Social Services Contracting: Exploring the Determinants of Effective Contract Accountability. *Public Administration Review*, 2005, 65:436

② 王浦劬、［美］L. M. 萨拉蒙等：《政府向社会组织购买公共服务研究——中国与全球经验分析》，北京大学出版社2010年版。

③ 包国宪、王学军：《以公共价值为基础的政府绩效治理——源起、架构与研究问题》，《公共管理学报》2012年第2期，第89—127页。

合作对政府绩效的改善主要体现在：第一，提升公共政策执行绩效。政社合作使社会组织加入了政策制定和执行网络，由于社会组织来自于第三部门，了解公众的政策诉求，能够使政策"适销对路"，同时在协助政府执行政策方面手段多样、方式灵活，易于被政策对象所接受，从而提高政策执行绩效。第二，降低行政成本，提高行政效率。政社合作改变了政府在社会治理中的角色和地位，使政府成为专门的决策者和安排者，社会组织成为专门的生产者和执行者，由此，政府就可能节约大量的财力和人力，政府的规模可能变小，组织结构也会变得更加合理，组织运行更有效率。第三，改善财政状况，提升财政绩效。面对现代社会日益复杂的公共事务和日益增长的公共服务需求，政府的财政短缺成为一种普遍现象。合作治理过程中资源充裕的社会组织介入将有利于缓解政府的财政压力，同时，政府对合作项目的财政投入在社会组织的专业化运作下也会变得更有绩效。第四，促进政府公共价值产出。这是合作治理对政府绩效的根本性改善。戈德史密斯和埃格斯指出："在许多情况下，政府通过网络模式创造出的公共价值会比通过层级模式创造的公共价值还要多。"[①]在传统政府模式下，政府在社会治理中所产出的"政绩"在许多方面都不符合社会公众的集体偏好，使政府绩效偏离了公共价值的轨道。而民主行政也没有从根本上改变这种偏离的状况。在合作治理模式下，社会组织能够凝聚和传递公众偏好，代表和反映社会需求，使政府绩效产出最大限度地体现公共价值要求。

社会组织产出绩效是指合作对社会组织绩效的改善状况。根据资源依赖理论，合作是一种资源相互流动的过程。政府流向非营利部门的资源包括财政拨款、信息、政治支持与合法性、参与渠道等；而非营利部门流向政府的资源有政治支持与合法性、信息、服务的供给。[②]这种资源流动在改善政府绩效的同时，也能够改善社会组织绩效。政社合作对社会组织绩效的改善主要体现

---

① ［美］斯蒂芬·戈德史密斯、［美］威廉·D. 埃格斯：《网络化治理：公共部门的新形态》，孙迎春译，北京大学出版社2008年版。

② Cho S., Gillespie D.A. Conceptual Model Exploring the Dynamics of Government-Nonprofit Service Delivery[J]. *Nonprofit and Voluntary Sector Quarterly*, 2006, 35: 493–509.

在：第一，提升组织合法性和公信力，增强社会公众或服务对象对社会组织的信任，从而提高工作绩效。在第三部门发展滞后、公众对社会组织认知水平不高甚至存在偏见的情况下，社会组织与政府合作意味着在权力、资源和制度等方面与政府发生连接，使社会组织取得"官方背景"，这有利于消除公众对社会组织的疑虑，减少工作阻力。第二，降低组织运行成本，提高运行效率。社会组织拥有专业优势和民间资源，但缺乏组织优势和行政资源。在与政府合作过程中，社会组织可以依托政府的行政权力和科层网络进行项目推广和运作，使社会组织的专业化服务快速传递到服务对象之中，还可以感召社会力量和公民个人积极参与公共服务，培养社会成员的公共精神和利他主义意识，从而降低社会动员成本，提高服务供给效率。第三，改善组织财务状况，增强组织服务能力。资金短缺是许多社会组织参与社会治理所遭遇的主要困境。因为缺乏资金，一些服务项目无法开展，已经开展的项目无法持续。而选择与政府合作，就可能获得政府的财政支持。比如在政府购买服务项目中，政府的主要角色就是提供服务费用，社会组织具体从事服务生产。正是由于有政府财政支持，社会组织的服务能力才得以发挥。第四，提升组织内部治理绩效。政府是一个具有法规理性的科层组织，其内部治理和运行比较规范。社会组织与政府合作，要求社会组织内部治理的规范化水平要与政府相适应，实现与政府治理体系的制度对接。在政府拨款的合作项目中，社会组织要接受专业机构的财政绩效评估和审计，这将有助于促进社会组织运行规范化，提升内部治理绩效。

社会管理和公共服务产出绩效是政社合作范围内的社会管理和公共服务绩效的改善和提高状况，它是合作双方共同目标的实现程度，具体包括社会关系协调、社会矛盾化解、社会行为规范状况以及公共服务数量、质量和服务对象满意度提高状况等。政社合作对社会管理和公共服务产出绩效的改善主要体现在：第一，促进社会矛盾与纠纷化解。政社合作是一种平等合作的双向互动关系，在这种关系模式下，社会问题的解决主要依靠多元主体的协商、对话、谈判等方式来推进，各种矛盾甚至对抗都会通过这种新的解决问题的方式得以消解，由此，社会管理的风险和代价将会大大降低。第二，改善特定群体社会救助与福利状况和特定群体权益保护状况。政社合作是一种利益整合协调机制，它以社会组织的形式将分散的多元的利益诉求整合为一个群体的共同的利益诉求，通过多元主体的利益博弈，实现利益均衡，从而大大降低了社会运行成本。第三，增加公共服务供给的数量和种类。以我国社区服务为例，在传统模式下，基层政府的社区服务种类单一，数量偏少，甚至以管理代替服务，但在政府与社会组织合作供给以后，社会组织根据社区居民的服务需求，利用自身的专业优势开发了许多新的服务项目，如家庭陪护、长者照料、儿童及青少年教育、残障康复、劳动就业、心理辅导等。正如Jennifer所说，社区非营利组织使高度规则化的公共机构扩展了其自由裁量权，并产生更符合社区需求的服务和绩效。合作关系发展使服务提供超越过去政府部门提供服务的单调、程序化和官僚化。[①]第四，提高公共服务质量和服务对象满意度。政府提供公共服务具有"平均化"供给的特点，这种供给方式在保证基本公共服务供给方面具有一定优势，但缺乏供给的针对性和有效性。社会组织提供公共服务具有个性化供给和专业化供给的特点，这种供给方式能够有效满足不断变化的多样化服务需求，从而提高服务质量和服务对象满意度。

（四）政社合作结果绩效

政社合作结果绩效是指政社合作所产生的社会影响，也就是综合社会效益。这种影响具有间接性、宏观性和长期性的特点，因而难于从定量的角度进行测量，但这种影响是客观存在的，是政社合作绩效的体现。一般来说，政社合作除了能够直接改善合作客体的状况，还能够促进特定区域的社会和谐、社会公平和社会参与状况的改善，能够缩小贫富差距、减少社会矛盾、提升社会信任、降低社会风险和代价，最终有利于社会良性运行和协调发展。政社合作的社会影响在个别合作项目中可能难以体现出来，但是，如果地方政府与社会组织合作的数量与规模达到一定的程度，就可能明显改善该地区的社会治理状况，最终实现社会公平、社会和谐和社会稳定的目标。

---

①   Jennifer, A.,Nank, R. Public–Nonprofit Partnership: Realizing the New Public Service[J]. *Administration & Society*, 2009(41): 364–386.

三、政社合作绩效评价

虽然政府是一种特殊性质的组织，但政社合作仍然是一种组织间合作。与政府绩效评价不同，政社合作绩效评价在评价内容、指标体系和评价组织与实施等方面都具有自身的特点，不能用政府绩效评价代替政社合作绩效评价。总体上看，政社合作治理属于公共治理的范畴，所以政社合作绩效评价与公共治理评价具有很多相似性，但公共治理评价的外延更为宽泛，评价指标体系也更为宏观和庞杂，评价对象主要是一个国家或地区的治理状况，所以也不能用公共治理评价代替政社合作绩效评价，这就需要对政社合作绩效评价进行专门研究。

（一）组织间合作绩效评价的相关研究[①]

1. 组织间合作绩效评价的一般性研究

组织间合作绩效是近年来国内外管理学界关注的热点问题。学者们的研究大多是想揭示组织间合作绩效的影响因素和影响机理以及探讨如何测量和评价组织间合作绩效。从现有研究来看，学者们普遍认为组织间合作绩效具有无形性和复杂性，比单一组织绩效的测量和评价难度更大。这是因为组织间合作是多元主体的互动，合作绩效的测量和评价会涉及更多的变量。Mandell和Keast就认为，对合作绩效的测量不同于对单一组织绩效的测量。[②]关于如何测量和评价组织间合作绩效，学者们对此问题进行了探讨。由于国内相关研究较少，这里暂不做综述。国外学者的观点主要集中在三个方面：一是主张要从利益相关者的角度去测量合作绩效，因为组织间合作会涉及多个利益相关者，他们组成了一个合作网络，并通过网络进行资源交换和行为互动。Zammuto认为应该扩展合作绩效测量的视角，更多地从合作网络的支持者或主要的利益相关

[①] 史传林：《政府与社会组织合作治理的绩效评价探讨》，《中国行政管理》2015年第5期，第33—37页。

[②] Mandell, M.P, Keast, R. Evaluating Network Arrangements[J]. *Public Performance and Management Review*, 2007(30): 574–597.

者角度去测量合作绩效。[①]二是主张从客观和主观两个层面去测量合作绩效。客观指标是比较容易量化的指标，通常可以用具体数据来表达。主观指标是合作参与者对合作绩效的主观感知结果。Geringer和Hebert认为，对于合作治理有效性的测量应该包括成果、持续时间、财政收益等客观指标和目标实现、满意度、联系强度等主观指标。[②]由于组织间合作目的和方式不尽相同，合作绩效不一定是量化的可见产出，所以一些学者比较看重主观指标的作用。Lyles和Baird就认为衡量合作绩效的好坏应该主要使用类似于合作目标的实现程度等主观指标来评价。[③]Anderson等人研究发现，单纯通过产出的客观指标来衡量合作绩效是不妥当的，这是因为伙伴成员间合作目的或形式不同、成员投入资源不同、成果价值不一定可以量化。[④]三是主张从组织间合作关系的角度去测量合作绩效，因为良好的合作关系是实现合作绩效的重要基础，同时也是衡量合作绩效的重要表征。Thompson和Perry指出，在测量合作绩效时，需要对参与组织之间的关系进行考察。[⑤]Mohr和Spekman研究发现，衡量合作关系是否成功的一个重要因素是合作成员对合作关系的满意程度。[⑥]Goodman和Lester认为，合作关系的绩效水平在很大程度上可以通过合作成员对合作关系未来持续的预期来测量。[⑦]

① Zammuto R.F. A Comparison of Multiple Constituency Models of Organizational Effectiveness[J]. *Academy of Management Review*, 1984(9): 606–611.

② J.M.Geringer, L.Hebert. Measuring Performance of International Joint Ventures[J]. *Journal of International Business Studies*, 1991(22): 249–26.

③ Lyles, M.A., Baird, I.S. Performance of International Joint Ventures in Two Eastern European Countries: The Case of Hungary and Poland[J]. *Management International Review*, 1994(34): 313–329.

④ Anderson, James,Narus, James A. A Model of the Distributor's Perspective of Distributor Manufacturer Working Relationships[J]. *Journal of Marketing*. 1990, 48(4):4.

⑤ Thompson M A., Perry J L., Miller T K. Conceptualizing and Measuring Collaboration[J]. *Journal of Public Administration Research and Theory*, 2007(19): 23–56.

⑥ Mohr, J. and Spekman, R. Communication Strategies in Marketing Channel: A Theoretical Perspective[J]. *Journal of Marketing*, 1994, 60(7): 103–115.

⑦ Goodman, Lester E. , Paul A Dion. The Determinants of Commitment in the Distributor–Manufacturer Relationship[J]. *Industrial Marketing Management*, 2001(30): 287–300.

2. 与政府有关的组织间合作绩效评价研究

与政府有关的组织间合作主要包括政府与私人部门的合作、政府与其他公共部门的合作以及政府与公私部门的多边合作。从现有文献来看，学术界对上述合作的绩效评价研究主要集中于公私合作伙伴关系（Public-Private-Partnership，简称"PPP"）和政府购买公共服务两个领域。

PPP模式是指由政府与私人部门建立合作关系以提供公共产品或服务的一种模式。联合国发展计划署把PPP模式定义为公共部门与私人部门基于某个项目而形成的相互合作关系的形式。通过这种合作形式，合作各方可以达到与其单独行动相比更为有利的结果。20世纪80年代以来，PPP模式被广泛应用于世界各国的基础设施建设和运营。在西方发达国家，PPP项目绩效评价体系已经比较完善，但在我国还处于探索研究阶段。学者们普遍认为，PPP项目运行周期长，投资额度高，受项目所在地国家和地区政治、经济、技术、社会和环境因素影响大，因此对合作项目绩效的测量和评价存在诸多困难。袁竞峰等学者通过研究，从PPP项目本身特性、项目过程、市场环境、创新学习、利益相关者满意度等维度，设计了48项绩效评价指标。[①]王超等学者从PPP项目利益相关者的项目目标出发，从项目投入、过程、结果、影响等维度，设计了58个绩效评价指标，并提出PPP项目绩效评价主体应该为独立于项目的第三方机构，项目评价原则应该是经济性、效率性、有效性和公平性的"4E"原则。[②]

政府购买公共服务是指政府为了履行公共服务职能，通过公共财政向各类社会服务机构支付费用，由社会服务机构代替政府提供公共服务的一种方式，其特点是政府出资、定向购买、契约管理、评估兑现。政府购买公共服务是政府与社会组织在公共服务供给中的合作行为，政府是服务的提供者，社会组织则是服务的生产者。政府与社会组织合作的目的在于提高公共服务绩效，更好地满足公众的服务需求。萨拉蒙等国外学者都是从政府与社会组织合作

---

① 袁竞峰等：《基础设施建设PPP项目关键绩效指标识别研究》，《重庆大学学报（社会科学版）》2012年第3期，第56—63页。

② 王超、赵新博等：《基于CSF和KPI的PPP项目绩效评价指标研究》，《项目管理技术》2014年第8期，第18—24页。

的视角研究政府购买公共服务的。2006年以来，随着政府购买服务在我国的兴起，学术界和实践界也开始研究政府购买服务的绩效评价问题。学术界的研究大多集中在对政府购买服务绩效评价实践的调查与反思，系统深入地研究政府购买服务绩效评价的成果还比较少见。实施政府购买服务的有关地方政府一般是从政府监管或者财政绩效管理的角度设计制定评估指标体系并对社会服务机构的工作进行评估的，但这种评估是一种自上而下的工作考核，并不属于真正意义上的绩效评价。

综合而言，国外学者对组织间合作绩效评价的研究大多是针对工商组织间合作而进行的，相关研究比较充分，其研究成果可以运用到政府与社会组织间合作绩效评价的研究之中，因为不管何种类型的组织，其合作的内在机理具有相通之处。相对于工商组织间合作绩效的测量与评价研究来说，学术界对政府与私人部门、政府与社会组织之间合作绩效的测量和评价研究还比较薄弱，其中的原因可能在于政府是一种特殊的组织形态，它与合作对象的关系比较复杂和微妙，很难用管理学的模式和方法去测量和评价它们之间的合作绩效，所以只能从政治学和社会学的视角去解读政府与其他社会主体之间的合作关系。但也要看到，在实践中，政府与私人部门、政府与社会组织之间的确存在大量的合作现象。既然存在合作，就有必要测量和评价它们之间的合作绩效，而且从可行性上看，这种合作像工商组织间合作一样也存在清晰的边界和明确的合作客体，完全能够从技术和方法上解决合作绩效的测量和评价问题。现阶段在各地实施的PPP模式和政府购买服务绩效评价只是一种公共项目绩效评价或者公共财政绩效评价，与组织间合作绩效评价还存在较大的差异性。

（二）政社合作绩效评价的目标与指标体系

1. 政社合作绩效评价的目标[①]

公共治理的最终目标是"善治"，这是国内外学者的共识。善治体现了社会权利的含义和对人的全面发展的重视，是国家权力向社会的回归，是一

---

① 史传林：《社会治理中的政府与社会组织合作绩效研究》，《广东社会科学》2014年第5期，第81—88页。

个还政于民、使公共利益最大化的社会管理过程，其基本要素是合法性、透明性、责任性、法治性、回应性、有效性等。善治的本质特征在于它是政府与公民对公共生活的合作管理，是政治国家与第三部门的一种新颖关系，是两者和谐融合的最佳状态。[①]政社合作绩效评价应该以"善治"为目标。这个目标的内容具体包括：第一，调整政府与社会的权力边界，改革政府对一切公共事务的垄断管理，使社会拥有更多的自治空间，最终形成政府与社会合作治理的局面。第二，改变政府与社会的关系属性，使政府与社会的关系不再是自上而下的管制与被管制的关系，而是一种基于民主、平等、法治和责任的合作伙伴关系。第三，通过政府与社会优势互补，实现合作双赢，促进绩效存量向绩效增量的转变。第四，构建政府与社会合作治理的价值生成机制，使合作治理的绩效产出更加符合公共价值需求，最大限度地满足公众的集体偏好。

2. 政社合作绩效评价指标体系[②]

根据政社合作绩效维度分析，参考国内外学者的研究成果，在对国内部分地区政府与社会组织合作实践调查的基础上，本研究尝试设计一套政府与社会组织合作绩效评价指标体系。从人力资源、组织资源和经费资源三个方面设计具体指标对合作投入绩效进行评价。对合作管理绩效，侧重从合作机制建设、合作关系管理和双方对合作关系的满意度等方面进行测量。因为合作关系质量难以用客观指标去测量，所以就采用了合作满意度和继续合作的意愿等主观评价指标。对合作产出指标的设置，分别从政府产出、社会组织产出和社会管理与公共服务产出等方面设计具体指标。合作结果则主要是从合作给特定区域所带来的政治效益和社会效益两个方面设计指标进行评价。由此，在理论上初步构建了一套包含37个指标要素的政社合作绩效评价指标体系。（见表7-2）

---

① 俞可平：《治理与善治》，社会科学文献出版社2000年版。

② 史传林：《政府与社会组织合作治理的绩效评价探讨》，《中国行政管理》2015年第5期，第33—37页。

表7-2 政府与社会组织合作绩效评价指标体系

维度	指标	指标要素
合作投入指标	人力资源	政府与社会组织工作人员合作能力
		政府与社会组织工作人员合作经验
		政府与社会组织工作人员专业素养
		政府与社会组织工作人员学习与创新能力
	组织资源	政府相关政策制定情况
		相关政策连续性
		政府相关部门办事效率
		社会组织内部治理水平与工作效率
	经费资源	政府资金到位率
		社会组织资金到位率
		政府与社会组织资金投入比例
合作管理指标	合作机制建设	沟通协调频次
		信息公开程度
		相互监督及廉洁程度
	合作关系管理	相互信任程度
		合作关系的稳定性
		合作关系的平等程度
		合作关系持续的时间
	合作关系质量	合作关系满意度
		继续合作的意愿
合作产出指标	政府产出	行政成本降低程度
		行政效率改善程度
		财政绩效改善程度
		公共责任履行程度
	社会组织产出	组织网络发展状况
		组织人数与规模发展状况
		获得政府与社会资源情况

（续上表）

维度	指标	指标要素
合作产出指标	社会管理与公共服务产出	合作事务状况改善程度
		目标群体状况改善程度
	社会管理与公共服务产出	服务供给数量与质量
		服务对象满意度
合作结果指标	政治效益	政治合法性提高程度
		公众对政府信任程度
		公民参与提高程度
	社会效益	社会公平程度
		社会和谐程度
		社会稳定程度

　　需要说明的是，政府与社会组织合作治理是一个抽象的概念，如何设计指标、设计什么样的指标才能反映出合作治理的本质，并且保证整个评价指标体系的信度和效度，这是一个难题。本套指标的设计只是一个理论上的初步构想，或者说，只是一个通用指标框架，有些指标还需要根据合作的具体事务和项目情况进一步操作化，在此基础上，再进行隶属度、相关性和鉴别力分析以及信度和效度检验，对指标进行筛选，以提高评价的准确性。学术界一般认为，指标是说明事物数量特征的概念。雷蒙·鲍尔在《指标》一书中指出，指标是一种量的数据，它是一套统计数据系统，用它来描述社会状况的指数，制定社会规划和进行社会分析，对现状和未来作出评价。[①]联合国教科文组织认为，指标是"通过定量分析评价社会进行生活状况的变化"[②]。根据绩效评估指标设计的"SMART"原则，绩效指标应该是具体的、可测量的，因此，指标设计应尽量做到可以量化。但也要看到，指标作为一种管理工具，并不是所有的评价指标都是能够量化的，这是由被评价的事务本身的性质和特点决定

---

　　① 卓越：《政府绩效评估的模式建构》，《政治学研究》2005年第2期，第88—95页。

　　② 邓国胜：《非营利组织评估》，社会科学文献出版社2001年版。

的。无论是政府绩效还是公共治理绩效，抑或是政府与社会组织合作绩效，公共绩效都存在难以用量化指标进行测量的问题。比如对政社合作关系质量的评价，就只能用双方是否信任、是否愿意继续合作这样的定性指标，很难用具体数据来测量。虽然定性指标具有一定的主观性，但仍然能够反映事物的真实状况。事实上，世界银行所设计的20个公共治理评价指标和联合国所设计的36个世界治理评价指标基本上都是感知性定性指标，[1][2]这些指标能克服客观性量化指标评价的单向性和片面性。因此，科学的评价指标，应该既能够反映事量的规定性，也能够反映事物质的规定性。政社合作绩效评价指标应该以感知性定性指标为主。

（三）政社合作绩效评价的组织实施[3]

1. 对我国政社合作绩效评价组织实施的反思

我国现阶段开展的政社合作绩效评价主要是针对政府与社会组织合作供给公共服务绩效而进行的。这种绩效评价一般是由政府部门主导，评价范围包括政府投入的财政资金使用绩效和社会组织服务绩效两个方面，评价结果作为以后年度预算安排及社会组织承接服务的重要参考依据。由于政府在政社合作中处于绝对主导地位，加之服务供给的资金又来源于公共财政，所以导致这种评价存在以下几个问题：第一，这种评价没有把合作中的政府表现纳入评价范围，只是政府对社会组织的单方评价，没有体现出双方平等合作的关系特点。第二，这种评价的目的在于强化政府对社会组织的控制（如根据评价情况决定政府拨款数额和进度），彰显政府作为监管者的角色和地位，这必然会影响评价结果的客观性和公正性。第三，政府把评价的重心放在公共财政绩效评价方面，虽然有利于提高公共财政绩效，但政府与社会组织合作涵盖诸多内容，以

---

① Daniel Kaufmann, Aart Kraay, MAassimo Mastruzzi. The Worldwide Governance Indicators Project: Answering the Critics[J]. *World Bank*, 2007.

② UN, Governance Indicators: A Users'Guide ［EB/OL］.http://www.undp.org.

③ 史传林：《社会治理中的政府与社会组织合作绩效研究》，《广东社会科学》2014年第5期，第81—88页。

财政绩效评价代替合作绩效评价不能全面真实地反映政府与社会组织合作的状况。第四，只重视合作产出和结果的绩效评价，忽视对合作过程中双方的关系管理和关系质量的绩效评价。

政府与社会组织合作供给公共服务实际上是两个组织之间的合作行为，属于合作治理的范畴。虽然政府组织的地位和角色具有一定的特殊性，但在合作的框架内，它与社会组织是一种平等的合作伙伴关系，双方具有平等的权利和义务。如果只有政府单方面对社会组织服务进行绩效评价，这就不能真正反映两者的合作绩效，因为政府与社会组织合作是两个组织的行为和资源整合与相互影响的过程，政府的态度、作风和效率等因素对合作绩效会产生很大影响，这就需要把政府自身的表现作为合作绩效评价的重要内容。在政府绩效评价组织实施中，上级政府对下级政府进行绩效评价是一种主要的评价形式，但这种形式在组织间合作绩效评价中并不适用，因为合作关系并不是一种上下级关系，所以由参与合作的政府主导合作绩效评价不符合合作治理的理念。

2. 政社合作绩效评价的组织形式

政社合作治理是公共治理的重要组成部分。公共治理评价属于社会性评价，理应由独立于政府以外的组织来负责实施，这是国外公共治理评价的通行做法和实践经验。从理论上看，由独立于政府的组织负责公共治理评价可以在一定程度上避免评价者的心理防御，使其表达出真实的心理感知，评价结果的准确度和公信力更高。[①]所以，政社合作治理的绩效评价也应该由独立于政府之外的专业评价机构来组织实施。这种评价较少受到行政权力的干扰，在评价指标的设计、评价数据的处理和评价结果的判断等方面具有相对较高的科学化水平，能够尽量保证评价过程和评价结果的客观公正。在评价实施过程中，专业机构可以从利益相关者的角度出发，组织参与合作的政府部门和社会组织就合作过程和结果进行自我评价和相互评价，组织特定的服务管理对象和其他相关公众进行满意度评价。在评价对象上，专业机构既可以对某一个具体的政社

---

① 包国宪、周云飞：《中国公共治理评价的几个问题》，《中国行政管理》2009年第2期，第11—15页。

合作事务进行绩效评价，也可以针对全国或某一地区政府与所有社会组织合作的总体状况进行绩效评价。专业机构介入政社合作绩效评价可以有三种模式：一是通过政府有关部门的招投标介入，评价活动使用的经费由政府支出；二是由社会组织如公益基金会委托介入并进行资助；三是通过自筹经费直接介入。这三种模式各有优势和劣势，不管采取哪种模式介入，都要求专业评价机构要具备应有的专业水准和职业伦理。

四、政社合作绩效的生成与评价：实践案例分析

政府向社会组织购买公共服务是政府与社会组织合作的重要形式。20世纪90年代以来，随着新公共管理运动的兴起与发展，西方发达国家政府为了提高公共服务供给效率，对传统的政府公共服务供给模式进行变革，推行公共服务社会化和市场化战略，从而创造了公共服务的合作供给模式。在这种新型模式中，政府是公共服务的提供者，社会组织或私人部门是公共服务的生产者，社会公众是公共服务的消费者或顾客，政府通过购买方式向公众提供公共服务。在中国，最近十多年来，越来越多的地方政府在公共服务供给中选择了这种合作供给模式。应该说，公共服务供给模式的创新是为了克服传统模式下供给效率低下、公众满意度不高的弊端，核心是为了提高公共服务供给绩效。那么，合作治理模式下的公共服务供给是否比政府单一供给更有绩效？怎样对这种绩效进行评价？这是一个值得研究的问题。

（一）案例介绍

1. 基本情况

广州市政府从2008年开始改革社区公共服务供给模式，实施政府向社会组织购买公共服务，服务领域包括社会福利与救助、矛盾调处、权益维护、心理辅导、行为矫治、社区矫正、劳动就业、医疗卫生、青少年教育、残障康复、婚姻家庭等。从2010年开始，广州市政府在少数街道社区探索建设家庭综合服务中心，以中心为载体，通过招标并签订协议的方式向社会组织购买社区公共

服务。2011年10月，广州市政府制定了《关于加快街道家庭综合服务中心建设的实施办法》，在全市各街道开始建设家庭综合服务中心，全面推广政府购买社会工作服务。服务购买的种类主要包括青少年教育、长者服务、家庭服务、残疾人服务和劳动就业服务等。家庭综合服务中心由地方政府出资建设，配备与服务需求相适应的办公和服务场所。承接中心运营的民办社会工作服务机构，根据服务项目的设置和服务经费的情况配备相应的工作人员，原则上每10万元购买服务经费须配备一名工作人员，工作人员总数的2/3以上为社会服务领域或相关专业人员、1/2以上为社会工作专业人员。承接街道家庭综合服务中心的服务项目，纳入政府采购管理范畴，按照政府采购的相关规定和程序，确定承接运营的民办社会工作服务机构。为提高服务供给的数量和质量，广州市政府专门制订了政府购买社会服务考核评估方案，具体规定了考核评估范围、考核评估主体、考核评估标准、考核评估办法和考核评估程序以及考核结果的计算，以客观真实地评价政府购买社会服务的工作成果和财政资金的使用效益，保证社会服务效果。2008年以来，广州市各镇（街）建设家庭综合服务中心近200个，政府每年购买服务的投入达到3亿多元，平均每个家庭综合服务中心每年投入200多万元。同时，全市社工服务机构已发展400多家。地方政府与社会组织合作提供社区公共服务的局面已初步形成。

2. 合作投入与产出情况

广州市X社区位于城市中心，总面积为0.5平方千米，辖区有很多商业机构和名胜古迹。为了给社区居民提供更多更好的公共服务，地方政府决定通过政府购买服务的方式，与社会组织建立合作治理机制，以提高社区治理和服务水平。2010年，X社区所在的街道建立了家庭综合服务中心，SD社会工作服务中心通过政府购买服务的方式入驻该中心，与地方政府合作，为X社区居民提供社会服务。根据合作协议，当地政府每年为合作项目投入200万元人民币，SD社会工作服务中心使用这笔经费为社区居民提供包括家庭服务、长者服务、儿童及青少年服务、残障人士服务、劳动就业服务、义工服务等六个方面的服务。SD社会工作服务中心提供的年度服务情况见表7-3。

表7-3　SD社会工作服务中心年度服务提供情况

		青少年	长者	家庭	残障康复	劳动就业	合计
个案工作	协议个数	30	30	40	15	15	130
	完成量（个）	24	24	32	12	12	104
	百分比	25%	79%	44%	42%	0	42%
小组工作	协议个数	19	20	20	11	4	74
小组工作	完成量（个）	19	14	19	8	2	62
	百分比	100%	70%	95%	73%	50%	84%
	协议人次	1200	1250	1200	750	300	4700
	完成量（人次）	1707	1018	937	369	50	4081
	百分比	142%	81%	78%	49%	17%	87%
社区工作	协议次数	9	10	10	5	5	39
	完成量（次）	8	10	9	3	3	33
	百分比	89%	100%	90%	60%	60%	85%
	协议人次	320	520	520	180	180	1720
	完成量（人次）	1372	1064	3407	101	42	5986
	百分比	429%	205%	655%	56%	23%	348%

根据社会工作的有关理论，个案工作是专业工作者遵循基本的价值理念，运用科学的专业知识和技巧、以个别化的方式为感受困难的个人或家庭提供物质和心理方面的支持和服务，以帮助个人或家庭减轻压力、解决问题、挖掘生命潜能，不断提高个人和社会的福利水平。小组工作是社会工作的基本方法之一，也称为团体工作，指以团体或小组为对象，并通过小组或团体的活动为其成员提供社会服务的方法。其目的是促进团体或小组及其成员的发展，使个人能借助集体生活加快自身的社会化；协调和发展个人与个人、个人与团体

和团体与团体之间的社会关系；发挥团体或组织的社会功能，促进社会的进步与健康发展。我国人民政府、企事业单位与群众组织都鼓励人们根据自愿的原则参加一定的团体或组织活动，利用团体成员间的相互影响、相互帮助、相互促进，使个人社会化。社区工作是指以社区组织、社区发展、社区服务为内容的社会工作基本方法。社区工作的总体概括，是指在党和政府的领导下，依靠社区力量，利用社区资源，强化社区功能，解决社区问题，促进社区政治、经济、文化、环境协调和健康发展，不断提高社区成员的生活水平和生活质量的过程，也是建设管理有序、服务完善、环境优美、治安良好、生活便利、人际关系和谐的新型社区的过程。

3. 合作管理情况

根据广州市《关于全面推进街道、社区服务管理改革创新的意见》《关于加快街道家庭综合服务中心建设的实施办法》和X社区所在区委、区政府《关于加快街道家庭综合服务中心建设的实施意见》，家庭综合服务中心是在街道社区服务中心设置的一个服务平台。各街道根据社区和居民需求，在组织或委托专业机构开展充分调研、科学论证、统筹考虑区域资源的基础上，提出街道家庭综合服务中心的服务项目、内容和目标，形成项目计划书上交区民政局。家庭综合服务中心的服务项目，按照政府采购相关规定和程序执行。区民政局内设的政府购买公共服务工作部在收到项目计划书后，负责协调指导各街道进行项目的招投标工作。通过招投标确定社会工作服务中心以后，由区民政局、所在街道和中标的民办社会工作服务机构签订合同，区民政局为合同实施的监督方，街道办事处为政府购买服务的购买方，中标的民办社会工作服务机构为服务提供方。根据规定，政府购买社会服务合同应明确项目的范围、内容、目标任务、服务要求和服务期限、服务指标、资金支付方式、违约责任等内容。合同以三年为一周期，周期内一年一签，每年均进行年终评估，年终评估合格后续签，评估不合格的不予续签，按照政府采购工作程序重新确定运营机构；三年期满之后，按照政府采购工作程序重新确定运营机构。三方合作管理机制见图7-1。

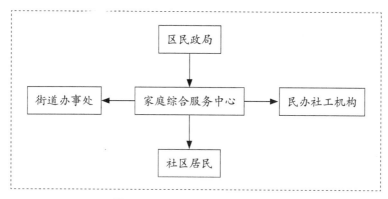

图7-1 基层政府与社工机构合作管理结构图

在家庭综合服务中心运作过程中，合同三方定期召开联席会议以加强沟通协调。在合同期内可根据服务的实际需求，对原合同的服务总量和指标作相应调整，形成补充合同，确保中心的顺利运作。区民政局作为项目主管部门，对服务项目合同的订立、服务费用的拨付、服务项目的考核评估和验收等进行全方位、全过程的监督管理。

4. 绩效评价情况

家庭综合服务中心的评估工作由X社区所在区政府购买公共服务工作部具体负责实施，依托市、区建立的评估专家数据库，随机抽取专家组成评估团实施中期评估、年终评估和不定期评估。对于年终评估不合格的服务提供方不予续签合约，按照政府采购工作程序重新确定运营机构。评价的主要方式包括：听取介绍，由社会工作服务中心负责人介绍项目运营及服务情况、各项指标完成情况，地方政府领导介绍对中心的支持与评价情况；实地观察，主要针对硬件建设及服务改进情况方面进行观察，以评估其设施开展专业服务的适宜性；查阅资料，查阅项目管理、人事、财务管理制度及专业服务记录等方面的资料；面谈，主要与社会工作服务中心管理人员及财务人员、社工和服务对象进行访谈，了解相关情况；电话访问，随机抽取一部分服务对象进行电话访问。

绩效评估指标既包含过程指标，也包含结果指标；既有客观指标，也有主观指标。整个指标体系由专业服务标准、服务量及服务成果标准、服务质量标准和服务项目管理标准四个总的指标和具体的指标要素组成。（见表7-4）

表7-4　政府购买社会工作服务绩效评估指标体系

指标	指标要素
专业服务标准	配备专业社会工作人员情况
	运用社会工作的专业方法,包括个案工作、小组工作和社区工作情况
服务数量标准	组织大型活动次数、大型活动服务人次
	社工服务对象接触人次、个案会谈时数、个案开案人数、个案结案人数
	小组开设组数、小组活动节数、小组服务人次;社区工作次数、社区工作服务人次
服务质量标准	服务对象的受益情况
	服务对象改变率
	服务工作社会效益
服务质量标准	服务对象及其相关人员对机构所提供服务的满意度
	服务区域党政等有关部门对服务机构服务工作的认可程度
	相关职能部门和组织对服务机构服务工作的评价
服务管理标准	管理服务制度建立情况
	工作计划制订以及具体的实施办法和执行措施制定和执行情况
	服务资料提供情况
	服务记录情况
	财务管理情况
	人力资源管理能力

(二)案例分析与讨论

1. 政府与SD社工机构合作绩效的生成

从交易成本角度看,在X社区,政府采用招标方式选择SD社会工作服务中心,进而通过签订合约方式明确双方的权利、义务和责任,在合作过程中,政府还要进行财政绩效评价和服务绩效评价,这就最大限度避免了机会主义行为的发生。从社会交换和公共服务理论角度看,通过合作,政府的财政支出换来了社区公共服务数量和质量的提升，赢得了公众的支持和认同，从而提高了合法性，社工机构因为有经费支持也提高了服务生产能力。在X社区，政府每年投入200万元，社会组织为X社区居民提供了六大类公共服务，服务对象达到23877人次，占社区居民人数的62.3%。据地方政府委托中介机构对服务对象进行的电话访谈和面谈，X社区居民对社会组织提供的服务的满意度达到94.4%。从合作过程来看，合作绩效生成的条件是双方在合作过程中的相互沟通和密切配合。在X社区合作治理过程中，政府与SD社工服务中心建立良好的沟通协调工作机制，定期或不定期进行工作沟通磋商，能较好解决运营服务过程中的有关问题。社工中心与街道（购买方）、民政局（监督方）的合作关系良好，每月都召开沟通会，并提交服务情况和每月财务结算表。同时，由于SD社工服务中心具有高校背景，专业化程度较高，所以，地方政府对该机构也有较高的信任度。

但也要看到，地方政府与SD社工机构合作过程中也存在一些问题，这些问题制约了合作绩效的生成与提升。

一是政府方面存在的问题。作为官僚制科层组织，政府具有较高的理性化水平，虽然这种理性属于工具理性而不是价值理性。政府内部的专业化分工、严格的等级制和规范的权责关系、对法理化规则的遵从以及不以个人意志为转移的非人格化组织运行使政府具有其他社会组织所无法比拟的组织优势，但官僚制组织遇到的最大困境在于，在组织设计上已经最大限度地体现了人类的智慧和理性，却在实践中无法达到设计标准，主要问题就是组织运行效率不高，其中的原因可能在于组织设计过于繁琐和复杂，也可能是由于组织运行过程中人员的素质和责任能力没有达到应有的水平。当政府自身行政效率不高时，必然会降低合作绩效的水平。在X社区合作治理过程中，地方政府每年为项目投入200万元，这是合作绩效生成的物质基础，但项目审批和资金拨付的程序非常复杂，从项目立项到首次资金拨付要经过20多个部门审批，加盖20多个印章，历时5个月。政府运行的低效率使社会组织无法及时向社区居民提供公共服务。

二是社工机构方面存在的问题。与政府相比，社会组织的组织体制、结构和规模、运行机制和内部治理等方面都具有自身特点。总体上看，社会组织的管理更加具有弹性，体制机制更加灵活，但也存在制度化、规范化水平偏低、专业化程度不高等问题。当社会组织与政府合作时，这些问题就可能成为制约合作绩效提升的因素。在X社区合作治理过程中，由于SD社工服务中心成立时间较短，管理制度供给不足，工作缺乏科学的流程和规范，管理和执行成本较高，内部治理水平较低。在人力资源方面，管理者和专业人员数量不足，并且流动过于频繁。在合作协议期，社工服务中心主任已更换三人，对中心的服务开展产生了负面影响。根据合作协议，SD社工服务中心需要为X社区配备20名专业服务人员和3名督导，但实际上只有一部分服务人员具有专业资格证书。由于价值观和报酬问题，很多专业服务人员选择了辞职。

三是双方合作方面存在的问题。双方在合作中沟通的形式大于内容，也就是说制度化的沟通并不能真正解决一些实质性的问题。由于政府的政策具有刚性特点，社工机构提出的要求并不能得到政府的有效回应。另外，由于政府与社工机构在政治地位上处于一种事实上的不平等状态，政府又控制着财权，双方的沟通协调实际上表现为政府检查工作，社工机构处于一种被监督和服从的地位，他们会尽量把好的一面展示给政府，而把不好的一面隐藏起来，由此双方就会形成一种博弈关系，制约合作绩效的提升。

2. 政府与社工机构合作绩效的测量与评价

一般来说，绩效评价涉及三个基本问题，即评价主体、评价内容、评价方法。对于政社合作绩效评价来说，其评价的组织实施应该由独立的第三方机构来进行，评价主体应该包括政府、社会组织和服务对象，它们可以分别进行自评、互评和参评。在评价内容方面，不仅要评价合作过程中的政府绩效、社会组织绩效，而且要评价合作产出绩效和结果绩效。在评价方法上，需要在设计科学的评价指标基础上采用科学的方法进行客观评价和主观评价。据此反思X社区合作治理绩效评价，发现存在以下问题：

第一，在评价组织实施上，由当地区政府有关部门组织专家直接进行评估，对于年终评估不合格的服务提供方不予续签合约，按照政府采购工作程序重新确定运营机构。这种评价的组织方式存在的问题是，政府既是合作参与方又是绩效评价者，不能保证评价的公正性和客观性，评价的目的在于强化政府对社工机构的监管，而不是提升合作绩效。社工机构为了获得更多的财政经费，可能会提供虚假绩效信息。政府虽然聘请专家参与评价，但也可能出现评价专业化不足的问题。例如，X社区有3万多居民，但在2013年末期评估中，评估专家只随机抽取了18位服务对象进行了（电话或面谈）访谈，结果94.4%的服务对象都表示满意社工机构提供的整体服务。由于样本选择偏少，评估结果并不具有科学性和可靠性。

第二，在评价内容上，现有评价包括专业服务、服务数量、服务质量和服务管理，其中服务管理又包括设施建设、服务对象权利保护、协调沟通机制建设、人力资源配置、人力资源配置、服务提供的数量六个方面的内容。这种评价存在两个问题：一是注重产出绩效评价，对投入绩效和过程绩效评价不够，特别是缺乏对政府与社会组织合作管理绩效评价。二是注重对社会组织表现的评价，缺乏对政府表现的评价。而政府在合作中的表现对合作绩效提升具有决定性作用。在政府主导的评价模式中，政府自身表现很难纳入评价内容之中。

第三，在评价方式上，现有评价主要方式为听取汇报、查阅资料、面谈和电话访问，这种评价方式存在的问题，一是评价带有上级检查工作的性质，并不能获得真正意义上的绩效信息。二是注重客观评价，忽视主观评价。从指标设计来看，主观评价指标很少，服务对象满意度评价过于宏观和笼统，没有进一步地细化指标，导致每次评价满意度得分都在95%左右，说明评价指标缺乏辨识度。三是部分指标界定不清楚、标准不明确，难于操作。如服务成效评估指标中，以服务对象改变率衡量服务质量的优劣，由于服务对象改变程度难以定量，这一指标在评估过程中就很难操作。

因此，从X社区合作治理来看，我国现阶段政府购买社会组织服务绩效评价并不是真正意义上的政社合作绩效评价，只有按照合作绩效评价的模式进行政府购买社会组织服务绩效评价，特别是把政府表现和政府与社会组织合作过程纳入评价范围，设计科学的评价指标，由独立的第三方机构实施评价，才能真正改善和提升政府购买社会组织服务绩效。

第八章　　　〉〉〉〉〉

政府与社会组织合作治理绩效
影响因素分析

一般来说，无论是组织绩效还是个人绩效，都会受到多种因素的影响。就组织绩效来说，其影响因素包括社会环境、经济环境、制度环境等外部因素和组织战略、组织文化、组织结构、技术水平以及领导能力等内部因素。这些因素对组织绩效的影响强度各不相同，对此，学术界已有较多研究。对于组织间合作绩效来说，其影响因素除了外部环境和组织自身因素外，组织间合作因素也会对合作绩效产生重要影响，这些合作因素主要包括组织间合作模式、合作关系和合作行为等。本章主要研究合作因素对政府与社会组织合作治理绩效的影响，在理论分析的基础上提出研究假设，为实证研究做准备。

一、政社合作模式对合作绩效的影响

（一）政社合作模式的比较与甄别

合作关系是政府与社会组织的重要关系类型。政府与社会组织的合作模式，国内外许多学者都对此进行过研究。吉德伦（Gidron）、克莱默（Kramer）和萨拉蒙（Salamon）通过对发达国家政府和社会组织的关系进行跨国比较之后，根据服务的实际供给、服务的资金筹集和授权这两个关键要素，构建了政府与非营利组织关系的四种基本模式，即政府支配模式、非政府组织支配模式、二元模式、合作模式。见表8-1。

表8-1　政府与非营利组织关系的四种模式[①]

	政府主导模式	非营利组织主导模式	二元模式	合作模式
资金筹集	政府	非营利组织	政府/非营利组织	政府
服务提供	政府	非营利组织	政府/非营利组织	非营利组织

政府主导模式和非营利组织主导模式就是政府或非营利组织在服务资金筹集和服务提供过程中分别发挥主导作用。这两种模式分别位于政府与非营利

[①] Benjamin Gidron, Ralph Kramer Kramer, Lester M. Salamon. *Government and The Third Sector: Emerging Relationships in Welfare States*[M]. San Francisco: Josser-Bass Publishers, 1992.

组织关系模式的两端。二元模式是指政府和非营利组织在服务资金筹集和服务提供过程中都发挥作用，但又都局限于各自的领域，两者并没有展开合作。二元模式一般有两种情形：一是两者提供的服务是相同的，但政府只提供了一部分服务，剩余的服务由非营利组织进行补充；二是由非营利组织提供政府尚未提供的公共服务。合作模式是指由政府和非营利组织合作提供公共服务，通常是由政府负责筹集和提供资金，由非营利组织负责提供服务。在合作过程中，如果非营利组织拥有较多的决策权和自主性，那么两者的合作就属于"合作的伙伴关系"模式（collaborative-partnership model）；如果非营利组织只是政府提供服务的执行者，缺乏决策权和自主性，两者的合作就属于"合作的卖者"模式（collaborative-vendor model）。

王川兰把政府与社会组织合作模式划分为委托模式和替代模式两种类型。所谓委托模式就是指政府通过合同或协议等一定的形式委托社会组织行使某些公共职能，提供一定的公共产品和服务。委托模式一般表现为项目、工程合同和技术性合作等，比较适用于专业知识和技能服务含量高的民营非企业部门和专业协会。替代模式是指社会组织通过独立自主、积极主动地开展活动，从而在事实上起到了替代政府一部分职能的效果。委托模式往往表现为项目合作、合同承包和资金投入等形式，侧重于具体的任务、项目、工程；而替代模式无须政府特定的授权及参与，而是民间组织自主自觉地开展公益性活动，政府只需给予一些政策上的认可和支持。①

汪锦军认为，政府与社会组织合作带来三种类型的功能：协同增效、服务替代和拾遗补阙。每一种合作功能的实现都有与之对应的具体合作形式，由此区分出相互嵌入、制度化协同、弱制度化协同、公设民营、竞争式外包、伙伴式外包、存量服务和增量服务八种具体合作形式。协同增效，就是政府和非营利组织要共同努力，付出各自的资源，承担相应的责任，以实现原来无论是非营利组织还是政府都无法单独完成的公共服务目标。服务替代，是指这些公

---

① 王川兰：《委托与替代：第三部门履行公共职能的模式研究》，《上海行政学院学报》2003年第1期，第55—63页。

共服务原来是由政府来提供的，由于在这些服务领域，非营利部门具有提供服务的优势，为此政府将这些原本自己提供的服务转交给非营利组织来提供。拾遗补阙，从功能上说，意味着政府与非营利组织在公共服务上是相互补充的。而且，两者依然存在一定程度的协调沟通。因此，拾遗补缺可以认为是互动程度最低的合作形式。①

国内外学者关于政府与社会组织合作模式的分类存在较大差异，这反映了政府与社会组织合作关系的复杂性。到底政府与社会组织的关系哪些属于合作关系？哪些不属于合作关系？学者们的研究给出了不同的结论。正是由于对合作关系的界定不同导致对合作模式的类型划分也不同。因此，要科学划分政府与社会组织合作模式，首先要界定两者的合作关系。笔者认为，政府与社会组织合作必须同时具备以下主体、客观和主观三个方面的要件：一是合作的主体要件。合作一方必须是具体的某一层级的政府，可以是中央政府，也可以是某地方政府或基层政府，也可以是政府的某一部门。在我国当前政治体制下，工会、共青团和妇联组织等政治性社团具有十分浓厚的行政色彩，它们虽然属于群团组织，但与一般的社会组织有根本性的区别，它们拥有行政资源、行政级别，不需要到民政部门登记注册，也不接受民政部门的监管。调查表明，许多社会组织都把群团组织当做官方机构，因此，也可以把群团组织与社会组织的合作纳入政社合作范畴。合作的另一方必须是具体的某一个或几个社会组织，它们一般是正式在民政部门注册的社会团体、民办非企业和基金会，也可以是在地方政府备案的社会组织。二是合作的客观要件。合作双方必须具有合作行为，合作双方的行为共同指向某一特定对象，彼此联系、互相配合，成为一个有机统一的整体，合作行为与结果之间都存在着因果关系。合作双方在合作过程中有职责划分，有沟通交流和资源交换。三是合作的主观要件。政府与社会组织双方都有合作的意愿，对对方进行过了解和考察，希望能够通过与对方合作实现共同目标或者各自目标。总之，合作主体是具体的，不应该是抽象

———————

① 汪锦军：《走向合作治理：政府与非营利组织合作的条件、模式和路径》，浙江大学出版社2012年版。

的，合作意愿是明确的，合作双方的职责是清晰的。不符合这三个要件的关系都不属于合作关系。比如，在公共服务供给中，某级政府和某社会组织各自发挥自身优势，以不同的方式为不同的群体提供着不同的公共服务，政府与社会组织双方并没有什么直接联系（政府对社会组织的监管除外），更没有采取什么共同行动，这就不属于合作关系。

（二）政社合作的互补模式和替代模式

基于上述分析，笔者把政府与社会组织的合作模式划分为互补模式和替代模式。互补模式是指政府与社会组织拥有各自的资源优势，在合作中双方都需要借助对方的资源，在分工的基础上采取共同的行动，承担相应的责任，才能实现各自的目标或共同的目标。如果不依赖对方的资源，任何一方都无法单独完成预期的目标。互补模式的主要特征：一是合作双方的法律地位是平等的，双方拥有的资源都受到法律的保护，这是双方能够进行资源交换和优势互补的前提条件。合作双方的资源虽然具有依赖性和互补性，但双方的身份是独立的，尤其是社会组织对政府并不存在依附关系。二是合作双方在合作中需要共同投入资金、人力、物力和组织等资源，双方的资源具有依赖性，在功能上只能相互补充和促进，不能相互替代。只有双方协同作用，发挥各自的优势，才能最终实现目标。三是合作双方的资源依赖和互补程度由双方的合作意愿和需求所决定。双方的合作关系可以是非制度化和临时性的，也可以是制度化和长期的。四是双方需要共同承担公共服务的责任，根据互补性的程度划分承担责任的比例。如果主要的资源由政府支配，社会组织只是处于补充地位，就应该由政府承担主要责任。

替代模式就是在公共服务供给中政府与社会组织进行分工，政府作为公共服务的提供者，社会组织作为公共服务的生产者，生产的成本和费用由政府承担，也就是说，政府把本该由自己承担的公共服务生产职能剥离出来，由社会组织替代政府履行公共服务生产职能。由于在实践中政府通常采用合同外包的方式购买社会组织生产的公共服务，所以，替代模式也可以称为合同外包模式或政府购买模式。替代模式的主要特征：一是公共服务的提供和生产分别由政府和社会组织来承担。"提供"是指政府根据公共财政状况，决定服务的类型和规模，对服务生产进行安排和监督。"生产"是指社会组织根据政府的服务安排，把财政投入转化为服务产出。二是服务替代的主要方式是服务外包。由政府采取竞争性或者直接委托的方式选择社会组织，通过签订服务外包合同明确双方的权利义务，合作供给公共服务。三是由于政府是公共服务的经费提供者和服务决策者，所以政府对作为消费者的公众要承担公共服务的责任，当服务质量出现问题时，公众有权向政府问责，政府再向社会组织追责。也就是说，政府是公共服务的责任主体，社会组织要承担连带责任。四是替代模式的实质是公共服务的社会化和市场化，以此提高公共服务的供给效率，降低服务成本。相对于互补模式来说，替代模式是政府与社会组织合作的主要模式，也是实践中最为常见的模式。随着中国政府大量采用替代模式供给公共服务，这方面的案例非常之多。

（三）互补模式与替代模式对合作绩效的影响

在工商管理研究中，学者们对企业间合作治理模式对合作绩效的影响研究较多。[①]在公共管理研究中，有关合作模式对合作绩效影响的研究，相关文献还很少见，但这种影响是客观存在的，需要在理论上进行解释和分析。就政府与社会组织合作模式来说，互补模式与替代模式都会对合作绩效产生直接影响，并且两种影响可能还存在一定的差异性，也就是说，不同的合作模式带来的合作绩效是不一样的。

埃莉诺·奥斯特罗姆对政府与非营利部门合作提供公共物品的替代性模式和互补性模式对合作绩效的影响进行了理论解释。根据经济学原理，由于公共物品具有非竞争性和非排他性特点，所以私人部门提供公共物品是没有效率的，而政府由于可以用公共财政来支付公共物品供给成本，所以政府应该成为公共物品的有效供给者。但从实际情况来看，政府部门也不能单独有效

---

① 吴波、贾生华：《企业间合作治理模式选择及其绩效研究述评》，《软科学》2006年第5期，第20—24页。

供给公共物品。与其他物品的生产一样，公共物品的生产也要经历一个从投入到产出的过程。奥斯特罗姆用一个函数来表示政府与非营利部门的关系，如图8-1所示，Q_1、Q_2、Q_3代表公共物品的产出，如果政府和公民之间在生产投入上具有高度的相互"替代性"（substitutability），那么，两者就不可能进行协同（synergy）生产。到底应该由公共部门生产还是由公民生产，主要取决于哪个部门的生产成本更低。如B_2（budget constraint）对照Q_2所示，当政府部门生产成本低于公民生产成本，则由政府部门生产；反之，B_1（budget constraint）对照Q_2之情形则应该由公民生产。如果双方的投入呈现"互补性"（complementarity）时，则公私合作就会产生增效的结果。图8-2的Q_1代表政府与公民共同投入成本予以达成的公共物品产出，当遇到B_1时，政府能以最低成本的生产投入A_2与公民最低成本的生产投入C_1，协作生产该项公共物品Q_1；反之，在B_2时，政府以最低成本的生产投入A_1与公民最低成本的生产投入C_2合作生产产出Q_1。[1][2]

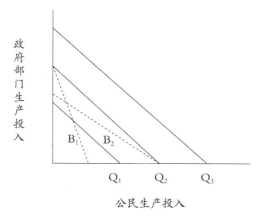

图8-1　公私部门生产投入的替代性

①　Ostrom E. Crossing the Great Divide: Coproduction, Synergy, and Development[J]. *World Development*, 1996, 24（6）:1073–1087.

②　汪锦军：《走向合作治理：政府与非营利组织合作的条件、模式和路径》，浙江大学出版社2012年版。

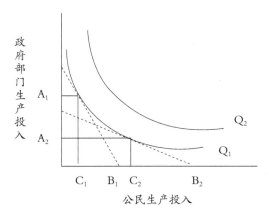

图8-2 公私部门生产投入的互补性

显然，根据奥斯特罗姆的模型解释，政府与非营利部门合作提供公共物品时，只有互补性模式才能产生比单一组织提供公共物品时更高的效益，而替代性模式并不会产生额外的效益。但是，这并不是说，替代性模式是无效的合作模式。从生产成本来看，对于相同数量的公共物品，如果由政府独自生产的成本高于非营利部门的生产成本，那么，政府通过外包方式让非营利部门替代政府进行生产，就可以在总体上节约生产成本，创造更多的效益。

王浦劬、萨拉蒙等学者专门探讨了政府与社会组织合作的替代模式（服务外包）所产生的合作绩效。这种合作绩效分别体现为通过合作给政府、社会组织和受益人三方带来的收益。一是政府的收益。其中包括：社会组织规模较小，反应更灵活，可以提高社会服务的质量；可以获得那些通常为社会组织所拥有的处理问题的专业知识和经验；通过私人捐赠和志愿的方式，能够动员更多的资源；能够以收费形式将部分服务成本转移给用户；能够利用社会组织在解决棘手问题时所设计的创新方法；及早识别需要解决的问题；促进社会资本与社会和谐；能够以更灵活的方式应对问题，而不必建立庞大的政府官僚机构。二是社会组织的收益。主要包括：增加获取资源的渠道；由于资源和人力增加，提升其能力；履行使命的能力得到增强；具备影响政府政策内容的潜在能力，从而改善处理问题的方式；减少在成本高昂的捐助活动上花费的宝贵时间和资源；资金来源趋于稳定。三是受益人的收益。其中包括：有更多的服务提供方可以选择；服务的提供更加细致、人性化；服务提供方回应性更强；与服务提供方建立更多的私人关系；为利益相关的项目增加支持者。[①]

政府与社会组织合作的互补模式和替代模式对合作绩效的影响还可以从资源依赖理论视角进行解释。资源依赖理论认为，任何组织都无法生产自身所需要的所有资源，因此，组织必须要在特定的环境中获取生存所需要的资源。所有组织都在与环境进行交换，并由此获得生存与发展。一个组织在与其他组织进行资源交换时，双方就产生了资源依赖性。Pfeefer和Nowak将合作组织之间由于资源的不流动性、稀缺性等特点引起的对彼此资源的产生需求的关系称之为资源依赖。组织对资源依赖程度与资源的可获得性以及资源之间的互补度有关。相关研究表明，资源依赖度与资源的可获得性呈负相关关系，而与资源之间的互补度呈正相关关系。[②]Thompson将资源依赖性分为外生的依赖性和内生的依赖性，前者来源于对方资源的稀缺性/不可替代性，后者来源于双方资源的内在关联。[③]Madhok和Tallman将资源依赖关系分为结构依赖和过程依赖，所谓的结构依赖是指合作组织间资源具有不可替代性，过程依赖则是指合作组织的资源在创造价值的过程中具有不可分离性。[④]

Anderson和Narus认为合作组织之间的资源依赖从某种程度上反映了合作可能给组织带来的收益程度，会间接地对合作绩效产生影响。[⑤]Gulati认为资源依赖程度的高低会影响合作绩效，具有高度互相依赖的组织要比低依赖的组

---

① 王浦劬、［美］L·M. 萨拉蒙等：《政府向社会组织购买公共服务研究——中国与全球经验分析》，北京大学出版社2010年版。

② Pfeefer J, Nowak P. Joint Ventures and Interorganizational interdependence[J]. *Administrative Science Quarterly*, 1976(21): 398–418.

③ Thompson JD. *Organizations in Action: Social Science Bases of Administration*[M]. New York: McGraw-Hill, 1967.

④ MadhokA, Tallman S B. Resources, Transactions and Rents: Managing Value Through Interfirm Collaborative Relationships[J]. *Organization Science*, 1998(9):326–339.

⑤ Anderson J C., Narus J. A. Partnering as a Focused Market Strategy[J]. *California Management Review*, 1991(33): 95–113 .

织更有可能建立合作关系。①Lusch和Brown在研究组织间合作关系时发现，组织间的资源依赖与合作绩效呈正相关关系。②Monckza的研究证明了，合作伙伴间的相互依赖度越高，合作绩效就越高。③Das和Teng认为合作伙伴间的相互依赖有助于合作绩效的提升，依赖程度与合作绩效呈正相关关系。④Holm和Eriksson认为，合作双方的资源依赖可以通过联结合作双方的利益，从而使合作双方共同努力去创造价值，合作绩效的提升正是这种价值的体现。⑤Dyer和Singh认为，组织间在价值创造过程中的资源依赖性使得双方的利益更加紧密地绑定在一起，促进了合作绩效的提升。⑥

政府与社会组织合作的互补模式和替代模式本质上都是资源的相互依赖。对于互补模式来说，政府与社会组织的合作是双方资源的全面对接和相互吸纳，这种合作重新整合和配置了双方的优势资源，弥补了对方的不足，因而能够提升双方的合作绩效。在互补模式下，合作双方的资源依赖性越强，说明双方的互补性越强，合作绩效就会越高。对于替代模式来说，政府与社会组织的合作是双方最优势资源的交换，即政府的财政资源与社会组织的专业化管理和服务之间的交换。在替代模式下，政府与社会组织的最优势资源越丰富，说明双方的替代性越强，合作绩效就会越高。根据上述分析，特提出如下研究假设：

---

① Gulati R . Does Familiarity Breed Trust: The Implications of Repeated Ties of Contractual Choice in Allinaces[J]. *Academy of Management Journal* 1995(35): 85–112.

② LuschRC, BrownJR. Interdependency, Contracting,and Relational Behaviorin Marketing Channels[J]. *Journal of Marketing*, 1996(60):19–38.

③ MonckzaR. M., Peterson K. J., Handfield, R. B . & Ragat Z, G. L. Success Factors in Stegie Supplier Alliances: the Buying Company Perspective[J]. Derision Sciences, 1998(29): 553–577.

④ DasT K, Teng B S. Resource–based theory of strategicalliance[J]. *Journal of Management*, 2000(26): 31–61. Holm D. B. , Eriksson K, Johansson J. Creating Value through Mutual Commitment to Business Network Relationships[J]. *Strategic Management Journal*, 1999(20): 471.

⑤ Holm D. B. , Eriksson K, Johansson J. Creating Value through Mutual Commitment to Business Network Relationships[J]. *Strategic Management Journal*, 1999(20): 471.

⑥ DyerJH, SinghH. The Relational View: Cooperative Strategy and Sources of Interorganizational Competitive Advantage[J]. *Academy of Management Review*, 1998(23): 660–679.

假设H1：政社合作模式对合作绩效有显著影响。

假设H1a：政社合作的互补性增强对合作绩效具有显著的积极影响。

假设H1b：政社合作的替代性增强对合作绩效具有显著的积极影响。

二、政社合作关系对合作绩效的影响

组织间合作关系状况直接关系到组织间合作绩效，因此，组织间合作关系管理是管理学研究的重要主题。在工商管理研究中，一般用关系质量这个概念来描述组织间合作关系的状况。大多数学者认为，关系质量反映了合作关系对合作双方需求和期望的满足程度，信任、承诺、满意是衡量关系质量的主要维度。关系质量理论对分析和解释政府与社会组织的合作关系具有重要的借鉴意义。在实践中，有的政府与社会组织的合作关系比较密切，能够长期进行合作，而有的合作关系则缺乏可持续性，这说明，政府与社会组织的合作关系也存在一个质量高低的问题。那么，如何衡量政府与社会组织的合作关系质量？从表面上看，可以使用双方交流的频次、合作持续的时间等客观指标进行测量，但这种评价测量可能是不准确的，因为交流频次多和合作时间长并不一定代表双方合作关系质量高。如果使用合作关系满意度等主观指标来测量关系质量则相对比较准确。从政府与社会组织合作关系的特点来看，决定双方合作关系质量最重要的因素应该是信任和公平，也就是说，双方信任和公平程度高，关系质量就会越高。信任和公平既是关系质量的前提和基础，又是关系质量的测量标准。因此，这里对政府与社会组织合作关系中的信任和公平进行专门分析。

（一）政社合作中的信任及其对合作绩效的影响

信任问题是心理学、社会学、经济学和管理学等领域中的热门研究话题。关于信任的内涵，不同学科的分析视角各不相同。心理学关注个人心理状态及其对环境的反应，把信任当做人们的心理特质之一，认为不同的个人有不同的信任倾向。社会学是从社会关系的视角分析信任的，它把信任当做社会关系的特质，是人与人之间或者制度之间的相互关系的嵌入性（embedded）因素。经济学是从经济理性的视角来研究信任的，把信任看成是一种理性的计算或制度因素。一般来说，信任具有如下特点：首先，信任是对他人履行承诺的信心和预期。其次，信任与风险的存在有关。这种风险主要来自于一方可能会利用另一方的弱点谋取不当利益。当这种风险不存在的时候，也就不需要信任了。再次，信任的产生还有赖于合作各方的相互依赖，一方的利益如果不依靠另一方就不能实现。

关于政府与社会组织合作中的信任问题，也有一些学者进行了研究，但总体上文献较少。田凯运用社会学理性选择理论代表人物科尔曼的信任理论，分析了中国的政府与非营利组织的信任关系。但他主要是研究政府对非营利组织的信任，而不是相互信任。他认为，由于政府在某种程度上依赖于非营利组织帮助其解决社会问题，参与公共管理，它有对非营利组织给予信任的需要。但如果非营利组织的行为超出了政府的预期范围，政府将蒙受损失。政府对于是否应该对非营利组织给予信任存在着矛盾性。在这种情况下，政府通过建立某种社会结构、创立严格的进入制度、惩罚和奖励机制，来监督和约束非营利组织的运行。这两套维持信任的机制的实施，大大提高了非营利组织值得政府信任的概率。①徐贵宏专门探讨了政府与非政府组织之间的信任与合作问题。他认为，政府与非政府组织之间的信任是指双方都认为对方都会为谋求社会公共利益最大化而共同努力，而不会滥用己方组织优势损害对方的组织利益和社会公共利益，相信对方组织会履行承诺并采取切实的行动，是对对方组织履行合作承诺的一种期望，既有对理性因素的考虑，也有对非理性因素的考虑。他将信任分为关系型信任、计算型信任和制度型信任，将合作划分为计算型合作、关系型合作和制度型合作。在此基础上，从政府组织特征、双方关系特征、制度特征三个方面，探讨了政府与非政府组织之间的信任形成机制。他通过实证研究证明了两个与传统理论不同的结论：其一，在一定程度上，政府与

---

① 田凯：《政府与非营利组织的信任关系研究——一个社会学理性选择理论视角的分析》，《学术研究》2005年第1期，第90—96页。

非政府组织之间关系型信任同制度的完备与有效性存在显著负相关关系；其二，在一定程度上，制度型合作同政府与非政府组织之间关系型信任存在显著负相关关系。[①]

根据上文对信任的分析，政府与社会组织之间的信任实际上也是一方对另一方履行承诺的信心和预期，同时也是双方相信对方不会利用己方弱点谋取不当利益的一种信念或者心理状态。从政府对社会组织的信任来说，社会组织要得到政府的信任需要具备以下条件：一是依法成立，运行规范。一般来说，现代国家的法律都会对社会组织的成立设立条件和门槛，只有具备法律规定的资格并按照相关程序依法登记注册的社会组织才具有合法身份，只有那些依法成立之后治理结构完善、制度健全、运行规范的社会组织，才能够给政府以信心和行为预期，从而赢得政府的信任。这种信任可以称之为制度型信任。二是功能发挥正常。社会组织的主要功能就是参与社会管理和提供公共服务，组织开展的活动应该在组织成立时政府许可的范围内进行，并且尽可能地发挥自己的功能。如果社会组织为了自身目标，其活动超出政府许可的范围，甚至从事反对政府的活动，威胁到政府的行政，那么对政府来说就会面临巨大风险，政府不仅不会对社会组织产生信任，而且会采取行政手段进行监管，甚至依法取缔。只有那些作用大、能力强、符合政府要求的社会组织才能赢得政府的信任。这种信任可以称之为计算型信任。三是与政府互动频繁，关系密切。社会组织在与政府的频繁互动中进行感情投资，真诚地表达出对政府的关心和关注，让政府更多地了解社会组织的信息，给政府以信心。在互动中累积的信息使得政府对社会组织未来的意图产生期待，从而形成以情感和认同为基础的信任。这种信任可以称之为关系型信任。

从社会组织对政府的信任来说，政府要赢得社会组织的信任需要具备以下条件：一是依法行政。政府拥有公共权力，并且政府运行有相对完善的法律和制度基础，这使社会组织容易对政府产生制度型信任。但是，如果政府不

---

① 徐贵宏：《非政府组织与中国政府部门间的信任与合作关系实证研究》，西南交通大学2008年博士学位论文。

依法行政，特别是在社会组织监管方面滥用权力，限制和阻碍社会组织发展，这就会消解社会组织对政府的制度型信任。二是廉洁高效。政府与社会组织合作的目的在于实现公共利益最大化，如果政府追求部门利益或工作人员私人利益，将会使政府失去公共性，从而失去社会组织的信任。同时，如果政府行政效率低下、等级森严、官僚主义严重，社会组织就会感到与政府的合作交往中不受尊重，缺乏公平，从而对政府产生厌恶，甚至逃离，就谈不上信任了。三是履行承诺。履行承诺是合作双方都应该承担的基本责任，但对于政府来说要优先做到，因为政府是相对强势的一方。如果社会组织不履行承诺，政府可以运用公共权力进行干预和惩罚；但如果政府不履行承诺，社会组织则缺乏强制力保证；如果通过司法途径解决，社会组织可能会付出更大的代价。因此，政府自觉履行承诺才能使社会组织产生信心和可靠预期，从而对政府产生信任。

总体上看，我国政府与社会组织之间的信任呈现出复杂的状况。据笔者在广东省中山市的调查，分别有56.6%的政府部门工作人员和46.2%的社会组织工作人员表示非常同意或同意"政府对民间社会组织不信任"。同时，分别有76.6%的政府部门工作人员和60.8%的社会组织工作人员表示非常同意或同意"民众对社会组织不够信任"。这说明，不仅政府对社会组织信任度总体偏低，而且民众对社会组织的信任度也不高。其中的原因可能在于，长期以来，政府包揽社会管理和公共服务，对社会组织发挥作用不够放心，同时，社会组织自身在发展过程中也存在诸多问题，如制度化水平低、管理不规范、信息不透明、能力不足等，影响了社会组织的公信力。这些问题在民间社会组织特别是一些未经注册的草根组织身上表现比较突出，所以政府对这部分社会组织保持了较高的警惕性，两者的合作比较困难。据笔者调查，具有公办性质的社会组织更容易得到政府的信任而与政府进行合作，比如，在政府购买社会工作服务过程中，政府更倾向于选择具有公立高校背景的社工服务机构作为合作伙伴。从社会组织功能类型来看，现阶段政府允许行业协会商会类、科技类、公益慈善类、城乡社区服务类共4类社会组织直接向民政部门依法申请登记，说明政府对这几类社会组织比较信任，希望它们能够快速发展，在社会管理与公共服务中发挥作用，但对于具有政治功能和维权功能的社会组织，政府则采取了限制措施。这种分类控制策略反映了政府对社会组织信任的复杂性。这种复杂性又反过来影响社会组织对政府的信任状况。不同类型的社会组织对政府的信任程度也不相同。据笔者调查，绝大多数经过政府批准正式登记注册的社会组织对政府拥有较高的信任度，它们希望能够与政府合作，获得政府的权力和资源支持，同时也希望能够保持组织的自主性。但也有一部分社会组织特别是草根组织刻意与政府保持一定的距离，甚至对政府持有戒备心理，其背后反映了对政府的不信任。我国政府与社会组织之间信任的复杂性决定了政府与社会组织合作的广度与深度，同时也深刻影响到两者的合作绩效。

信任是合作的基础，没有信任，人们之间就很难合作。那么，信任影响合作的内在机理是什么？人与人之间或者组织与组织之间是不是越信任，合作绩效就会越高？对此，许多学者进行了研究。马克斯·韦伯认为，只有在人与人之间具有广泛信心与信任的基础下，财物交易才成为可能。由于认知能力的局限性，人对他人的动机、内在变化和外在变化不能完全掌握，信任就是弥补人们认知和预见能力有限性的一种方法，是解决信息不对称性的一种有限理性方法。卢曼认为，在影响合作关系的诸多因素中，合作成员之间的相互信任起到了关键的作用。[1]Williamson认为人的理性是有限的，而且为寻求自我利益还会追求机会主义，组织是克服有限理性的经济工具，扩大控制和监督程序可以减少对信任的需要（尽管不能完全消除），尽管如此，他还是认为信任能够降低交易成本和减少机会主义。[2]Zaheer等人认为，组织间信任促使双方开放自身资源，积极履行承诺，有效解决合作冲突，促使双方资源有效整合，从而提升合作绩效。[3]

---

① ［德］尼克拉斯·卢曼：《信任：一个社会复杂性的简化机制》，瞿铁鹏等译，上海人民出版社2005年版。

② Williamson, O.E. Calculativeness,Trust,and Eeonomic Organization[J]. *Journal of Law and Eeonomies*, 1993(34): 453–502.

③ Zaheer A, McEvily B, Perrone V. Does Trust Matter? Exploring The Effects of Interorganizational and Interpersonal Trust on Performance[J]. *Organization Science*, 1998(9):141–159.

　　根据上述分析，政府与社会组织之间的信任也会对双方的合作绩效产生影响，这种影响主要表现在：一是降低合作的交易成本。根据科斯（R.H.Coase）的定义，所谓交易成本就是在一定的社会关系中，人们自愿交往、彼此合作达成交易所支付的成本。从本质上说，有人类交往、互换活动，就会有交易成本，它是人类社会生活中一个不可分割的组成部分。交易成本主要包括搜寻成本，即寻找最适合交易对象的成本及寻找交易标的物的成本；协议成本，即指交易双方为消除歧见所进行谈判与协商的成本；订约成本，即当双方达成共识而进行交易时签订契约所投入的成本；监督成本，即契约签订后，监督对方是否依约执行的成本；违约成本，即契约签订后，当交易一方违约时，另一方激励契约之履行所花费的成本。如果政府与社会组织之间缺乏信任，双方就会制定繁琐的合作规则，以有效约束双方的行为，但在有限理性支配下，再完善的规则也可能存在漏洞，为了避免可能发生的风险，必然要加强控制和监督，由此，上述交易成本就会大幅上升。但在双方信任的情况下，双方都能够自觉遵守已达成的协议，不要外部监督。如果因为协议不完备而发生争议，双方也可以协商解决，而不用诉诸法律，这样就可以有效地降低交易成本。二是促进信息共享，降低信息获取成本。信息共享指不同层次、不同部门信息系统之间信息交流与共用，就是把信息资源与其他人共同分享，以便更加合理地达到资源配置、节约社会成本、创造更多财富的目的。它是提高信息资源利用率，避免在信息采集、存贮和管理上重复浪费的一个重要手段。信任是促进信息共享的决定性因素之一。当组织之间缺乏信任时，就会相互封锁和隐瞒信息，由此就会加大双方获取信息的成本。政府与社会组织是两种不同类型的组织，各自的信息具有很强的异质性，在合作中进行信息交流和共享十分必要。当政府与社会组织高度信任时，各自都会向对方公开信息，减少误判，提高决策的科学性，从而促进合作绩效的提升。三是促进资源优势互补。学者们的研究已经证明了，当合作组织之间信任时，组织就会向对方开放优势资源，增加专用性资源的投入。政府与社会组织各有自己的优势资源，政府拥有公共权力和财政资源，社会组织拥有专业知识和社会资本，只有当两者相互信任时，特别是当政府投入公共权力和财政资源不存在公共性丧失的风险时，政府与社会组织才会最大限度投入自己的专用性资源，从而实现资源优化配置和优势互补，提升合作绩效。

（二）政社合作中的公平及其对合作绩效的影响

根据《辞海》对"公平"词条的解释，作为一种道德要求和品质，公平是指按一定的社会标准（法律、道德、政策等）、正当的秩序合理地待人处世，是制度、系统、重要活动的重要道德性质。早期的公平理论主要是从组织行为学的视角探讨组织内部员工公平感知对员工行为的影响等问题。美国社会心理学家Adams创立的公平理论从社会心理学的视角探讨了人们的公平感知对行为的影响等问题，认为人们会计算自己的收获（outcome）与投入（input）之比，并且会与参照对象的收获与投入之比进行比较，从比较的结果来判断分配结果是否公平：如果比值相等，人们会产生公平感，并采取更多的良性行为；如果比值不相等，人们会产生不公平感，并采取更多的消极行为。因此，人们工作的绩效水平，会与其所获得的结果公平的认知息息相关。[①]Adams的公平理论是从分配公平（distributive justice）的角度分析公平现象的，即关注分配结果的公正程度。Thibaut和Walker在研究人们对于争议的处理过程中，提出了程序公平（procedural justice）的概念。他们认为，人们除了对于最终分配结果的产生公平感知以外，同时也会对决策程序存在公平感知，当人们认为他们能够在更大的程度上对程序进行有效的影响，即使最终的结果对自身可能不利，人们都会更有可能认为这个合作是公平的，这种对于事件所伴随的程序的关注被视为程序公平。[②]Greenberg认为，互动公平包含两层含义：一个被称为人际公平，即在交往中所受到的人与人之间对待的感知，例如，尊重、礼貌、友好等；另一个被称为信息公平，即在交往中所受到的相互之间对问题的解释的感知。由此看出，互动公平是人们在交往中相互对待的公平。综合而言，分

---

① Adams, J. S. *Inequity in Social Exchange*[M]// *L. Berkowitz Ed., Advances in Experimental Social Psychology*. New York: Academic Press.

② Thibaut J, Walker L. *Procedural Justice: A Psychological Analysis*[M]. HIllsdale, NJ: Erlbaum.

配公平、程序公平和互动公平构成了公平的内在结构。[①]

公平理论不仅可以分析组织内部个体之间的关系，而且可以用来分析组织间合作关系。根据Adams的观点，合作组织之间的分配公平由合作双方在合作过程中的投入与报酬之比来决定。如果合作双方认为彼此在合作过程中投入与报酬比能够达到平衡，则表示双方被公平地对待。[②]Greenberg和McCarty认为，程序公平主要指人们对合作伙伴采取与其有关的程序与过程的公平性感知。它通常由合作双方在合作过程中共同决策、发表意见、制定和执行程序和规则的公平性来决定。也可以用合作伙伴在同等条件下是否对所有合作者采用相同的政策和可以反驳合作伙伴政策的程度等维度来衡量。[③]Bies和Moag认为，合作组织之间的互动公平性是指在接触过程中，合作双方之间的互动方式对公平感的影响，可以看做判断合作双方相互对待的方式和互动沟通方式的准则。[④]

与其他组织之间合作一样，在政府与社会组织合作关系中也存在公平问题。笔者在对中山等地的调研中发现，有75%的政府和社会组织工作人员认同"社会组织是政府的助手"，但也有25%的人表示不认同；有55%的政府和社会组织工作人员认同"社会组织与政府是平等的社会管理主体"，但也有45%的人表示不认同；有82%的政府和社会组织工作人员认同"政府与社会组织是合作伙伴关系"，但也有18%的人表示不认同。一些社会组织负责人反映"与政府打交道不容易""有时不受重视和尊重""我们的意见政府有时听不进去""政府对待公办社会组织和民间社会组织不能一视同仁""我们工作很努力，但政府也不会因此增加拨款，导致人员流失严重""如果政府违约，我们

---

① Greenberg, J. C. McCarty. The Interpersonal Aspects of Procedural Justice: A New Perspective in Pay Fairness[J]. *Labor Law Journal*, 1990, *41*(8): 580–585.

② Adams, J. S. *Inequity in Social Exchange*[M]// *L. Berkowitz Ed. Advances in Experimental Social Psychology*. New York: Academic Press.

③ Greenberg J. Employee Theft as a Reaction to Underpayment inequity: The Hidden Cost of Pay Cuts[J]. *Journal of Applied Psychology* 1990(75): 561–568.

④ Bies R J, Moag J S. *Interactional Justice: Communication Criteria for Fairness*[M]. *Greenwich*, CT: JAI Press.

一般也不会到法院去打官司"。这些观点说明政府与社会组织合作关系还是存在一定程度的"事实上不平等"的现象。出现这一现象的客观原因在于，政府既是合作者，又是监管者，同时还拥有公共权力和公共资源，具有天然的优势地位，但也有主观原因，经过努力是可以改善的。从政府方面来看，政府选择与社会组织合作的目的是要提高行政效率，降低行政成本，改善社会管理和公共服务，为此政府要提供权力资源、财政资源和组织资源等并承担公共责任，当政府在与社会组织合作中的投入不能取得预期收益时，政府也会存在不公平感知，进而影响与社会组织合作的积极性。根据公平理论，政府与社会组织合作的公平性也体现在分配公平、程序公平和互动公平三个方面。分配公平是指政府与社会组织双方合作结果分配的公平程度，主要表现为双方各自所获得的收益与其投入是否匹配，获得的收益与分配的角色和承担的责任是否匹配。程序公平是指政府与社会组织双方在合作程序和决策的制定和执行方面的公平程度，具体表现为双方在制定程序和政策中的参与程度、是否能听取对方的不同意见、是否对对方存在歧视以及是否对所有合作伙伴采取一视同仁的政策等。互动公平是指政府与社会组织双方在相互交往过程中体现出的公平程度，主要表现为双方是否相互尊重、交往中是否礼貌和友好、双方的沟通交流是否顺畅等。

关系公平性对政府与社会组织合作绩效的影响表现在：一是分配公平可以激发双方投入更多更好的优势资源，实现优势互补。当政府感到自己付出的权力资源、财政资源和组织资源取得了预期的回报，包括提高了行政效率、改善了社会管理和公共服务等，政府就会投入更多的资源，更积极地与社会组织合作。社会组织投入的社会资本、知识资本、技术和人力资源取得了预期的回报，包括实现了组织的价值目标、提高了服务对象满意度等，社会组织也会投入更多的资源，更积极地与政府合作。据笔者调查，虽然社会组织具有非营利性和志愿性，但社会组织的工作人员还是存在自身利益，应该取得合理的报酬，当一些员工特别是专业人才感到付出的劳动得不到相应的报酬，或者说付出同样的劳动在企业得到的报酬更高时，他们会感到不公平，进而选择离职，这种不公平感知是社会组织人才流失的重要原因。二是程序公平有助于提高合作双方参与合作规则制定和执行的积极性，同时，合作双方按照合作规则行事，也会减少人为因素影响，提高合作的制度绩效。在地方政府购买社会组织服务的合作中，一般存在一个政府部门与多个社会组织进行合作的情形，如果政府对所有合作伙伴采取一视同仁的政策，将有助于社会组织之间展开公平竞争，提升工作绩效。三是互动公平有助于提升合作双方的交往满意度，促进信息交流，及时发现和解决合作中存在的问题。对于社会组织来说，如果政府在合作中给社会组织以足够的尊重，将会极大调动社会组织的工作积极性，从而提高合作绩效。

根据上述分析，特提出如下研究假设：

假设H2：政社合作关系对合作绩效有显著影响。

假设H2a：政社合作的信任程度提高对合作绩效具有显著的积极影响。

假设H2b：政社合作的公平程度提高对合作绩效具有显著的积极影响。

三、政社合作行为对合作绩效的影响

合作行为是两个或两个以上的行为体为达到一定的目标而共同采取的行动，一般包括个体之间的合作行为和组织之间的合作行为。心理学、生物学、社会学和经济学对合作行为的研究主要是解释人类的合作行为为什么能够发生。管理学主要是分析具体的合作行为及其维度对合作绩效的影响。早期的管理学对合作行为的研究主要关注组织内部个体之间的合作行为及其对合作绩效的影响。20世纪90年代以来，组织之间的合作行为逐渐受到学者们的关注。像其他组织之间的合作一样，政府与社会组织之间合作也存在大量的合作行为，包括共同制定合作规则和合作计划方案、共同决策、共同生产和管理、相互监督等。这些合作行为都会对合作绩效产生直接的影响。在这些合作行为中，交往策略和相互沟通是所有合作行为都要涉及的变量，只有具备较高的交往策略水平和良好的沟通，合作行为才能顺利实施并取得预期的效果。因此，这里对这两个变量及其对合作绩效的影响进行专门的分析。

（一）政社合作中的策略及其对合作绩效的影响

策略是计策和谋略的合称，一般是指为实现目标而采取的对策、手段和措施。合作策略是指为实现合作目的而采取的策略。与一般的手段和措施不同，策略具有稳定性，是一种可以反复出现的行为模式，只要具备相同的环境和条件，就可以适用相同的策略。在中国，由于政府与社会组织合作的制度化水平偏低，两者的合作关系和行为缺乏系统有效的制度规则进行规范，所以，合作策略对于搞好政府与社会组织合作关系非常重要，因此，国内学者对政府与社会组织合作策略研究较多。康晓光对国内17家与政府合作的社会组织的经验进行了归纳分析，提炼出合作措施，建立了合作策略集合，具体策略包括：第一，了解合作的外部环境；第二，寻找双方的利益交叉点；第三，多方寻找合作突破口；第四，表达合作意向；第五，获取合作信任；第六，精心设计项目；第七，合理分工；第八，踏实做事；第九，分享合作成果；第十，完善合作关系。在此基础上又进一步提炼出四条合作原则，即知己知彼、优势互补、互惠互利和持续改进。这些原则支配着合作措施和合作策略，影响着合作的进程和结果。① 赵秀梅通过分析中国NGO对待政府的策略发现，在一个国家占主导地位的社会中，NGO利用种种策略来尝试改变它们与国家的关系，使之朝着有利于自己发展的方向发展。其中，由于制度环境不健全，中国NGO通常把发展与政府的关系包括私人关系作为一种极为经济有效和常用的手段。同时，中国的NGO认识到与政府保持一致，取得政府的认可，是活动成功必不可少的前提条件，所以在与政府进行互动的过程中，NGO采取的策略是先积极主动地和政府进行沟通，取得政府的信任和认可，在此基础上，再进行进一步的活动。它们扮演的往往是政府合作者的角色，而非压力集团和利益集团的角色。在与政府合作过程中，为了避免政府的担心，中国的NGO或者有意识地限制组织规模，或者避开有争议的或敏感的问题，这些自我克制的策略是国家容忍它们存

---

① 康晓光、郑宽、蒋金富、冯利：《NGO与政府合作策略》，社会科学文献出版社2010年版。

在的一个关键。①张紧跟等通过案例研究分析了中国草根NGO对政府的策略：一是与人大代表建立良好私人关系，寻求其支持和代言，进而影响政府，以获得政府的支持。二是主动寻求与政府合作，换取政府对其行为合理性的认可，以合理性代替合法身份的缺失，维持生存空间。三是利用媒体的力量吸引社会关注，赢得政府重视和支持。四是直接与政府官员建立良好私人关系，来获得合理性和合法性，赢得政府的认可和支持。②朱健刚等通过研究汶川地震救援中NGO与政府合作案例，发现"不完全合作"是NGO在面对内外部制度约束和组织限制条件下的主动策略选择。这种"不完全合作"策略包括行动目标的自我约束、有限的组织参与和弹性的组织形式等三方面。之所以选择这种策略，是因为政府需要NGO，但是又力图控制其发展，而NGO只能以不完全合作的策略回避与政府的直接对抗，并努力找到自己的行动和发展空间，如果政府的限制性政策没有改变，那么这种不完全合作的策略还会继续被NGO选择。③

学者们对政府与社会组织的合作策略的分析具有以下两个特点：一是主要分析社会组织对政府所采取的策略，而对于政府对社会组织所采取的策略缺乏分析。陈为雷通过文献综述研究发现，国内学者偏重于对中国社会组织自身行动策略进行研究，而忽略了与社会组织行动有关的其他组织对社会组织的行动策略的影响研究。④因此，学者们在进行中国社会组织行动策略研究的同时，需要把其他组织对社会组织的行动策略纳入到两方或多方的互动体系中共同考察。二是主要研究民间社会组织或草根NGO对政府的行动策略，对其他类型的社会组织对政府所采取的策略研究较少。原因可能在于，相对于官办社会组织来说，民间社会组织特别是未经注册的草根NGO面临的环境比较严峻，生

---

① 赵秀梅：《中国NGO对政府的策略：一个初步考察》，《开放时代》2004年第6期，第5—23页。

② 张紧跟、庄文嘉：《非正式政治：一个草根NGO的行动策略——以广州业主委员会联谊会筹备委员会为例》，《社会学研究》2008年第2期，第133—245页。

③ 朱健刚、赖伟军：《"不完全合作"：NGO联合行动策略——以"5·12"汶川地震NGO联合救灾为例》，《社会》2014年第4期，第187—209页。

④ 陈为雷：《从关系研究到行动策略研究：近年来我国非营利组织研究述评》，《社会学研究》2013年第1期，第228—246页。

存和发展所需要的资源缺乏，环境和资源约束迫使它们要因地制宜、因时制宜、因人而异地采取更多更有针对性的行动策略来改善环境和资源状况。事实上，无论是政府还是社会组织，无论是官办社会组织还是民间社会组织，在中国当下的制度环境下进行合作，都需要更多地依靠发展和运用合作策略来提升合作绩效。梁漱溟认为，在中国这样一个关系本位的社会，社会互动过程中广泛存在着非制度化的互动规则和人际关系。①

Dittmer通过对中国政治的研究发现，中国的政治过程充满非正式关系网络，并将由这些非正式关系网络组织起来的政治活动界定为"非正式政治"或"关系政治"。"非正式性"是中国政治的一个重要特色。②在这种社会和政治"场域"中，政府与社会组织的合作制度化水平不高，合作具有显著的"非正式性"特点，这就需要充分发挥"策略"在促进合作关系中的重要作用。田凯研究了中国的制度环境对于社会组织生存方式的约束以及组织在面对制度环境约束时的理性策略行为。他指出，迫于制度环境的压力，组织往往需要设计一些与制度环境要求相符合的正式结构，但这些结构往往是与组织的技术效率相互冲突的。为了解决这样一个难题，理性化的组织会采用"分离"的办法，把组织的正式结构和实际运行区分开来，使得有些正式结构只是作为仪式存在，显示对制度化的环境的遵从，而实际活动仍然按照技术效率的要求来运作。他把这种现象称为"组织的外形化"，并且认为这是中国社会组织的"策略选择"③。由此可见，制度与策略具有互补性，当制度比较健全时，策略发挥作用的空间就会变小，当制度不完善时，策略的作用就会凸显出来。

与其他类型组织之间的合作不同，政府与社会组织之间合作的最终目标是要实现公共利益的最大化，但在合作过程中，双方也会有各自的利益考量。对于政府来说，保持现有政治系统和价值体系的稳定性是其选择与社会组织合作的基本前提。如果社会组织的行为对这种稳定性构成了威胁，两者的合作不

---

① 梁漱溟：《中国文化要义》，学林出版社1987年版。

② Dittmer, Lowell. Chinese Informal Politics[J]. *The China Journa*, 1995(34):1-34.

③ 田凯：《非协调约束与组织运作——一个研究中国慈善组织与政府关系的理论框架》，《中国行政管理》2004年第5期，第88—95页。

仅会破裂，而且社会组织还会遭受政府的限制甚至取缔。所以，了解合作的政治社会环境，关注政府的利益考量，是社会组织的基本合作策略。唐文玉等认为，根据政府部门的"选择性支持"行为，民间社会组织应该采取"政治回避"以实现自我行动的"去政治化"[1]。Spires认为，中国NGO应该将工作重点放在推动社会发展和解决社会问题上，并以此作为政府社会福利和服务供给的补充，以获得政府部门的认可与支持。[2]搞好社会管理和公共服务是政府的基本职能和公共责任，也是政府的"政绩"关切，社会组织只有高质量高效率完成政府交办的任务，帮助政府实现其"核心利益"，才能使政府感觉到合作伙伴的价值。在赢得政府的认可和支持的基础上，社会组织还要通过各种渠道和方式发展与政府的关系，包括与政府部门领导人的私人关系，促进双方的信任和沟通，争取更多的支持，因此，发展与政府的关系，应该成为社会组织重要的合作策略。据笔者调查，一些具有高校背景的社会组织在与地方政府合作过程中，经常聘请政府部门领导人担任学生校外导师或兼职教授，邀请他们到高校开讲座，与教师和学生交流。政府部门领导人觉得这种交往方式比较体面，也没什么风险，双方在这种交往中加深了相互了解，发展了合作关系。对于社会组织来说，与政府合作的直接目的就是获得政府的权力和资源支持，以增强合法性，壮大组织的实力，更好地为社会服务。政府在确定自身不会受到威胁的情况下，应该考虑社会组织的利益关切，采取大力支持社会组织发展的策略，这样才能赢得社会组织的认可和支持，吸引更多的社会组织与政府合作。同时，政府也需要与社会组织发展良好的合作关系，包括政府部门领导人与社会组织负责人的私人关系，以便了解更多社会组织的内部信息，灵活处理合作中遇到的问题。良好的合作关系也能够使政府积累更多的社会资本，增强政府行政合法性。社会资本理论认为，蕴藏在组织间合作网络内的关系资本可以使组织低成本地稳定地获取信息等关键资源，实现组织间资源互补，对组织绩效具

---

① 唐文玉、马西恒：《去政治的自主性：民办社会组织的生存策略——以恩派（NPI）公益组织发展中心为例》，《浙江社会科学》2011年第10期，第58—65。

② Spires, A. Contingent Symbiosis and Civil Society in an Authoritarian State: Understanding the Survival of China's Grassroots NGOs[J]. *American Journal of Sociology*, 2011(117):1–45.

有正向促进作用。[①]更重要的是，社会组织能够从这种良好的合作伙伴关系中感到平等和尊重，从而激发与政府合作的动力和能力，提升合作绩效。

（二）政社合作中的沟通及其对合作绩效的影响

沟通是人类社会普遍存在的一种行为方式。它是人们为了某种目标，传递一定的信息以获取理解、达成共识的过程或活动。《辞海》把"沟通"解释为"使两方能通连"，如思想沟通、文化沟通等。《美国传统双解词典》把"沟通"（communication）定义为"交流、交换思想、消息或信息，如经由说话、信号、书写或行为"。《大英百科全书》认为"沟通"是"用任何方法，彼此交换信息"。沟通一般包括人际沟通、个人与组织之间的沟通和组织之间的沟通。人际沟通既可以在组织内进行，也可以在群体外进行。法约尔就认为沟通是组织内部传递信息的行为。组织内沟通对组织绩效的影响是管理学研究的热点问题，学者们普遍认为组织内沟通能够提升组织绩效。Shaw指出，如果一个团队能比较自由和有效地沟通，那么整个团队的运作也会比较有效率，具有更高的解决问题能力。在决策过程中的信息共享行为可以促进组织绩效和创新。从交易成本角度看，团队成员沟通顺畅能降低协调成本，使得团队更具效率和灵活性。[②]Sutter和Strassmair研究发现，团队内成员之间的沟通可减少"搭便车"现象而加强团队合作。[③]

组织之间的沟通是以组织为主体的信息交流活动。与其他沟通类型不同，基于合作的组织间沟通是双方为了实现合作目标，提高合作绩效，有目的地交流思想、信息和情感的行为。组织间沟通是一项关键的组织间合作行为，

① Luk C, Yau O, Sin L, Tse A, Chow R, Lee J. The Effects of Social Capital and Organizational Innovativeness in Different Institutional Contexts[J]. *Journal of International Business Studies*, 2008(39): 589–612.

② Shaw M E. Group Dynamics: The Psychology of Small Group Behavior[M]. NewYork: McGraw-Hill, 2009.

③ Sutter, M., & Strassmair, C. Communication, Cooperation and Collusion in Team Tournaments—An Experimental Study. *Games and Economic Behavior*, 2009, 66(1): 506–525.

其反映出合作双方在进行信息分享方面的效率和效果。[①]关于沟通对组织间合作绩效的影响，学者们进行了充分的论述。Bleek和Ernst认为，沟通是成功的组织之间最为重要的元素，任何精心设计的关系如果没有良好的频繁沟通，都将陷入困境。[②]Mohr和Spekman指出沟通是为了获得对方各方面的信息，是伙伴关系活力的源泉。[③]Kelly认为，广泛充分的沟通体现了合作伙伴的开放透明程度，反映了在组织的运作惯例中，合作伙伴分享信息或知识的意愿和能力。沟通频率与质量较高，往往有利于提高组织合作的效率。[④]一些学者从沟通促进组织间信任进而提升合作绩效的角度论述了沟通的作用。Anderson和Narus[⑤]、Morgan和Hunt[⑥]认为沟通可以弥补信息不对称，降低信任风险，促进合作绩效。Moorman、Zaltman和Deshpande认为，沟通可减少双方不必要的冲突，进而增加双方的信任。[⑦]Anderson和Narus等学者证明了沟通与信任存在显著的正相关关系。[⑧]

政府与社会组织合作中的沟通是指政府与社会组织为了实现社会管理和公共服务绩效目标，在合作过程中有目的地交流思想、信息和情感的行为。与

---

① 刘衡等：《关系资本、组织间沟通和创新绩效的关系研究》，《科学学研究》2010年第12期，第1912—1919页。

② Joel Bleek and David Ernet. *Collaborating to Compete: Using Strategic Alliances and Acquisitions in the Global Marketplace*[M]. John Wiley and Sons, 1993.

③ Mohr L, Spekman R. Characteristics of Partnership Success Partnership Attributes, Communication Behavior, and Conflict Resolution Techniques[J]. *Strategic Management Journal*, 1994(15): 135–152.

④ Kelly M J, Schaan J L, Joncas H. Managing Alliance Relationships: Key Challenges in the Early Stages of Collaboration[J]. *R&D Management*, 2002, 32(1): 11–22.

⑤ Anderson J C., Narus J. A. Partnering as a Focused Market Strategy[J]. *California Management Review*, 1991(35): 95–113.

⑥ Morgan, Robert M.&Hunt,Shelby C. The Commitment–Trust Theory of Relationship Marketing[J]. *Journal of Marketing*. 1994, 58(7): 20–38.

⑦ Moorman,Christine. Deshpande,Rohit.&Zaltman,Gerald.Factors Affecting Trust in Market Research Relationships[J]. *Journal of Marketing*, 1993(l): 81–101.

⑧ Anderson J. C., Narus J. A. Partnering as a Focused Market Strategy[J]. *California Management Review*, 1991(33): 95–113.

其他类型组织之间的沟通一样，政府与社会组织之间的沟通也具有一般沟通的基本要素：一是沟通的主体和客体，即信息的发出者和接受者。二是沟通的内容，包括以语言、文字和影像等为载体的各种信息等。三是沟通方式，包括直接的面对面交流和通过电子媒介等间接方式交流。四是沟通形式，包括会议、谈判、公函等正式沟通和聚会、拜访等非正式沟通。但也要看到，政府与社会组织之间的沟通也具有自身特点：一是沟通的主体和客体比较特殊。政府与社会组织都是公共事务的管理者和公共服务的提供者，它们之间的合作并不是要追求自身利益最大化，这就决定了双方沟通的最终目标是要实现公共利益的最大化。二是沟通的内容比较特殊。政府发出的信息一般都是经过严格的法定程序制定的政策信息，具有规范性和权威性的特点，这就决定了社会组织在与政府的沟通中处于相对被动的地位，当然，社会组织也可以通过向政府传达信息来影响政府的决策。三是沟通的形式比较特殊。政府是一个具有法规理性的科层组织，其行为方式因受到政府规制的约束而具有严谨性和严肃性的特点，所以，社会组织与政府的沟通大多需要通过正式沟通的形式来进行。由于政府官员经常换届和流动，双方难以通过个人之间的非正式沟通形成稳定的交往关系，因此双方要更善于通过正式渠道进行沟通。

政府与社会组织虽然都属于非营利性公共组织，但两者之间还是存在很大的差异性。政府作为执法机构，其行为往往具有强制性特征，行政命令是其基本的行为方式。但当政府与社会组织合作时，社会组织就不仅仅是政府的执法对象，而是基于相互认同的平等的合作伙伴，沟通就成为双方主要的交流方式。这种沟通是政府与社会组织合作管理的重要环节，属于管理沟通的范畴，它能够化解双方的冲突和争议，使双方采取协调一致的行动，从而提高合作管理质量。这种沟通能够逐步消除政府对社会组织的疑虑和戒备心理，促进双方相互了解和信任。通过沟通，社会组织可以了解政府的政策主张和政府对社会组织的角色期待，政府可以了解社会组织的背景、功能和意图并以此对社会组织的行为进行预测和评估，有助于双方相互接纳和认同。同时，通过沟通，政府与社会组织双方负责人可能结成良好的私人关系，从而增强相互信任。这种沟通帮助合作双方进行平等、充分的信息交换，减少由于信息不对称和不完全所带来的风险。对于政府来说，要进行科学的决策，就需要全面准确地掌握管理和服务对象的需求信息，政府除了通过调研等方式获取这些信息之外，还可以通过与社会组织进行沟通交流获取更多的信息，因为社会组织来自民间社会，对民众的真实想法有比较充分的了解。通过这种方式获取信息不仅可以提高管理和服务的精准度，进而提升服务对象的满意度，而且还能够节约信息收集成本。对于社会组织来说，经常与政府进行沟通可以及时掌握政府的政务信息，并就相关政策进行咨询，据此制定和及时调整组织的发展战略和规划，使之与政府的政策和战略相一致，由此形成组织间战略协同，在这种格局下，无论是政府还是社会组织都愿意为合作投入更多更优质的专有资源，从而推动合作目标的实现。

根据上述分析，特提出如下研究假设：

假设H3：政社合作行为对合作绩效有显著影响。

假设H3a：政社合作的策略水平提高对合作绩效具有显著的积极影响。

假设H3b：政社合作的沟通程度提高对合作绩效具有显著的积极影响。

第九章 >>>>

政府与社会组织合作治理
绩效影响因素实证研究

在对政府与社会组织合作绩效影响因素进行分析时，本研究主要从理论上阐述了合作模式、合作关系和合作行为对政府与社会组织合作绩效的影响，并据此提出了研究假设。然而这些假设是否正确，还需要进行实证检验。本章试图运用实证研究方法，对政府与社会组织合作实践中获得的数据进行处理，以验证前述研究假设的正确性。本章的具体研究路径是，首先就政府与社会组织合作模式、合作关系、合作行为对合作绩效的影响，对参与政府与社会组织合作实践的相关工作人员进行测量，收集数据，构建结构方程模型，检验对这种影响所作出的理论假设。其次，如果假设得到验证，通过回归分析，进一步探索合作模式的子维度：互补性、替代性；合作关系的子维度：平等程度、信任程度；合作行为的子维度：沟通程度、策略水平。分析其对合作绩效的影响，尝试建立回归方程，比较各个子维度的影响大小，为监测、预测和改善政府和社会组织合作绩效提出有针对性的建议。

一、研究模型与假设

（一）研究模型构建

根据第八章对政府与社会组织合作绩效影响因素进行的理论分析，本研究构建了一个研究假设模型，该模型直观地揭示了政府与社会组织合作模式、合作关系、合作行为与合作绩效之间的逻辑关系。（见图9-1）

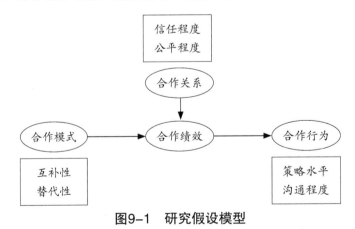

图9-1　研究假设模型

（二）研究假设归纳

第八章已经对政府与社会组织的合作模式、合作关系、合作行为及其子维度对合作绩效的影响进行了理论分析，在此基础上提出了9条研究假设，阐述了每一条假设成立的理论依据。现对这些假设进行归纳，详见表9-1。

表9-1　研究假设归纳表

编号	假设关系描述
假设H1	政社合作模式对合作绩效有显著影响
假设H1a	政社合作的互补性增强对合作绩效具有显著的积极影响
假设H1b	政社合作的替代性增强对合作绩效具有显著的积极影响
假设H2	政社合作关系对合作绩效有显著影响
假设H2a	政社合作的信任程度提高对合作绩效具有显著的积极影响
假设H2b	政社合作的公平程度提高对合作绩效具有显著的积极影响
假设H3	政社合作行为对合作绩效有显著影响
假设H3a	政社合作的策略水平提高对合作绩效具有显著的积极影响
假设H3b	政社合作的沟通程度提高对合作绩效具有显著的积极影响

二、量表设计与数据收集

（一）量表设计

在文献研究基础上，本研究编制了合作模式量表、合作关系量表、合作行为量表以及合作绩效量表，每个量表分别有10个项目。经过专家咨询和实地调研访谈对项目进行进一步筛选，最终确定24个项目，每个量表分别有6个项目，见表9-2至表9-5。其中合作模式量表有互补性和替代性两个子维度，合作关系量表有信任程度和公平程度两个子维度，合作行为量表有策略水平和沟通程度两个子维度。

表9-2　合作模式量表

维度	项目代码与内容	来源
互补性	a1. 对方的优势是我们所不具备的	Ostrom（1996） 王浦劬、萨拉蒙（2010） Pfeefer、Nowak（1976） 咨询、调研
互补性	a2. 我们在合作中充分利用了对方的优势	
互补性	a3. 双方在合作中充分实现了优势互补	
替代性	a4. 我们双方的合作是经过招标竞争确立的	
替代性	a5. 我们在合作中签订了合同或协议	
替代性	a6. 双方在合作中清晰明确地划分了各自的职责	

表9-3　合作关系量表

维度	项目代码与内容	来源
信任程度	b1. 不管是合同承诺还是口头承诺，对方总是能够按时兑现	Morgan（1994） Adams（1965） Thibaut（1975） Greenberg（1975） Bie, Moag（1986） 咨询、调研
信任程度	b2. 我们相信对方能够履行承诺	
信任程度	b3. 如果合作中遇到困难，我们会得到对方的支持和帮助	
信任程度	b4. 我们完全信任对方，不向对方隐瞒信息或提供虚假资料	
公平程度	B5. 与对方的合作取得了我们想要的结果	
公平程度	B6. 对方能够听取我们的不同意见，对我们友好、尊重	

表9-4　合作行为量表

维度	项目代码与内容	来源
策略水平	c1. 我们充分考虑对方的利益关切	康晓光（2010） Dittmer（1995） 田凯（2004） Spires（2011） Kelly（2002） Mohr（1994） 咨询、调研
策略水平	c2. 我们重视感情投入，与对方发展私人关系	
沟通程度	c3. 对方需要的信息，我们都会及时提供	
沟通程度	c4. 对方能够与我们分享最新信息	
沟通程度	c5. 双方的信息交换和沟通是准确的、及时的	
沟通程度	c6. 当双方有不同意见或冲突时，能很好地沟通解决	

表9-5 合作绩效量表

维度	项目代码与内容	来源
合作绩效	e1. 通过合作，我们的工作绩效得到提升	Kast（1985）咨询、调研
	e2. 双方都从合作中实现了预期目标	
	e3. 继续合作会提高我们的工作绩效	
	e4. 通过合作，政府绩效得到了改善	
	e5. 通过合作，社会组织绩效得到了改善	
	e6. 通过合作，服务对象的满意度得到了提高	

（二）量表的信度和效度分析

1. 量表的信度分析

对四个量表分别进行α信度分析，结果表明，合作模式量表的α信度 =0.790；合作关系量表的α信度=0.866；合作行为量表的α信度=0.821；合作绩效量表的α信度=0.898。四个量表的平均α信度为0.844>0.8，表明量表平均信度良好。（见表9-6）

表9-6 量表的α信度分析结果

量表	α信度
合作模式量表	0.790
合作关系量表	0.866
合作行为量表	0.821
合作绩效量表	0.898
总体平均	0.844

2. 量表的结构效度分析

第一，合作模式量表的结构效度分析。

对合作模式量表进行验证性因子分析，以检验其结构效度，结果见图 9-2。

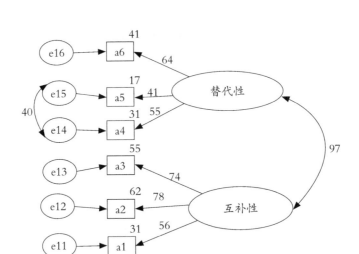

图9-2 合作模式的验证性因子分析结果

对模型的数据拟合指标进行考察，发现卡方和自由度的比值CMIN/DF=1.634<5；比较拟合指数CFI=0.992>0.9；规范拟合指数NFI=0.980>0.9；递增拟合指数IFI=0.992>0.9；相对拟合指数RFI=0.941>0.9；Tucker-Lewis指数TLI=0.976>0.9；近似误差均方根RMSEA=0.043<0.08。模型拟合的主要指标均较好。进一步分析合作模式量表的各个观察变量在结构模式因子上的载荷，我们可以看到，每个项目对合作模式的回归载荷系数均在0.001水平上非常显著。以上结果均显示：合作模式量表的结构效度良好。（见表9-7）

表9-7 各个项目在合作模式上的回归载荷

			Estimate	**S.E.**	**C.R.**	**P**
a1	<——	互补性	0.450	0.044	10.229	★★★
a2	<——	互补性	0.568	0.037	15.420	★★★
a3	<——	互补性	0.492	0.034	14.366	★★★
a4	<——	替代性	0.453	0.048	9.457	★★★
a5	<——	替代性	0.332	0.049	6.836	★★★
a6	<——	替代性	0.465	0.043	10.768	★★★

注：★★★表示显著性在0.001水平上非常显著。

第二，合作关系量表的结构效度分析。

对合作关系量表进行验证性因子分析以检验其结构效度，结果见图9-3。

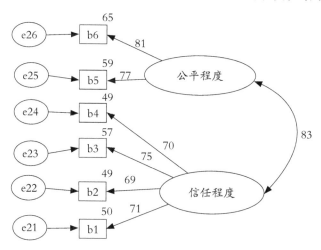

图9-3 合作关系的验证性因子分析结果

对模型的数据拟合指标进行考察，发现卡方和自由度的比值CMIN/DF=2.838<5，递增拟合指数IFI=0.989>0.9，比较拟合指数CFI=0.988>0.9，相对拟合指数RFI=0.939>0.9，规范拟合指数NFI=0.982>0.9，Tucker-Lewis指数TLI=0.959>0.9，近似误差均方根RMSEA=0.072<0.08。模型拟合的主要指标均较好，进一步对合作关系量表的各个观察变量在结构模式因子上的载荷，我们可以看到，每个项目对合作关系的回归载荷系数均在0.001水平上非常显著。以上结果均显示：合作关系量表的结构效度良好。（见表9-8）

表9-8 各个项目在合作关系上的回归载荷

			Estimate	**S.E.**	**C.R.**	**P**
b1	<———	信任程度	0.582	0.042	13.791	***
b2	<———	信任程度	0.478	0.037	12.967	***
b3	<———	信任程度	0.478	0.032	14.888	***
b4	<———	信任程度	0.500	0.037	13.593	***
b5	<———	平等程度	0.512	0.034	14.877	***
b6	<———	平等程度	0.540	0.034	15.693	***

注：***表示显著性在0.001水平上非常显著。

第三，合作行为量表的结构效度分析。

对合作行为量表进行验证性因子分析以检验其结构效度，结果见图9-4。

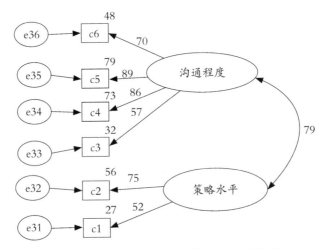

图9-4　合作行为的验证性因子分析结果

对模型的数据拟合指标进行考察，发现卡方和自由度的比值CMIN/DF=1.998<5，递增拟合指数IFI=0.990>0.9，比较拟合指数CFI=0.990>0.9，规范拟合指数NFI=0.981>0.9，Tucker-Lewis指数TLI=0.974>0.9，相对拟合指数RFI=0.949>0.9，近似误差均方根RMSEA=0.053<0.08。模型拟合的主要指标均较好，进一步分析合作行为量表的各个观察变量在结构模式因子上的载荷，我们可以看到，每个项目对合作行为的回归载荷系数均在0.001水平上非常显著。以上结果均显示：合作行为量表的结构效度良好。（见表9-9）

表9-9　各个项目在合作行为上的回归载荷

			Estimate	S.E.	C.R.	P
c1	<——	策略水平	0.422	0.048	8.773	***
c2	<——	策略水平	0.471	0.040	11.695	***
c3	<——	沟通程度	0.376	0.034	11.021	***
c4	<——	沟通程度	0.591	0.031	19.025	***
c5	<——	沟通程度	0.611	0.031	19.970	***
c6	<——	沟通程度	0.481	0.034	14.257	***

注：***表示显著性在0.001水平上非常显著。

第四，合作绩效量表的结构效度分析。（见图9-5）

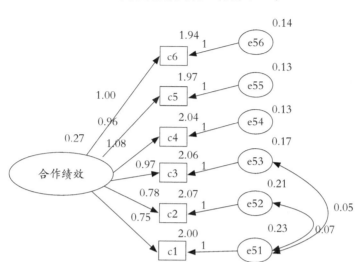

图9-5 合作绩效量表的验证性因子分析结果

对模型的数据拟合指标进行考察，发现卡方和自由度的比值CMIN/DF=1.878<5，递增拟合指数IFI=0.995>0.9，比较拟合指数CFI=0.995>0.9，规范拟合指数NFI=0.989>0.9，相对拟合指数RFI=0.967>0.9，Tucker-Lewis指数TLI=0.984>0.9，近似误差均方根RMSEA=0.050<0.08。模型拟合的主要指标均较好，进一步分析合作行为量表的各个观察变量在结构模式因子上的载荷，我们可以看到，每个项目对合作行为的回归载荷系数均在0.001水平上非常显著。以上结果均显示：合作绩效量表的结构效度良好。（见表9-10）

表9-10 各个项目在合作绩效上的回归载荷

			Estimate	S.E.	C.R.	P
e1	<——	合作绩效	0.753	0.062	12.169	***
e2	<——	合作绩效	0.785	0.060	13.170	***
e3	<——	合作绩效	0.974	0.061	15.958	***
e4	<——	合作绩效	1.076	0.061	17.737	***
e5	<——	合作绩效	0.957	0.056	16.999	***
e6	<——	合作绩效	1.000	0.061	16.178	***

注：***表示显著性在0.001水平上非常显著。

（三）数据收集与样本特征

本研究数据和样本来自于笔者对广东省Z市的问卷调查，调查的对象主要是市、镇（街道）两级政府有关部门有与社会组织合作经历的领导和工作人员（Z市实行地级市直管镇街的体制），以及与政府有过合作经历的社会组织负责人和工作人员。本研究采用偶遇抽样的方式，发放问卷430份，共回收问卷412份，其中有效问卷398份，有效回收率为92.56%，去除47个表示未参加政府与社会组织合作工作的被调查者，共有351份问卷进入统计分析过程。

本研究的样本特征见表9-11。被调查者中，女性210名，占总人数的59.8%；男性141名，占总人数的40.2%。有高中或中专文化水平的被调查者36名，占总数的10.3%；有大专文化水平的被调查者107名，占总数的30.5%；有大学本科文化水平的被调查者201名，占总数的57.3%；有研究生及以上文化水平的被调查者7名，占总数的2.0%。

对被调查者的工作单位性质的调查数据进行频次分析，结果表明，就职于市政府部门的有5人，占总数的1.5%；就职于镇（街道）政府部门的有97人，占总数的29.6%；就职于社会团体的有101人，占总数的30.8%；就职于基金会的有1人，占总数的0.3%；就职于民办非企业的有124人，占总数的37.8%。

表9-11　样本特征

	结构	频次	有效百分比
性别	男	141	40.2
	女	210	59.8
	总计	351	100.0
年龄	20—29岁	216	61.5
	30—39岁	89	25.4
	40—49岁	28	8.0
	50岁及以上	18	5.1
	总计	351	100.0

（续上表）

	结构	频次	有效百分比
受教育水平	高中或中专	36	10.3
	大专	107	30.5
	大学本科	201	57.3
	研究生及以上	7	2.0
	总计	351	100.0
工作单位性质	市政府部门	5	1.5
	镇（街道）政府部门	97	29.6
	社会团体	101	30.8
	基金会	1	0.3
	民办非企业	124	37.8
	缺损	23	
	总计	351	100.0

三、数据处理与分析

（一）假设模型的数据拟合度检验

对模型的数据拟合指标进行考察，发现卡方和自由度的比值CMIN/DF=2.543<5，递增拟合指数IFI=0.914>0.9比较拟合指数CFI=0.913>0.9，模型简约拟合指数PNFI=0.695>0.5，PCFI=0.733>0.5，近似误差均方根RMSEA=0.066<0.08。模型拟合的主要指标均较好。（见图9-6）

对合作模式、合作关系、合作行为对合作绩效之间的路径系数的统计分析表明，合作行为与合作绩效之间的标准化路径系数在0.01水平上非常显著，合作模式与合作绩效之间的标准化路径系数在0.001水平上非常显著，合作关系与合作绩效之间的标准化路径系数在0.05水平上非常显著，详见表9-12。

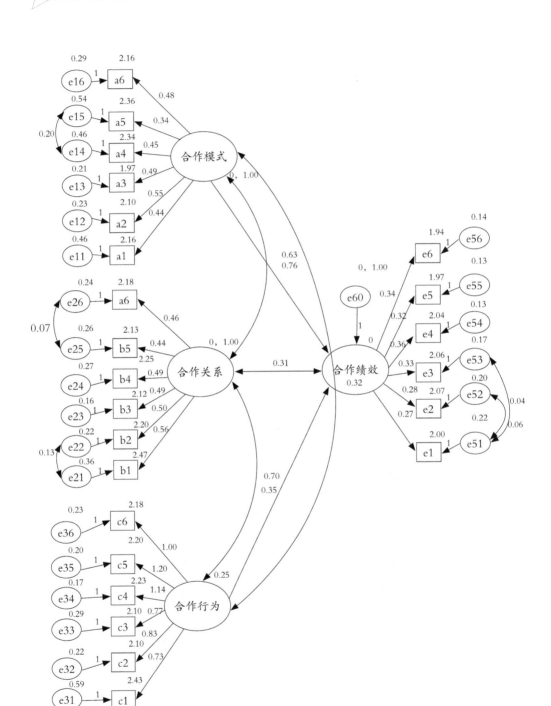

图9-6 结构方程模型中的标准化路径系数值

表9-12 结构方程模型中的非标准化路径系数及其显著性水平表

			Estimate	S.E.	C.R.	P
合作绩效	<——	合作行为	0.701	0.228	3.076	0.002
合作绩效	<——	合作模式	0.626	0.144	4.345	***
合作绩效	<——	合作关系	0.305	0.145	2.111	.035
a1	<——	合作模式	0.436	0.043	10.141	***
a2	<——	合作模式	0.547	0.035	15.480	***
a3	<——	合作模式	0.488	0.033	14.852	***
a4	<——	合作模式	0.454	0.043	10.443	***
a5	<——	合作模式	0.338	0.045	7.495	***
a6	<——	合作模式	0.483	0.037	13.133	***
b1	<——	合作关系	0.556	0.041	13.493	***
b2	<——	合作关系	0.503	0.034	14.895	***
b3	<——	合作关系	0.492	0.030	16.309	***
b4	<——	合作关系	0.491	0.035	13.872	***
b5	<——	合作关系	0.442	0.034	12.842	***
b6	<——	合作关系	0.461	0.034	13.745	***
c1	<——	合作行为	0.735	0.097	7.557	***
c2	<——	合作行为	0.829	0.072	11.539	***
c3	<——	合作行为	0.774	0.076	10.236	***
c4	<——	合作行为	1.136	0.081	14.109	***
c5	<——	合作行为	1.199	0.086	13.993	***
c6	<——	合作行为	1.000	0.034	14.257	***
e1	<——	合作绩效	0.270	0.022	12.208	***
e2	<——	合作绩效	0.277	0.021	12.937	***
e3	<——	合作绩效	0.334	0.023	14.812	***
e4	<——	合作绩效	0.365	0.023	15.999	***
e5	<——	合作绩效	0.322	0.021	15.299	***
e6	<——	合作绩效	0.342	0.022	15.548	***

（二）回归分析

在验证了合作模式、合作关系、合作行为均对合作绩效构成显著影响的假设的基础上，通过回归分析，进一步探索合作模式的子维度：互补性、替代性；合作关系的子维度：公平程度、信任程度；合作行为的子维度：沟通程度、策略水平。分析其对合作绩效的影响作用。

采用强迫进入法enter的方式进行变量的回归分析，探索建构回归方程，希望探索沟通程度、替代性、策略水平、公平程度、互补性、信任程度与合作绩效之间的关系。结果如下：$R^2=0.516>0.4$，从回归分析的方差分析表（ANOVA）可以看出，回归的均方（Regression Mean Square）为282.515，剩余的均方（Residual Mean Square）为4.811，F检验统计量的观察值为58.717，相应的概率p值为0.000<0.001，可以认为变量沟通程度、替代性、策略水平、公平程度、互补性、信任程度与合作绩效之间存在线性函数关系。（见表9-13）

表9-13　线性回归分析的方差分析ANOVA表

Model		Sum of Squares	df	Mean Square	F	Sig.
1	Regression	1695.089	6	282.515	58.717	0.000[a]
	Residual	1592.592	331	4.811		
	Total	3287.680	337			

a. Predictors（Constant）：沟通程度、替代性、策略水平、公平程度、互补性、信任程度
b. Dependent Variable：合作绩效

表9-14　线性回归方程中的参数和常数项

Model		Unstandardized Coefficients		Standardized Coefficients	t	Sig.
		B	Std. Error	Beta		
1	（Constant）	1.098	0.601		1.828	0.069
	互补性	0.247	0.091	0.141	2.722	0.007
	替代性	0.353	0.085	0.206	4.153	0.000

（续上表）

Model		Unstandardized Coefficients		Standardized Coefficients	t	Sig.
		B	Std. Error	Beta		
1	信任程度	0.217	0.071	0.165	3.033	0.003
	公平程度	0.286	0.137	0.111	2.080	0.038
	策略水平	0.359	0.116	0.145	3.100	0.002
	沟通程度	0.254	0.072	0.187	3.535	0.000

a. Dependent Variable：合作绩效

　　线性回归方程中的参数（Coefficients）和常数项（Constant）的估计值见表9-14，其中常数项系数为1.098，互补性的回归系数为0.247，t=2.722，sig=0.007<0.01，表明互补性的回归系数在0.01水平上非常显著；替代性的回归系数为0.353，t=4.153，sig=0.000<0.001，表明替代性的回归系数在0.001水平上非常显著；信任程度的回归系数为0.217，t=3.033，sig=0.003<0.01，表明信任程度的回归系数在0.01水平上非常显著;公平程度的回归系数为0.286，t=2.080，sig=0.038<0.05，表明公平程度的回归系数在0.01水平上显著；策略水平的回归系数为0.359，t=3.100，sig=0.002<0.01，表明策略水平的回归系数在0.01水平上非常显著；沟通程度的回归系数为0.254，t=3.535，sig=0.000<0.001，表明沟通程度的回归系数在0.001水平上非常显著。以上结果表明，自变量沟通程度，替代性，策略水平，公平程度，互补性，信任程度的回归系数均具有显著意义。

　　由此可得线性回归方程为：

$$y=0.247X_1+0.353X_2+0.217X_3+0.286X_4+0.359X_5+0.254X_6+1.098$$

　　其中，x_1代表互补性，x_2代表替代性，x_3代表信任程度，x_4代表公平程度，x_5代表策略水平，x_6代表沟通程度，y代表合作绩效。

　　沟通程度、替代性、策略水平、公平程度、互补性、信任程度与合作绩效之间的回归方程说明，沟通程度、替代性、策略水平、公平程度、互补性、信任程度对合作绩效有显著的影响力，可以用这些变量来预测政府与某社会组织之间的合作绩效水平。具体来说，回归方程中的各个自变量的回归系数存在差异，这说明，这些自变量对合作绩效的影响力存在差异，替代性的回归系数为0.353，策略水平的回归系数为0.359，二者的回归系数明显大于互补性、信任程度、公平程度、沟通程度的回归系数，这表明，在六个自变量中，替代性和策略水平对合作绩效的影响作用更大。

四、研究结果与讨论

一方面，理论模型的拟合指数说明，理论模型得到了调查数据的支持，即合作模式、合作关系、合作行为均对合作绩效构成显著影响。进一步探索合作模式、合作关系、合作行为的子维度对合作绩效的影响，建构回归方程，发现互补性和替代性增强，公平程度、信任程度、沟通程度、策略水平的提高均对合作绩效有显著的积极影响，其中替代性和策略水平的影响作用更突出。同时也说明，如果想提高合作绩效，在六个影响因素中，可以更重视对替代性和策略水平的提高，因为相对于其他的因素，它们会对合作绩效的提高有更好的促进作用。另一方面，如果想通过政府与某社会组织的合作模式、合作关系、合作行为来预测两者的合作绩效，我们可以通过采用本研究的量表对合作模式、合作关系、合作行为的子维度进行测量，可将测量的值代入上述线性回归方程之中，来对两者的合作绩效进行有效预测，起到及时发现问题，调整合作模式、合作关系、合作行为，最终改善合作绩效的目的。

关于政府与社会组织合作模式对合作绩效的影响，实证研究已经证明这种影响的显著性。这说明要提高政府与社会组织合作绩效，就要十分重视合作模式的选择。本研究从理论和实践中总结出政府与社会组织合作的互补性模式和替代性模式，这两种模式对合作绩效都有显著影响。组织间合作模式实际上就是组织间资源的结合方式。对于互补模式来说，政府与社会组织的合作是双方资源的全面对接和相互吸纳，这种合作重新整合和配置了双方的优势资源，弥补了对方的不足，因而能够提升双方的合作绩效。在互补模式下，合作双方的资源依赖性越强，说明双方的互补性越强，合作绩效就会越高。本研究也说明，政府与社会组织是两种不同类型的组织，两者在地位、资源和功能等方面存在很大的差异性，正是这种差异性使两者具有很强的互补性。所以，无论是政府还是社会组织，都应该向对方"借力"，同时投入自己的优势资源，才能切实提高社会管理和公共服务水平。当然，由于政府拥有公共权力等专有性资源，与社会组织的资源对接可能面临一些风险，但这种风险是与收益并存的，只有管控好风险，才能取得良好的合作绩效，因为社会组织可以协助政府完成很多政府做不了、做不好的任务。对于替代模式来说，政府与社会组织的合作是双方最优势资源的交换，即政府的财政资源与社会组织的专业化管理和服务之间的交换。在替代模式下，政府与社会组织的最优势资源越丰富，说明双方的替代性越强，合作绩效就会越高。本研究不仅证明了替代模式对合作绩效存在显著影响，而且比互补性模式的影响更加显著。这是因为，相对于互补模式来说，替代模式相对比较简单，政府面临的风险也比较小，因为政府只需要投入财政资源购买社会组织提供的服务。双方的合作边界清晰，职责分工明确，而且双方的合作关系通过竞争方式确立，受合作协议约束，所以，这种模式比较容易被政府接受，在实践中，这种模式也是最常见的。因此，政府应该大力推广替代模式。只要是社会组织能够替代政府履行的具体的社会管理和公共服务职能，政府都要善于通过购买方式与社会组织进行合作，以提升合作管理和服务的绩效。

关于政府与社会组织合作关系对合作绩效的影响，实证研究已经证明这种影响的显著性。这说明要提高政府与社会组织合作绩效，就要十分重视提升双方的合作关系质量，其中，最重要的就是要提升双方的信任程度与公平程度。政府与社会组织之间的合作与其他类型的组织间合作不同，双方要建立相互信任和公平关系会面临更多的困难，主要原因在于双方的地位和角色存在差异。政府既是合作参与者，又是监管者，具有权力和资源优势，既要与社会组织合作共事，又要维持自己的权威地位，这种矛盾的处境阻碍了政府对社会组织的信任，也难以与社会组织形成"事实上"的公正和平等关系。社会组织既是合作的参与者，也是被监管者，在大多数情况下依赖于政府的支持，接受政府的监管，但同时又想保持自己的独立性，刻意与政府保持一定的距离。这种角色的困境使社会组织难于真正毫无顾虑地发展与政府的信任和公平关系。针对政府与社会组织合作关系的特殊性，本研究认为，要构建双方良好的合作关系，促进信任和公平，关键是要做到两点：一是提高合作的制度化水平。从我国情况来看，现阶段政府管理社会组织主要是依据《社会团体登记管理条例》《民办非企业条例》和《基金会条例》，这三个条例在法的渊源上只能属于行政法规，法律层次和效力不高。真正从国家层面对政府与社会组织的关系进行规范的顶层设计还是空白。在这种情况下，政府与社会组织之间要形成良好的合作关系就面临诸多的不确定性。近年来，一些地方政府为了更好实施政府购买社会组织服务项目，制定了相关条例或办法，对政府与社会组织双方的角色地位、权利义务、合作的程序和范围等进行了规范，对于提升双方合作关系质量起到了有效的促进作用。良好的法律和制度设计能够使合作双方的关系受到规则约束，减少机会主义的风险，增强制度型信任，同时，还能够使社会组织与政府之间的公平关系具有法律和制度保障。二是加强社会组织能力建设。其中，重点是提升内部治理能力、参与社会管理和公共服务能力。相对于政府来说，我国社会组织的内部治理机制比较灵活，这也是社会组织的一大优势，但总体上治理的规范化水平偏低，导致社会管理和公共服务能力不足，这也是政府无法完全信任和公平对待社会组织的重要原因。如果社会组织内部治理规范，又具有一定的规模和实力，在社会管理和公共服务中能够发挥重要的独特的作用，那么政府就可能给社会组织以充分的信任和尊重，社会组织的公平感知将会得到增强。

实证研究表明，政府与社会组织的合作行为对合作绩效存在显著影响。合作行为的两个变量——策略水平和沟通程度对合作绩效也存在显著的积极影响，其中策略水平的影响更为显著。这说明要提高政府与社会组织合作绩效，就要十分重视合作行为的选择，特别是要重视策略的选择和运用。这是因为，现阶段我国政府与社会组织合作的制度化水平偏低，合作双方都需要更多地依靠合作策略来提升合作绩效。政府要采用更加宽松和灵活的政策和策略促进社会组织发展，使其有足够的能力参与社会管理和公共服务。社会组织在与政府打交道时，要更加善于运用灵活多变的策略，为自身发展创造良好的环境和条件。本研究认为，政府与社会组织合作中最重要的策略就是关注合作的环境，寻找双方的利益共同点。虽然政府与社会组织是为了实现公共利益而选择合作，但双方也有各自的利益关切，为了维护自身利益，双方也会设置基本的合作原则，当对方违反己方原则时，或者是对方的行为对己方的利益构成威胁时，双方的合作就会出现矛盾和冲突，甚至导致合作关系的破裂，所以，选择适当的合作行为对于维持合作关系、提升合作绩效至关重要。从我国情况来看，政府选择与社会组织合作，目的是通过合作向社会组织"借力"以提升政府绩效，改善社会管理和公共服务，社会组织应该切实领会政府的意图，把全部精力和资源都集中到实现政府的这一意图上来，与政府相向而行，这样才能得到政府的重视和支持，否则就会引起政府的猜疑和防范。比如，在实践中，一些具有宗教背景的社会组织在与地方政府合作提供社会服务时还进行传教活动，一些国外社会组织在华协助地方政府从事慈善救助活动时传播西方价值观，甚至威胁到国家安全，这些组织就很难得到政府的认可，更谈不上与政府合作。社会组织选择与政府合作，也是希望通过向政府"借力"，壮大自身实力，更好地为社会提供服务，以体现自身价值。所以，政府应该为社会组织发展和发挥作用创造良好的环境，提供更多的支持。在政府与社会组织合作行为选择中，除了要运用适当的策略，还需要进行良好的沟通。本研究认为，根据现阶段我国的实际情况，政府与社会组织要进行良好的沟通，关键是要做到两点：一是政府要改变控制和命令式的单向度工作模式，真正把社会组织当做合作伙伴来看待。因为，当政府与社会组织处于合作框架之中时，双方的角色就转变为平等的合作伙伴，双向度的沟通交流应该成为双方主要的互动方式。二是政府和社会组织要相互公开信息，实现信息共享。双方需要公开的信息包括与合作有关的决策信息、人员信息和财务信息等。信息公开和共享可以防止相互猜疑，减少矛盾和冲突，降低沟通成本。

第十章 〉〉〉〉

研究结论与展望

本研究主要探讨社会治理中的政府与社会组织合作绩效问题，为此，本研究阐述了政府与社会组织合作治理的模式、合作治理的价值；对社会组织在社会管理中的作用进行了理论分析和实证研究；对政府与社会组织合作治理的绩效内涵与绩效评价进行了理论分析和案例研究；对政府与社会组织合作治理的绩效影响因素进行了理论分析与实证研究。

一、研究结论

一是对社会管理中的合作治理进行了理论建构和解释，为从绩效视角分析政府与社会组织合作治理奠定了理论基础。

为了阐述合作治理的特征及其在人类社会管理过程中的地位和作用，本研究在对现有研究进行梳理的基础上，借鉴公共行政模式划分方法，对社会管理模式进行了分类。分类所依据的标准主要有两个：一是从主体结构标准，这是分析由谁来管理的问题，它表明社会管理的主体是一个还是多个，多个管理主体之间的地位和关系；二是管理过程标准，这是分析怎么管理的问题，它表明社会管理是一个动态的过程。这两个维度具有内在关联性，也就是说，管理主体结构状况影响和决定着管理过程。据此，本研究把社会管理模式划分为统治型社会管理模式、管理型社会管理模式、治理型社会管理模式和自治型社会管理模式。政府与社会组织合作治理属于治理型管理模式。

统治型社会管理模式、管制型社会管理模式以及管理型社会管理模式有一个共同的特点——政府是唯一的社会管理主体，所以这几种模式都属于政府社会管理的范畴。虽然政府在社会管理中具有不可替代的作用，但政府社会管理还是存在许多问题。本研究认为，政府社会管理的权力过于集中，无法有效管理现代"多样化社会"；政府社会管理的规模不断扩大必然导致管理成本支出上升、管理绩效下降；政府社会管理的事务越来越多使政府自身成为社会矛盾的焦点，加大了社会管理的难度。只有通过社会管理模式的变革即推行政府与社会组织的合作治理，才能有效解决这些问题。通过对现代社会多元化、信息化、全球化和风险社会、复杂性社会的特点进行分析，本研究提出，合作治理是现代社会管理的必然选择。

为进一步阐述合作治理的合理性，本研究从公共价值的高度对合作治理的价值意蕴进行了分析。研究表明，在传统模式下的政治与行政过程，公众的公共价值需求需要通过政治系统和行政系统的双重委托代理来表达、生成和实现，在公共价值链上存在着太多的节点，每个节点充满着权力和利益的博弈，最终导致公共价值的流失。而合作治理是多元主体的合作，公众可以直接通过合作网络表达公共价值需求，合作网络可以直接获取公共价值信息，在此基础上直接提供公共产品，满足公众偏好，从而减少公共价值流失。合作治理所蕴含的多元、参与、平等、信任、分享等价值也是公众所需要的公共价值。合作治理的过程既是公共需求整合的过程，也是公共需求表达的过程，多元主体的持续互动能够及时获取公共需求信息，掌握公共需求变化的趋势和特点，并及时调整服务方案和策略，这样就能很好地提高公共价值产出的针对性和有效性。合作治理是一种建立在相互信任基础上的治理机制，基于信任的合作网络会降低组织管理成本，提高公共价值的生产效率。因此，合作治理是一种能够充分实现公共价值的社会管理模式。

二是对社会组织在提升社会治理绩效中的作用进行了理论分析和实证研究，为社会组织参与合作治理提供理论和实践依据。

社会管理是政府的基本职能，政府在社会管理中的主导作用是由政府的性质和地位所决定的。政府与社会组织合作治理的直接目的在于提升社会治理绩效，那么，社会组织在提升社会治理绩效中是否能够发挥作用，这是社会组织是否能够参与合作治理的依据。本研究在对当今国际学术界关于社会组织发挥作用的理论解释进行梳理的基础上，从理论上分析了社会组织在提升社会治理绩效中的作用。分析表明，这种作用主要体现在四个方面，即社会组织能够提供公共服务、促进社会公正、实现社会整合、化解社会冲突，从而提升社会治理绩效。为了验证社会组织的作用，本研究模仿帕特南（Robert D. Putnam）等学者对意大利和美国的不同地区的公民团体发展状况与制度绩效（包括犯罪治理绩效）的关系进行研究的方法，收集了我国3个经济发展水平不同的省份的社会组织发展数量和刑事案件发生率的10年数据，对社会组织与犯罪治理之间的关系进行相关分析和回归分析。

实证研究表明，经济发展水平与犯罪率呈正相关关系，但在控制了经济发展水平之后，社会组织发展数量与犯罪率之间存在显著负相关关系，社会组织发展数量与经济发展水平是犯罪率有效预测变量。由此证明，社会组织在降低犯罪率方面具有独特的功能，政府应该鼓励社会组织发展，通过提高社会组织化率来实现犯罪治理的绩效目标，特别是经济发达地区的政府，更需要发展社会组织来抵消经济发展带来的众多社会问题对犯罪率的负效应。在犯罪治理中，政府的作用主要体现在威慑和惩处两个方面，而社会组织的作用主要体现在预防和化解两个方面，两者的作用方式和机制有很大不同，具有一定的互补性，因此，政府与社会组织在犯罪治理方面应该加强合作。由于犯罪治理是社会管理的重要内容，所以可由此推断社会组织在提升社会治理绩效方面能够发挥独特的作用。社会组织参与合作治理就有了合理的依据。本研究结论与帕特南等学者的研究结论具有一致性。这说明，无论是在发达国家还是在我国，社会组织在提升社会治理绩效方面都具有重要作用。

三是对政府与社会组织合作治理的绩效内涵、结构维度进行了理论分析，构建了政府与社会组织合作治理的绩效评价指标体系，对我国现阶段政府与社会组织合作治理的绩效生成与绩效评价进行了案例分析。

根据组织间合作绩效的一般定义，本研究认为，政府与社会组织合作治理的绩效是指政府与社会组织共同从事社会管理和公共服务的业绩、效率和效果的统称，通常可以看做合作双方各自目标的实现程度和共同目标的实现程度。根据组织间合作行为的逻辑顺序，政府与社会组织合作治理的绩效可以分为合作投入、合作管理、合作产出和合作结果四个绩效维度。合作投入绩效包括政府投入绩效和社会组织投入绩效。政府投入绩效是指政府在与社会组织合作过程中投入的人力资源、行政资源和财政资源等资源的运行状况，它直接关系到合作能否取得预期的绩效。社会组织投入资源主要包括人力资源、组织资源和经费资源等，这些资源的运行状况也从一个侧面反映合作绩效的优劣。合作管理绩效是指政府与社会组织对合作过程所进行的组织、控制和协调的绩效，它是双方合作管理能力的体现。合作产出绩效是政府与社会组织合作所产生的直接结果，它包括通过双方合作实现的政府产出绩效、社会组织产出绩效和合作事务产出绩效。合作结果绩效是指政府与社会组织合作所产生的社会影响，也就是合作所带来的综合社会效益。

虽然政府是一种特殊性质的组织，但政府与社会组织合作仍然是一种组织间合作，与政府绩效评价不同，政府与社会组织合作绩效评价在评价内容、指标体系和评价组织与实施等方面都具有自身的特点，不能用政府绩效评价代替政府与社会组织合作绩效评价。总体上看，合作治理属于公共治理的范畴，所以政府与社会组织合作绩效评价与公共治理评价具有很多相似性，但公共治理评价的外延更为宽泛，评价指标体系也更为宏观和庞杂，评价对象主要是一个国家或地区的治理状况，所以也不能用公共治理评价代替政府与社会组织合作绩效评价，这就需要对政府与社会组织合作绩效评价进行专门研究。本研究提出了政府与社会组织合作绩效评价的"善治"目标，构建了一套包含4个指标维度、11个指标和38个指标要素的政府与社会组织合作治理的绩效评价指标体系。像世界银行和联合国所设计的公共治理评价指标一样，政府与社会组织合作治理的绩效评价指标应该以感知性定性指标为主。这些指标能克服客观性量化指标评价的单向性和片面性。

研究发现，现阶段我国政府与社会组织合作治理的绩效评价存在以下几个问题：第一，这种评价没有把合作中的政府表现纳入评价范围，只是政府对社会组织的单方评价，没有体现出双方平等合作的关系特点。第二，这种评价的目的在于强化政府对社会组织的控制（如根据评价情况决定政府拨款数额和进度），彰显政府作为监管者的角色和地位，这必然会影响评价结果的客观性和公正性。第三，政府把评价的重心放在公共财政绩效评价方面，虽然有利于提高公共财政绩效，但政府与社会组织合作涵盖诸多内容，以财政绩效评价代替合作绩效评价不能全面真实地反映政府与社会组织合作的状况。第四，只重视合作产出和结果的绩效评价，忽视对合作过程中双方的关系管理和关系质量的评价。案例研究表明，政府与社会组织合作治理能够提升社会管理和公共服务绩效，但现有的绩效评价并不是真正意义上的合作治理绩效评价。只有把政府的表现和政府与社会组织合作过程纳入评价范围，设计科学的评价指标体系，由独立于政府之外的第三方机构实施评价，才能全面准确地评价政府与社会组织合作治理的绩效。

四是对政府与社会组织合作治理的绩效影响因素进行了理论分析和实证检验。

从理论上讲，影响政府与社会组织合作治理绩效的因素有很多，但本研究只研究组织间合作因素即合作模式、合作关系和合作行为对政府与社会组织合作治理绩效的影响。本研究把政府与社会组织合作模式的子维度分为互补模式和替代模式，把合作关系的子维度分为信任程度和公平程度，把合作行为的子维度分为策略水平和沟通程度，运用现有国内外文献，对合作模式、合作关系和合作行为及其6个子维度对政府与社会组织合作治理的绩效的影响进行理论分析，提出研究假设，构建理论模型，然后通过问卷调查获取数据，运用结构方程和回归分析方法对研究假设进行验证，并构建线性回归方程。研究表明，合作模式、合作关系、合作行为均对合作绩效构成显著影响。合作模式、合作关系、合作行为的6个子维度——互补性、替代性、公平程度、信任程度、沟通程度、策略水平均对合作绩效有显著影响，其中替代性和策略水平的影响作用更突出。同时也说明，如果想提高合作绩效，在6个影响因素中，可以更重视对替代性和策略水平的提高。另一方面，如果想通过政府与某社会组织的合作模式、合作关系、合作行为来预测两者的合作绩效，可以通过采用本研究的量表对合作模式、合作关系、合作行为的子维度进行测量，将测量的值代入线性回归方程中，来对两者的合作绩效进行有效预测，起到及时发现问题、调整合作模式、合作关系、合作行为，最终改善合作绩效的目的。

二、未来研究展望

目前学术界对政府与社会组织合作模式、合作关系和合作行为研究较为充分，但对政府与社会组织合作治理的绩效问题研究较少，本研究只是一个初步探索。根据本研究的研究进展和本领域研究的发展趋势，本研究认为，未来还需要对以下几个问题进行深入研究：

一是深化对社会组织在提升社会治理绩效中的作用的实证研究。

社会组织能够在提升社会治理绩效中发挥作用，这是政府与社会组织合作的动因，也是合作绩效产生的前提和基础。对社会组织的作用进行理论分析和实证研究十分重要，与国外学者相比，本研究的实证研究还需要进一步改进。帕特南等学者在研究意大利和美国的公民团体与政府绩效的关系时，其调查的范围涵盖了意大利的南北方全部地区和美国的50个州，而本研究对社会组织作用的研究的数据则仅仅来自于我国3个经济发展水平不同的省份，后续研究将陆续收集我国所有省份的相关数据，在更大的范围内以更多的样本数据来实证检验社会组织在提升社会治理绩效中的作用。

二是深化对政府与社会组织合作治理绩效的特点研究。

政府与社会组织都是人类社会存在的组织类型，这两类组织之间的合作应该具有与其他类型组织间合作相同的属性，但这两类组织又是特殊的组织类型，两者的合作又具有自身特点，由此决定了其合作绩效与其他组织间合作绩效的不同，也就是说，政府与社会组织合作治理绩效是一种特殊的组织间合作绩效。从理论上对这种特殊性进行分析，有助于划清政府与社会组织合作治理绩效的研究边界，构建政府与社会组织合作治理绩效理论体系。未来将对这一问题进行系统深入研究。

三是深化对政府与社会组织合作治理绩效评价研究。

与政府绩效评价相比，政府与社会组织合作治理绩效评价更具挑战性。本研究只是对评价目标、评价指标、评价组织实施进行了初步探讨，未来将继续关注我国政府与社会组织合作治理实践，加强调查研究，在此基础上，对政府与社会组织合作治理绩效评价模式、评价价值取向和评价方法等内容进行深入研究，特别是要采用科学的方法设计更加合理的评价指标体系，并将指标体系运用于评价实践。未来研究将借鉴政府绩效评价、公共治理评价、企业间合作绩效评价和产学研合作绩效评价的理论研究成果，不断深化对政府与社会组织合作治理绩效评价研究。

四是深化对政府与社会组织合作治理绩效的影响因素研究。

本研究只对政府与社会组织合作模式、合作关系、合作行为等合作因素对合作绩效的影响进行研究。实际上，影响政府与社会组织合作治理绩效的因素还有很多，比如政治体制、行政体制和社会体制等体制因素和社会环境、经济环境、制度环境等环境因素以及组织结构、组织管理、组织运行等组织因素。后续研究将对这些因素的影响机理进行理论分析，同时，通过对我国政府与社会组织合作治理的实践进行调研，收集案例和数据，进行实证分析。本研究的实证研究所调研收集的数据只来自于广东省中山市，未来还要选择更多的地方进行调研，以获取更多的样本信息。

五是研究政府与社会组织合作对政府绩效的影响。

本研究引起的进一步思考：政府与社会组织合作治理是否真正降低了行政成本、提高了政府绩效？这既是政府和社会关心的问题，也是学界应该研究的问题。政府作为行政机构，无论是在组织内部进行结构变革（如大部制），还是在组织外部向社会"借力"，其改革的价值诉求主要在于改善组织绩效。如果这一诉求没有得到满足，那么这些变革将失去意义。如果政府通过与社会组织合作明显改善了政府绩效，就体现了合作的价值，这也是合作绩效的体现。因此，采用科学的方法对政府内部变革和外部合作所带来的政府绩效变化进行测量和评价是具有重要理论和实践意义的课题。

参考文献

［1］H. J. Bernadin, J. S. Kane. *Performance Appraisal: A Contingency Approach to System Development and Evaluation.* Amazon.co. uk: Books, 1993.

［2］Campbell J. P. McCloy R. A. Oppler S. H. and Sager C. E. A Theory of Performance. in N. Schmitt & W. C. Borman(ed.). *Personnel Selection in Organizations.* San Francisco: Jossey Bass Publisher, 1993.

［3］Kast, F. E., Rosenzweig,J. E. *Organization and Management: A Systems and Contingency Approach*, 4th ed. New York: McGraw–Hill, 1985.

［4］Lest M. Salamon, Odus V. Elliot. *The Tools of Government: A Guide to The New Governance.* New York: Oxford University Press, 2002.

［5］The Report of Commission On Global Governance. *Our Global Neighbourhood.* New York: Oxford University Press, 1995.

［6］Chris Ansell, Alision Gash. Collaborative Governance in Theory and Practice, *Journal of Public Administration Research and Theory Advance Access*, 2007, 11 (3): 2–3.

［7］Najam A. The Four–C's of Third Sector–Government Relations: Cooperation, Confrontation, Complementary, and Co–Optation, *Nonprofit Management & Leadership*, 2000, 10(4): 375–396.

［8］Young D R. Alternative Models of Government–Nonprofit Sector Relations：Theoretical and International Perspective. *Nonprofit and Voluntary Sector Quarterly*, 2000, 29(1):149–172.

［9］Coston J M. A Model and Typology of Government–NGO Relationships.

Nonprofit and Voluntary Sector Quarterly, 1998, 27(3):358–382.

［10］Brinkerhoff Jennifer M. Government–Nonprofit Partnership： A Defining Framework. *Public Administration*, 2002, 22(1):19–30.

［11］Stein Kuhnle, Per Selle. *Government and Voluntary Organizations: A Relational Perspective*. Aldershot, Hans, England, Brookfield, Vt: Ashgate, 1992.

［12］Tom W. Rice, Alexander F. Sumbeg. *Civic Culture and Government Performance in the American States*. Publius/Winter, 1997.

［13］Tom W. Rice. Social Capital and Government Performance in Iowa Communities. *Journal of Urban Affairs*, 2001, 23(3–4): 375–389.

［14］H. Coffe, B. Geys. Institutional Performance and Social Capital: An Application to the Local Government Level. *Journal of Urban Affairs*, 2005, 27(5): 485–501.

［15］Knack S. Social Capital and the Quality of Government: Evidence from the States. *American Journal of Political Science*, 2002, 46(4): 772–785.

［16］Newton K. Trust,Social Capital, Civil Society and Democracy. *International Political Science Review*, 2001, 22(2) 201–214.

［17］J. Wallis, B. Dollery. Social Capital and Local Government Capacity. *Australian Journal of Public Administration*, 2002, 61(3): 76–85.

［18］L. Keele. Social Capital and the Dynamics of Trustin Government. *American Journal of Political Science*, 2007, 51(2): 241–254.

［19］Cusack T. R.Social Capital, Institutional Structures and Democratic Performance: A Comparative Study of German Local Governments. *European Journal of Political Research*, 1999, 35(1): 1–34.

［20］Radin, B. Intergovernmental Relationships and the Federal Performance Movement. *Publius*, 2000, 30(1/2): 143–158.

［21］Klijn, E., & Koppenjan, J. Public Management and Policy Networks: Foundations of a Network Approach to Governance. *Public Management*, 2000, 2(2): 135–158.

[22] Thomas, C. *Bureaucratic Landscapes: Interagency Cooperation and The Preservation of Biodiversity*. Cambridge, MA: MIT Press, 2003.

[23] McGuire, M. Managing Networks: Propositions on What Managers Do and Why They Do It. *Public Administration Review*, 2002, 62(5): 426–433.

[24] Robert Agranoff. Managing Collaborative Performance: Changing the Boundaries of the State?. *Public Performance & Management Review*, 2005, 29(1): 18–45.

[25] Linden, R. *Working Across Boundaries: Making Collaboration Work in Government and Nonprofit Organizations*. San Francisco: Jossey–Bass, 2002.

[26] Castells. M. *The Rise of the Network Society*. Oxford:Blackwell, 1996.

[27] Moore M. *Creating Public Value: Strategic Management in Government*. Cambridge, MA: Harvard University Press, 1995.

[28] Stoker G. Public Value Management: A New Narrative for Networked Governance?. *The American Review of Public Administration*, 2006, 36(1): 41–57.

[29] O'Flynn J.From New Public Management to Public Value: Paradigmatic Change and Managerial Implications. *Australian Journal of Public Administration*, 2007, 66 (3): 353–366.

[30] Horner L, Hazel L. *Adding Public Value*. London: The Work Foundation, 2005.

[31] Kelly, G., Muers, S. & Mulgan, G. *Creating Public Value: An Analytical Framework for Public Service Reform*, London: Cabinet Office, UK Government, 2002.

[32] Jackson, P. M. Public Sector Added Value: Can Bureaucracy Deliver?. *Public Administration*, 2001, 79(1): 5–28.

[33] Moore C. The "Reinventing Government" Exercise: Misinterpreting the Problem, Misjudging the Consequences. *Public Administration Review*, 1994, 54(2): 111–122.

[34] Henry Hansmann, The Role of Nonprofit Enterprise. *Yale Law Journal*,

1980, 89(5): 835–901.

［35］Shaw, Clifford R., Henry D. McKay. *Juvenile Delinquency and Urban Areas*. Chicago, IL: University of Chicago Press, 1972.

［36］Marx, Karl. *Capital: A Critique of Political Economy*. London: Lawrence and Wishart, 1967.

［37］Wolfgang, M. E., F. Ferracuti. *The Subculture of Violence: towards An integrated Theory in Criminology*. London: Tavistock, 1967.

［38］Agnew, Robert. Foundation for a General Strain Theory of Crime and Delinquency. *Criminology*, 1992, 30(1): 47–87.

［39］Agnew, Robert. A General Strain Theory of Community Differences in Crime Rats. *Journal of Research in Crime and Delinquency*, 1999, 36(2): 123–155.

［40］Cantor David and Kenneth Land. Unemployment and Crime Rates in The Post–World War II United States: A Theoretical and Empirical Analysis. *American Sociological Review*, 1985, 50(3): 317–332.

［41］Blau, P. M. *Inequality and Heterogeneity: A Primitive Theory of Social Structure*. New York: Free Press, 1977.

［42］Crosby, Faye. A Model of Egoistic Relative Deprivation. *Psychological Review*, 1976, 83(2): 85–113.

［43］Shaw, Clifford R., Henry D. McKay. *Juvenile Delinquency and Urban Areas*. Chicago, IL: University of Chicago Press, 1972.

［44］Wilson, William J. *When Work Disappears: The World of the New Urban Poor*. New York: Alfred A. Knopf, 1996.

［45］Slocum, L. A., Rengifo, A. F., Choi, T., & Herrmann, C. R. The Elusive Relationship Between Community Organizations and Crime: An Assessment Across Disadvantaged Areas of The South Bronx. *Criminology*, 2013, 51(1): 167–216.

［46］Bursik, Robert J., Jr., and Harold G. Grasmick. *Neighborhoods and Crime: The Dimensions of Effective Community Control*. Lanham, MD:Lexington Books, 1993.

[47] Maeres, Tracey L., and Kelsi Brown Corkran. *When 2 or 3 Come Together*. Yale University: Faculty Scholarship Series, 2007.

[48] Sampson, Robert J., and W. Byron Groves. Community Structure and Crime: Testing Social-Disorganization Theory, *American Journal of Sociology*, 1989, 94(4): 774–802.

[49] Shaw, Clifford R., Henry D. McKay. *Juvenile Delinquency and Urban Areas*. Chicago: University of Chicago Press, 1942.

[50] Wilson, William Julius. *When Work Disappears: The World of the New Urban Poor*. New York: Alfred A. Knof, 1996. *The Truly Disadvantaged: The Innercity, the Underclass, and Public Policy*. Chicago: University of Chicago Press, 1987.

[51] Shihadeh, Edward S., Nicole Flynn. Segregation and Crime: The Relationship between Black Centralization and Urban Black Violence. *Homicide Studies*, 1996, 1:254–80.

[52] Rountree, Pamela Wilcox and Barbara D. Warner. Social Ties and Crime: Is the Relationship Gendered?. *Criminology*, 1999, 37:789–814.

[53] Senese, John D. Crime in High and Low Crime Neighborhoods: An Assessment of Social and Physical Dimensions. *Journal of Crime and Justice*, 1989, 12(2):79–107.

[54] Slocum, L. A., Rengifo, A. F., Choi, T., & Herrmann, C. R. The Elusive Relationship between Community Organizations and Crime: An Assessment Across Disadvantaged Areas of the South Bronx. *Criminology*, 2013, 51(1): 167–216.

[55] Lee, Matthew R., and Graham C. Ousey. Institutional Access, Residential Segregation, and Urban Black Homicide. *Sociological Inquiry*, 2005, 75: 31–54.

[56] Saegert, Susan, Gary Winkel, and Charles Swartz. Social Capital and Crime in New York City's Low Income Housing. *Housing Policy Debate*, 2002, 13: 189–226.

[57] Portes, Alejandro. Social Capital: Its Origins and Applications in Modern

Sociology. *Annual Review of Sociology*, 1998, 22: 1–24.

［58］Skogan, Wesley G. *Community Organizations and Crime.* In Crime and Justice, eds.Michael H. Tonry and Norval Morrs. Chicago, IL:University of Chicago Press, 1988.

［59］Lee, Matthew R., Graham C. Ousey. Institutional Access, Residential Segregation, and Urban Black Homicide. *Sociological Inquiry*, 2005, 75: 31–54.

［60］Sampson, Robert J., Jeffrey D. Morenoff and Felton Ears. Beyond Social Capital: Spatial Dynamics of Collective Efficacy for Childrn. *American Sociological Review*, 1999, 64: 633–60.

［61］Sampson, Robert J.,Stephen W Raudenbuh. Systematic Social Observation of Public Spaces: A New Look at Disorder in Urban Neighborhoods. *American Journal of Sociology*, 1999, 105:603–51.

［62］Beyerlein, Kraig,John R. Hip. Social Capital, Too Much of a Good Thing?. American Religious Traditions and Community Crime. *Social Forces*, 2005, 84: 995–1013.

［63］Shaw, Clifford R., and Henry D. McKay. *Juvenile Delinquency and Urban Areas.* Chicago: University of Chicago Press, 1942.

［64］Slocum, L. A., Rengifo, A. F., Choi, T., & Herrmann, C. R. The Elusive Relationship between Community Organizations and Crime: An Assessment across Disadvantaged Areas of the South Bronx. *Criminology*,2013, 51(1)：167–216.

［65］Bonger, W. A. *Criminality and Economic Conditions.*(H. P. Horton, Trans.). Bloomington: Indiana University Press, 1969.

［66］Marx, Karl. *Capital: A Critique of Political Economy.* London: Lawrence and Wishart, 1967.

［67］Taylor, I. R., P. Walton and J. Young. *The New Criminology: For a Social Theory of Deviance.* London: Routledge and Kegan Paul, 1973.

［68］Agnew, Robert. Foundation for a General Strain Theory of Crime and Delinquency. *Criminology*, 1992, 30(1): 47–87.Agnew, Robert. A General Strain

Theory of Community Differences in Crime Rates. *Journal of Research in Crime and Delinquency*, 1999, 36(2): 123–155.

［69］Merton, Robert. *Social Theory and Social Structure*. New York: Free Press, 1949.

［70］Becker, Gary S. Crime and Punishment: An Economic Approach. *Journal of Political Economy*, 1968, 76, 169–217.

［71］Blau, P. M. *Inequality and Heterogeneity: A Primitive Theory of Social Structure*. New York: Free Press, 1977.

［72］Ehrlich, Isaac. Participation in Illegitimate Activities: A Theoretical and Empirical investigation. *Journal of Political Economy*, 1973, 81: 521–565.

［73］Crosby, Faye. A Model of Egoistic Relative Deprivation. *Psychological Review*, 1976, 83(2): 85–113.

［74］Davis, Jams. A Formal interpretation of the Theory of Relative Deprivation. *Sociometry*, 1959, 22(4): 280–296.

［75］Gurr, T. R. *Why Men Rebel*. Princeton: Princeton University Press, 1970.

［76］Runciman, W. G. *Relative Deprivation and Social Justice: A Study of Attitudes to Social inequality in Twentieth-Century England*. Berkeley: University of California Press, 1966.

［77］Almgren, Gunnar, Avery Guest, George Immerwalr, and Michael Spittel. Joblessness, Family Disruption, and Violent Death in Chicago, 1970–90. *Social Forces*, 1998, 76:1465–93.

［78］Crutchfield, Robert D., Ann Glusker, and George S. Bridges.A Tale of Three Cities: Labor Markets and Homicide. *Sociological Focus*, 1999, 32:65–83.

［79］Curry,G. David and Irving A. Spergel. Gang Homicide, Delinquency, and Community. *Criminology*, 1988, 26:381–405.

［80］Krivo, Lauren J.,Ruth D. Peterson. Extremely Disadvantaged Neighborhoods and Urban Crime.*Social Forces*, 1996, 75:619–50.

［81］McNulty, Thomas L. The Residential Process and the Ecological

Concentration of Race, Poverty,and Violent Crime in New York City. *Sociological Focus*, 1999,32:25–42.

［82］Kovandzic, T. V., L. M. Vieraitis,M. R. Yeisley. The Structural Covariates of Urban Homicide: Reassessing The Impact of Income Inequality and Poverty in The Post–Reagan Era. *Criminology*, 1998, 36: 569–99.

［83］Pampel, F. C.,R. Gartner. Age Structure, Socio–Political Institutions, and National Homicide Rates. *European Sociological Review*, 1995, 11: 243–260.

［84］Baron, S.W. General Strain, Street Youth and Crime: A Test of Agnew's Revised Theory. *Criminology*, 2004, 42(2): 457–483.

［85］Bellair, P. E., V.J. Roscigno,T.L. McNulty. Linking Local Labour Market Opportunity to Violent Adolescent Delinquency. *Journal of Research in Crime and Delinquency*, 2003, 40(1): 6–33.

［86］Eisler, L.,B. Schissel. Privation and Vulnerability to Victimization for Canadian Youth: The Contexts of Gender, Race, and Geography. *Youth Violence and Juvenile Justice*, 2004, 2(4): 359–373.

［87］Sampson, R. J., Raudenbush, S. W., & Earls, F. Neighborhoods and Violent Crime: A Multilevel Study of Collective Efficacy. *Science*, 1997, 277(5328):918–924.

［88］Peterson, Ruth D., Lauren J. Krivo, Mark A. Harris. Disadvantage and Neighborhood Violent Crime: Do Local institutions Matter?. *Journal of Research in Crime and Delinquency*, 2000, 37:31–63.

［89］T. Jean, Peter K. B. *More Money More Crime? Trends in Dominica Over The Past Two Decades*. In Crime, Deportation, and Caribbean Migration, Edited By Anthony Harriott, and Marlyn Jones. University of The West indies Press.(Forthcoming 2008).

［90］Smith, D. A., & Jarjoura, G. R. Social Structure and Criminal Victimization. *Journal of Research in Crime and Delinquency*, 1988, 25(1): 27–52.

［91］Warner, B. D., & Pierce, G. L. Reexamining Social Disorganization Theory

Using Calls to the Police as a Measure of Crime. *Criminology*, 1993, 31(4): 493–517.

［92］Peterson, Ruth D., Lauren J. Krivo, and Mark A. Harris. Disadvantage and Neighborhood Violent Crime: Do Local Institutions Matter?. *Journal of Research in Crime and Delinquency*, 2000, 37: 31–63.

［93］Taniguchi, Travis A., Christopher Salvatore. Exploring the Relationship between Drug and Alcohol Treatment Facilities and Violent and Property Crime: A Socio–Economic Contingent Relationship. *Security Journal*,2012, 25: 95–115.

［94］Krivo, L. J., & Peterson, R. D. Extremely Disadvantaged Neighborhoods and Urban Crime. *Social Forces*, 1996, 75(2): 619–648.

［95］Triplett, R. A., Gainey, R. R., & Sun, I. Y. Institutional Strength, Social Control and Neighborhood Crime Rates. *Theoretical Criminology*, 2003, 7(4): 439–467.

［96］St. Jean, Peter K. B. More Money More Crime? Trends in Dominica Over The Past Two Decades. in *Crime, Deportation, and Caribbean Migration*, Edited By Anthony Harriott, and Marlyn Jones. University of The West indies Press, 2008.

［97］Block Michale and John Heinee. A Labor Theoretic Analysis of The Criminal Choice. *American Economic Review*, 1975, 65(3): 314–325.

［98］Hagan, John. The New Sociology of Crime and inequality in America. *Studies On Crime and Crime Prevention*, 1994, 3, 7–23.

［99］Agnew, R. Foundation for a General Strain Theory of Crime and Delinquency. *Criminology*, 1992, 30: 47–87.

［100］Williamson O E. *The Economic Institutions of Capitalism*. Free Press,New York, 1985.

［101］B.S. Romzek, J. M. Johnston, State Social Services Contracting: Exploring The Determinants of Effective Contract Accountability. *Public Administration Review*, 2005, 65: 436.

［102］Brookes, S., Grint, K. *The New Public Leadership Challenge*. Palgrave Macmillan, 2010.

［103］Cho S., Gillespie D.A, Conceptual Model Exploring the Dynamics of Government-Nonprofit Service Delivery. *Nonprofit and Voluntary Sector Quarterly,* 2006, 35:493-509.

［104］Jennifer, A.,Nank, R., Public-Nonprofit Partnership: Realizing the New Public Service. *Administration & Society*, 2009, 41:364-386.

［105］Mandell, M.P, Keast,R. Evaluation Network Arrangements. *Public Performance and Management Review*, 2007, 30: 574-597.

［106］Zammuto R.F.a Comparison of Multiple Constituency Models of Organizational Effectiveness. *Academy of Management Review*, 1984, 9:606-611.

［107］A.Saz-Carranza, A.Vernis.The Dynamics of Public Networks; A Critique of Linear Process Modes. *The International Journal of Public Sector Management*, 2006, 19:5.

［108］J.Sydow, A.Windeler, Organizing and Evaluation Interfirm Networks: A Structurationist Perspective on Network Process and Effectiveness. *Organization Science*, 1998, 9: 265-284.

［109］J.M.Geringer, L.Hebert.Measuring Performance of International Joint Ventures. *Journal of International Business Studies*, 1991, 22: 249-26.

［110］Lyles, M.A., Baird, I.S. Performance of International Joint Ventures in Two Eastern European Countries: The Case of Hungary and Poland. *Management International Review*, 1994, 34: 313-329.

［111］Anderson, James, Narus, James A. A Model of The Distributor's Perspective of Distributor-Manufacturer Working Relationships. *Journal of Marketing*, 1990, 48 (4): 4.

［112］Thompson M A., Perry J L., Miller T K. Conceptualizing and Measuring Collaboration. *Journal of Public Administration Research and Theory*, 2007,19: 23-56.

［113］Mohr, J. And Spekman, R. Communication Strategies in Marketing Channel: A Theoretical Perspective. *Journal of Marketing*, 1994, 60(7): 103-115.

［114］Goodman, Lester E., Paul A Dion. The Determinants of Commitment in the Distributor–Manufacturer Relationship. *Industrial Marketing Management*, 2001, 30: 287–300.

［115］Daniel Kaufmann, Aart Kraay, MAassimo Mastruzzi. *The Worldwide Governance Indicators Project: Answering the Critics*. The World Bank, 2007.

［116］UN, *Governance Indicators: A Users'Guide*. http://www.undp.org.

［117］Benjamin Gidron, Ralph Kramer Kramer, Lester M. Salamn. *Government and the Third Sector. Emerging Relationships in Welfare States*. San Francisco, Josser–Bass Publishers, 1992.

［118］Ostrom E. Crossing the Great Divide: Coproduction, Synergy, and Development, *World Development*, 1996, 24(6): 1073–1087.

［119］Pfeefer J, Nowak P. Joint Ventures and Interorganizational Interdependence. Administrative. *Science Quarterly*, 1976,(21): 398–418.

［120］Thompson JD. *Organizations in Action: Social Science Bases of Administration*. New York: McGraw–Hill, 1967.

［121］MadhokA, Tallman S B. Resources, Transactions and Rents：Managing Value through Interfirm Collaborative Relationships. *Organization Science*, 1998, 9: 326–339.

［122］Anderson J C., Narus J. A. Partnering as a Focused Market Strategy. *California Management Review*, 1991, 33: 95–113.

［123］Gulati R. Does Familiarity Breed Trust: The Implications of Repeated Ties of Contractual Choice in Alliances. *Academy of Management Journal*, 1995, 35:85–112.

［124］LuschRC, BrownJR. Interdependency, Contracting, and Relational Behavior in Marketing Channels. *Journal of Marketing*, 1996, 60: 19–38.

［125］MonckzaR. M., Peterson K. J., Handfield, R. B. & Ragat Z, G. L. Success Factors in Stegie Suppli Er Alliances: The Buying Company Perspective. *Derision Sciences*, 1998, 29: 553–577.

[126] Das T K, Teng B S. Resource-Based Theory of Strategic Alliance. *Journal of Management*, 2000, 26: 31-61.

[127] Holm D. B., Eriksson K, Johansson J. Creating Value through Mutual Commitment to Business Network Relationships. *Strategic Management Journal*, 1999, 20: 471.

[128] DyerJH, SingH. The Relational View: Cooperative Strategy and Sources of Interorganizational Competitive Advantage. *Academy of Management Review*, 1998, 23: 660-679.

[129] Williamson, O. E. Calculativeness, Trust, and Economic Organization. *Journal of Law and Economies*, 1993, 34: 453-502.

[130] Zaheer A, McEvily B, Perrone V. Does Trust Matter? Exploring The Effects of Interorganizational and Interpersonal Trust on Performance. *Organization Science*, 1998,(9): 141-159.

[131] Adams, J. S. Inequity in Social Exchange. in L. Berkowitz Ed., *Advances in Experimental Social Psychology*. New York: Academic Press, 1965.

[132] Thibaut J, Walker L. *Procedural Justice: A Psychological Analysis.* HILLsdale, NJ: Erlbaum, 1975.

[133] Greenberg, J. C. McCarty, The Interpersonal Aspects of Procedural Justice: A New Perspective in Pay Fairness. *Labor Law Journal*, 1990, 41(8): 580-585.

[134] Greenberg J. Employee Theft As a Reaction to Under Payment Inequity: The Hidden Cost of Pay Cuts. *Journal of Applied Psychology*, 1990, 75: 561-568.

[135] Bies R J, Moag J S. *Interactional Justice: Communication Criteria for Fairness*. Greenwich, CT: JAI Press, 1986.

[136] Dittmer, Lowell. Chinese Informal Politics. *The China Journal*, 1995, 34:1-34.

[137] Spires, A. Contingent Symbiosis and Civil Society in an Authoritarian State: Understanding the Survival of China's Grassroots NGOs. *American Journal of*

Sociology, 2011, 117: 1–45.

[138] Luk C, Yau O, Sin L, Tse A, Chow R, Lee J. The Effects of Social Capital and Organizational Innovativeness in Different Institutional Contexts. *Journal of International Business Studies*, 2008, 39: 589–612.

[139] Shaw M E. *Group Dynamics: The Psychology of Small Group Behavior.* New York: McGraw–Hill, 2009.

[140] Sutter, M., & Strassmair, C. Communication,Cooperation and Collusion in Team tournaments–An Experimental Study. *Games and Economic Behavior*, 2009, 66 (1)506–525.

[141] Bleek J. and D. Ernt. (Eds), *Collaborating to Compete*, John Wiley and Sons, Y. P.Xvi, 1993.

[142] Mohr L, Spekman R. Characteristics of Partnership Success Partnership Attributes, Communication Behavior,and Conflict Resolution Techniques. *Strategic Management Journal*, 1994, 15:135–152.

[143] Kelly M J, Schaan J L, Joncas H. Managing Alliance Relationships: Key Challenges in the Early Stages of Collaboration. *R&D Management*, 2002, 32(1): 11–22.

[144] Anderson J C., Narus J. A. Partnering as a Focused Market Strategy. *California Management Review*, 1991, 33: 95–113.

[145] Morgan, Robert M. &Hunt, Shelby C.The Commitment–Trust Theory of Relationship Marketing. *Journal of Marketing*, 1994, 58(7): 20–38.

[146] Moorman, Christine. Deshpande, Rohit. &Zaltman, Gerald. Factors Affecting Trust in Market Research Relationships. *Journal of Marketing*, 1993,57(l): 81–101.

[147] Anderson J. C., Narus J. A. Partnering as a Focused Market Strategy. *California Management Review*, 1991, 33: 95–113.

[148] Mcgee J E.Dowling M J. Megginson W L. Cooperative Strategy and New Venture Performance: The Role of Business Strategy and Management Experience.

Strategic Management Journal, 1995, 16(7): 565–580.

［149］Jap S D, Ganesan S. Control Mechanism and the Relationship Life Cycle: Implications for Safeguarding Specific Investments and Developing Commitment. *Journal of Marketing Research*, 2000, 37(2): 227–245.

［150］周志忍：《民营化与治道变革》，载［美］E. S. 萨瓦斯《民营化与公私部门的伙伴关系》，中国人民大学出版社2002年版。

［151］卓越：《政府绩效评估的模式建构》，《政治学研究》2005年第2期，第88—95页。

［152］范柏乃、段忠贤：《政府绩效评估》，中国人民大学出版社2012年版。

［153］范柏乃：《政府绩效评估理论与实务》，人民出版社2005年版。

［154］［美］莱斯特・M. 萨拉蒙：《全球公民社会——非营利部门视界》，贾西津等译，社会科学文献出版社2002年版。

［155］［美］莱斯特・M. 萨拉蒙、［美］赫尔穆特・安海尔：《公民社会与第三部门》，载何增科主编《公民社会与第三部门》，社会科学文献出版社2000年版。

［156］［美］莱斯特・M. 萨拉蒙：《公共服务中的伙伴——现代福利国家中政府与非营利组织的关系》，田凯译，商务印书馆2008年版。

［157］［美］罗伯特・阿格拉诺夫、［美］迈克尔・麦奎尔：《协作性公共管理：地方政府新战略》，北京大学出版社2007年版。

［158］敬乂嘉：《合作治理：再造公共服务的逻辑》，天津人民出版社2009年版。

［159］汪锦军：《走向合作治理：政府与非营利组织合作的条件、模式和路径》，浙江大学出版社2012年版。

［160］陈振明：《社会管理——理论、实践与案例》，中国人民大学出版社2012年版。

［161］［美］詹姆斯N. 罗西瑙：《没有政府的治理》，张胜军等译，江西人民出版社2001年版。

［162］［美］斯蒂芬·戈德史密斯、威廉·D.埃格斯：《网络化治理——公共部门的新形态》，孙迎春译，北京大学出版社2008年版。

［163］陈振明：《公共管理学——一种不同于传统行政学的研究途径》第二版，中国人民大学出版社2003年版。

［164］邓正来：《国家与社会：中国市民社会研究》，四川人民出版社1997年版。

［165］赵黎青：《非政府组织与可持续发展》，经济科学出版社1998年版。

［166］康晓光：《权力的转移——转型时期中国权力格局的变迁》，浙江人民出版社1999年版。

［167］康晓光、郑宽、蒋金富、冯利：《NGO与政府合作策略》，社会科学文献出版社2010年版。

［168］吴忠泽、李勇、邢军：《发达国家非政府组织管理制度》，时事出版社2001年版。

［169］张钟汝、范明林：《政府与非政府组织合作机制建设——对两个非政府组织的个案研究》，上海大学出版社2010年版。

［170］［法］托克维尔：《论美国的民主》，商务印书馆1989年版。

［171］［美］加布里埃尔·A.阿尔蒙德、［美］西德尼·维巴：《公民文化——五个国家的政治态度和民主制》，东方出版社2008年版。

［172］［美］罗伯特·D.帕特南：《使民主运转起来——现代意大利的公民传统》，王列、赖海榕译，江西人民出版社2001年版。

［173］［美］罗伯特·阿格拉诺夫、［美］迈克尔·麦奎尔：《协作性公共管理：地方政府新战略》，北京大学出版社2007年版。

［174］［英］戴维·米勒、［英］韦农·波格丹诺：《布莱克维尔政治学百科全书》，邓正来译，中国政法大学出版社2002年版。

［175］桑玉成：《自治政治》，三联书店1994年版。

［176］秦晖：《传统十论：本土社会的制度文化与其变革》，复旦大学出版社2003年版。

［177］费孝通：《中国绅士》，中国社会科学出版社2006年版。

［178］［德］乌尔里希·贝克：《风险社会》，何博闻译，译林出版社2018年版。

［179］［美］乔治·弗雷德里克森：《公共行政的精神》，张成福译，中国人民大学出版社2003年版。

［180］王绍光：《多元与统一——第三部门国际比较研究》，浙江人民出版社1999年版。

［181］［美］E. S. 萨瓦斯：《民营化与公私部门的伙伴关系》，中国人民大学出版社2002年版。

［182］［德］哈贝马斯：《公共领域的结构转型》，曹卫东等译，学林出版社1999年版。

［183］［美］科恩、［美］阿拉托：《社会理论与市民社会》，载邓正来、［英］J. C. 亚历山大《市民社会与国家：一种社会理论的研究路径》，中央编译出版社2005年版。

［184］李培林：《新时期社会管理总论》，研究出版社2012年版。

［185］贾春增：《外国社会学史》增订本，中国人民大学出版社2000年版。

［186］侯均生：《西方社会学理论教程》第二版，南开大学出版社2006年版。

［187］［美］乔纳森·H·特纳：《社会学理论的结构》，吴曲辉等译，浙江人民出版社1987年版。

［188］［美］L·科赛：《社会冲突的功能》，孙立平等译，华夏出版社1989年版。

［189］宋林飞：《西方社会学理论》，南京大学出版社1997年版。

［190］彼德·布劳：《社会生活中的交换与权力》，孙非、张黎勤译，华夏出版社1998年版。

［191］俞可平：《治理与善治》，社会科学文献出版社2000年版。

［192］邓国胜：《非营利组织评估》，社会科学文献出版社2001年版。

［193］［美］米歇尔·诺顿：《全球筹款手册——NGO及社区组织资源动员指南》，张秀琴译，中国人民大学出版社2005年版。

［194］王浦劬、［美］L. M. 萨拉蒙等：《政府向社会组织购买公共服务研究——中国与全球经验分析》，北京大学出版社2010年版。

［195］［美］史蒂文·科恩、［美］威廉·埃米克：《新有效公共管理者：在变革的政府中追求成功》第二版，中国人民大学出版社2001年版。

［196］梁漱溟：《中国文化要义》，学林出版社1987年版。

［197］［德］尼克拉斯·卢曼：《信任：一个社会复杂性的简化机制》，瞿铁鹏等译，上海人民出版社2005年版。

［198］林毅夫：《财产权利与制度变迁——产权学派与新制度学派译文集》，上海三联书店、上海人民出版社1994年版。

［199］［美］罗伯特·D. 帕特南：《繁荣的社群——社会资本与公共生活》，载李惠斌、杨雪冬：《社会资本与社会发展》，社会科学文献出版社2000年版。

［200］贺雪峰：《新乡土中国》，广西师范大学出版社2003年版，第4—7页。

［201］［美］阿列克斯·英格尔斯、［美］戴维·H·史密斯：《从传统人到现代人—六个发展中国家中的个人变化》，顾昕译，中国人民大学出版社1992年版。

［202］［美］R·E·帕克等：《城市社会学——芝加哥学派城市研究文集》，宋俊岭等译，华夏出版社1987年版。

［203］［意］维尔弗雷多·帕累托：《精英的兴衰在》，刘成北译，上海人民出版社2003年版。

［204］李怀祖：《管理研究方法论》第3版，西安交通大学出版社2017年版。

［205］［美］艾尔·巴比：《社会研究方法（第13版）》，华夏出版社2020年版。

［206］郭志刚：《社会统计分析方法——SPSS软件应用》第2版，中国

人民大学出版社2015年版。

［207］侯杰泰、温忠麟、成子娟：《结构方程模型及其应用》，教育科学出版社2004年版。

［208］包国宪、王学军：《以公共价值为基础的政府绩效治理——源起、架构与研究问题》，《公共管理学报》2012年第2期，第89—127页。

［209］包国宪、周云飞：《中国公共治理评价的几个问题》，《中国行政管理》2009年第2期，第11—15页。

［210］包国宪、郎玫：《治理、政府治理概念的演变与发展》，《兰州大学学报（社会科学版）》2009年第2期，第1—7页。

［211］包国宪、霍春龙：《中国政府治理研究的回顾与展望》，《南京社会科学》2011年第9期，第62—68页。

［212］包国宪、潘旭：《"新三元结构"与公民社会发展——从政府体制改革的视角分析》，《湘潭大学学报（哲学社会科学版）》2007年第6期，第27—31页。

［213］周志忍：《我国政府绩效管理研究的回顾与反思》，《公共行政评论》2009年第1期，第34—57页。

［214］倪星：《地方政府绩效评估指标的设计与筛选》，《武汉大学学报（哲学社会科学版）》2007年第2期，第157—164页。

［215］张康之：《论参与治理、社会自治与合作治理》，《行政论坛》2008年第6期，第1—6页。

［216］张康之：《论新型社会治理模式中的社会自治》，《南京社会科学》2003年第9期，第39—44页。

［217］张康之：《合作治理是社会治理变革的归宿》，《社会科学研究》2012年第3期，第35—42页。

［218］张康之：《作为一种新型社会治理模式的服务行政——现实诉求、理论定位及研究取向》，《学习论坛》2006年第5期，第44—47页。

［219］张康之：《论全球社会中的道德、文化与合作治理》，《社会科学研究》2019年第4期，第1—8页。

［220］向维稻：《论社会管理及其职能与性质》，《北京社会科学》1991年第1期，第137—142页。

［221］王思斌：《社会管理初论》，《社会科学研究》1992年第6期，第54—64页。

［222］何文盛、王焱、尚虎平：《政府绩效管理：通向可持续性发展的创新路径——"第二届政府绩效管理与绩效领导国际学术研讨会"综述》，《中国行政管理》2012年第4期，第126—128页。

［223］高小平等：《加快我国社会管理和公共服务改革的研究报告》，《中国行政管理》2005年第2期，第10—15页。

［224］俞可平：《更加重视社会自治》，《人民论坛》2011年第6期，第8—9页。

［225］林尚立：《社会协商与社会建设：以区分社会管理与社会治理为分析视角》，《中国高校社会科学》2013年第7期，第135—146页。

［226］丁元竹：《社会管理若干理论问题探讨》，《中国社会保障》2007年第9期，第21—23页。

［227］岳经纶、邓智平：《社会管理创新的理论与行动框架——以社会政策学为视角》，《探索与争鸣》2011年第10期，第48—52页。

［228］李程伟：《社会管理体制创新：公共管理学视角的解读》，《中国行政管理》2005年第5期，第39—41页。

［229］杨雪冬：《走向社会权利导向的社会管理体制》，《高等学校文科学术文献》2010年第2期，第1—10页。

［230］郎友兴、汪锦军、徐东涛：《社会管理体制创新研究论纲》，《浙江社会科学》2011年第4期，第66—70页。

［231］郑杭生、高霖宇：《提高社会管理科学化水平的社会学解读》，《思想战线》2011年第4期，第1—5页。

［232］施雪华：《当前中国社会管理的成就、问题与改革》，《学习与探索》2013年第3期，第27—36页。

［233］刘祖云：《剖析社会治理研究中的一个分析框架——从〈公共管

理伦理学〉看坚持马克思主义的学术创新方向》，《教学与研究》2005年第4期，第19—25页。

　　[234]张晓红、宁小花：《服务型社会治理模式下的公共决策价值取向》，《中国行政管理》2011年第2期，第31—34页。

　　[235]黄显中、何音：《公共治理结构：变迁方向与动力——社会治理结构的历史路向探析》，《太平洋学报》2010年第9期，第10—18页。

　　[236]燕继荣：《社会管理创新与服务型政府建设》，《行政论坛》2012年第1期，第17—20页。

　　[237]燕继荣：《中国的社会自治》，《中国治理评论》2012年第1期，第80页。

　　[238]章勇：《新型社会管理模式的形成及内涵》，《重庆大学学报（社会科学版）》2013年第2期，第129—135页。

　　[239]康晓光、韩恒：《分类控制：当前中国大陆国家与社会关系研究》，《社会学研究》2005年第6期，第73—89页。

　　[240]谢蕾：《西方非营利组织理论研究的新进展》，《国家行政学院学报》2002年第1期，第89—92页。

　　[241]任慧颖：《对中国非营利组织与政府关系的研究探讨——以中国青基会为个案》，《山东社会科学》2005年第10期，第129—131页。

　　[242]王名：《构建分类监管、资源引导和行为控制的民间组织管理模式》，《中国社会报》2007年4月23日。

　　[243]彭国甫、张玉亮：《多元竞合是地方政府绩效改善的有效路径》，《广东社会科学》2006年第2期，第79—84页。

　　[244]姚引良等：《地方政府网络治理多主体合作效果影响因素研究》，《中国软科学》2010年第1期，第138—149页。

　　[245]张子麟：《我国首部信息社会发展报告提出　我国正向信息社会加速转型》，《中国经济导报》2010年7月31日。

　　[246]何艳玲：《公共价值管理：一个新的公共行政学范式》，《政治学研究》2009年第6期，第62—68页。

［247］［美］H. 乔治·弗里德里克森：《重塑政府运动与新公共行政学之比较》，《国家行政学院学报》2001年第6期，第88—92页。

［248］民政部：《2013年社会服务发展统计报告》［EB/OL］. 14-06-1. http://www.mca.gov.cn.

［249］袁竞峰等：《基础设施建设PPP项目关键绩效指标识别研究》，《重庆大学学报（社会科学版）》2012年第3期，第56—63页。

［250］王超、赵新博等：《基于CSF和KPI的PPP项目绩效评价指标研究》，《项目管理技术》2014年第8期，第18—24页。

［251］吴波、贾生华：《企业间合作治理模式选择及其绩效研究述评》，《软科学》2006年第5期，第20—24页。

［252］潘文安、张红：《供应链伙伴间的信任、承诺对合作绩效的影响》，《心理科学杂志》2006年第6期，第1502—1506页。

［253］王川兰：《委托与替代：第三部门履行公共职能的模式研究》，《上海行政学院学报》2003年第1期，第55—63页。

［254］田凯：《政府与非营利组织的信任关系研究——一个社会学理性选择理论视角的分析》，《学术研究》2005年第1期，第90—96页。

［255］徐贵宏：《非政府组织与中国政府部门间的信任与合作关系实证研究》，西南交通大学2008年博士学位论文。

［256］赵秀梅：《中国NGO对政府的策略：一个初步考察》，《开放时代》2004年第6期，第5—23页。

［257］张紧跟、庄文嘉：《非正式政治：一个草根NGO的行动策略——以广州业主委员会联谊会筹备委员会为例》，《社会学研究》2008年第2期，第133—245页。

［258］朱健刚、赖伟军：《"不完全合作"：NGO联合行动策略——以"5·12"汶川地震NGO联合救灾为例》，《社会》2014年第4期，第187—209页。

［259］陈为雷：《从关系研究到行动策略研究：近年来我国非营利组织研究述评》，《社会学研究》2013年第1期，第228—246页。

［260］田凯：《非协调约束与组织运作——一个研究中国慈善组织与政府关系的理论框架》，《中国行政管理》2004年第5期，第88—95页。

［261］唐文玉、马西恒：《去政治的自主性：民办社会组织的生存策略——以恩派（NPI）公益组织发展中心为例》，《浙江社会科学》2011年第10期，第58—65页。

［262］刘衡等：《关系资本、组织间沟通和创新绩效的关系研究》，《科学学研究》2010年第12期，第1912—1919页。

［263］徐勇、周青年：《"组为基础，三级联动"：村民自治运行的长效机制——广东省云浮市探索的背景与价值》，《河北学刊》2011年第9期，第96—102页。

［264］周晓红：《流动与城市体验对中国农民现代性的影响——北京"浙江村"与温州一个农村社区的考察》，《社会学研究》1998年第5期，第58—71页。

［265］史传林：《村落社区组织提供公共服务的机制与内在逻辑——以粤西北W村为例》，《社会科学家》2008年第8期，第115—117页。

［266］曹锦清：《小农的出路》，《新西部》2001年第12期，第31页。

［267］苏曦凌：《政府与社会组织关系演变的历史逻辑》，《政治学研究》2020年第2期，第76—89页。

［268］周晨虹：《合作生产、社会资本与政府公共服务绩效》，《公共管理与政策评论》2016年第5期，第5—12页。

［269］李华芳：《合供：过去、现在与未来》，《公共管理与政策评论》2020年第1期，第10—22页。

［270］王学军：《合作生产绩效及其影响因素：以政府与公众合作为视角》，《行政论坛》2021年第2期，第116—125页。

［271］毛国民：《缘人情顺人性之农村社会治理模式创新研究》，《南方农村》2014年第4期，第74—78页。

［272］张艺：《乡贤文化与农村基层治理——以广东云浮乡贤理事会为例》，《广东行政学院学报》2015年第27卷第5期，第33—36页。

［273］蔡禾、胡慧、周兆安：《乡贤理事会：村庄社会治理的新探索——来自粤西Y市D村的地方经验》，《学海》2016年第3期，第46—54页。

［274］周兆安：《让权与赋能：农村社会组织孕育过程与机制——基于粤西Y市乡贤理事会建设的案例研究》，《吉首大学学报（社会科学版）》2021年第6期，第77—87页。

［275］王思斌：《新中国70年国家治理格局下的社会治理和基层社会治理》，《青海社会科学》2019年第6期，第1—8页。